神と人との記憶

神と人との記憶

―― ミサの根源 ――

米田彰男著

知泉書館

はじめに

　イエス生誕から約2000年の歳月が流れた．その2000年の歴史を振り返る時，良かれ悪しかれ，世界の舞台でキリスト教が演じてきた役割の大きさは測り知れない．しかし，一体キリスト教とは何なのか．そう問われる時，この問に対し，明確に答えうる者は少ない．特に日本においては，かかえてきた歴史や風土の特殊性もあって，キリスト教に対する知識の浅薄さは如何ともしがたい．
　キリスト教を理解するためには，二つの鍵がある．その一つは「聖書」であり，もう一つは「エウカリスチア（感謝の祭儀・ミサ）」である．両者は車の両輪の如き関係にあり，そのどちらが欠けても，キリスト教を十分に理解することはできない．何故なら，キリスト教というものは，両者の形成に伴って，次第に確立されていったものだからである．
　聖書は，特に旧約聖書はユダヤ教，イスラム教にとっても基本の基本であり，かつまた宗教や信仰と無縁の場においても，多くの人々が聖書をひもとき接してきた．だから聖書は決してキリスト教の独占物ではなく，キリスト教の範囲をはるかに越えている．それ故，キリスト教の本質を探ろうとする時，どうしてもキリスト教のもう一つの要素，すなわちエウカリスチアの正体を明らかにせねばならない．しかし，残念なことにエウカリスチアは聖書と異なり，一般の人々の参入を容易には許さない側面を持っている．何故なら，それはキリスト教の信仰に生きる人々による宗教的儀式だからだ．それ故，聖書の方は広く知りえても，エウカリスチアの方は知ろうとしてもなかなか知りえない障壁が存在する．しかし，エウカリスチアを知らない限り，キリスト教もまた十分に把握することはできない．

そこで，日本の友にも，エウカリスチアとは何か，語ってみたい衝動にかられた．しかし，それを教科書的に語るのではなく，ある一つの根本概念を，学問的に掘り下げる作業を通じて語ってみたいと思った．だから，この度，キリスト教関係の出版社ではなく，一般の思想を扱う「知泉書館」が出版を引き受けて下さったことは，この上ない喜びである．

さて，我々がこれから取り組んでゆく根本概念とは何か．1985年5月8日，当時西ドイツの大統領であったヴァイツゼッカーは，前代未聞の名演説，「荒れ野の40年」において，過去を想起する（זָכַר）ことの重要性を訴えた．その動詞，想起するから派生する名詞 Zikkaron（זִכָּרוֹן）こそ，まさに本論で扱う根本概念である．このヘブライ語の意味は，記憶・想起・記念である．ちなみにヘブライ語やギリシア語やラテン語など古典語における名詞の意味はどっしりと重く，その意味範囲は現代語よりはるかに広い．キリスト教を理解する二つの鍵，「聖書」と「エウカリスチア」，この両者を結びつける概念こそまさにズィカローンである．聖書は，ずばり，神の民の記憶であり，エウカリスチアもまた神と人との記憶である．

ところで，エウカリスチアと言っても，ギリシア正教やロシア正教など東方教会の流れもあれば，カトリックやプロテスタントなど西方教会の流れもある．しかし，原点はともに，イエスの最後の晩餐の言葉に遡源する．イエスは最後の晩餐において，数々の言葉を残した．本論においては，その中の一つ「わが記念（Zikkaron，ギリシア語でアナムネーシス）としてこれを行え」という言葉に焦点を当て，いろいろな角度から考察してみよう．読者は，この砂をかむ作業に最後までついてきて欲しい．そして，この作業を通して，エウカリスチアとは何か，キリスト教とは何か，イエスとは誰かを，ほのかに感じ取って欲しい．さあ，勇気を出して，なつかしい「神のみ顔を探し求める」（詩編27・8，105・9参照）冒険の旅に出よう!!

目　次

はじめに …………………………………………………………… v

序　論
コムニオの神学

序 ……………………………………………………………………3
1　イエスの「生」における二つのつまずきと二つのコムニオ ………6
2　コムニオにかかわる信仰と信心業の混同 ……………………8
3　コムニオ　救いの具体的内容 …………………………………10
4　「無名のキリスト教徒」という表現 …………………………11
5　貧しいひとびととのコムニオ …………………………………12
6　コムニオの源泉　父なる神 ……………………………………15
7　質疑応答 …………………………………………………………21

本　論
最後の晩餐における言葉
「わが記念として，これを行え」について

I　二つの問題
　1　アナムネーシス命令とイエスの生の言葉 …………………27
　2　イエスの意図とこれを受け入れた弟子たち …………………31

II　エレミアスの解釈についての研究
　1　リーツマンとの比較 …………………………………………35

2　エレミアスの解釈 …………………………………………40
　　3　エレミアスの解釈に対する一般的批判 …………………45
　　4　特別の批判：コスマラの批判 ……………………………49

III　犠牲の想起
　　1　神の側の犠牲への想起 ……………………………………60
　　2　人間の側からの犠牲への想起 ……………………………66

IV　アナムネーシス命令に関する想起の主体について
　　1　提題に対する反対論拠（異論） ………………………107
　　2　反対論拠に対立する見解 ………………………………113
　　3　我々の回答（主文） ……………………………………123
　　4　各異論に対する回答 ……………………………………144

結　論
提起した問題への回答

　　1　人間の責任とアナムネーシス命令 ……………………186
　　2　神中心的問題とアナムネーシス命令 …………………187
　　3　「イエスとは誰か」の問題とアナムネーシス命令 ………190

おわりに ………………………………………………………………197
索　引 …………………………………………………………………200

序　論

コムニオの神学

以下は今から約10年前，軽井沢において，「コムニオ」をテーマに話し合った際の講演の記録である．「コムニオ」をめぐり，聖書分野を雨宮慧師，社会問題分野を本田哲郎師，典礼分野をフランコ・ソットコルノラ師，そして神学分野を私が受け持った．それぞれが，それぞれの分野から問題を提起し，それに基づいてシンポジウムが開かれた．その時語った主題は，コムニオに関して，エウカリスチアを神学的に考察したものであり，（時がたったので，いくらか書き改めたが）これをもって序論としたい．

序

　コムニオの神学というテーマが与えられましたが，このテーマについて思い浮かぶことは，相互に関連する次の四つのコムニオです．
　(1)　父・子・聖霊の三位一体のコムニオ
　(2)　イエス・キリストの存在自体における神性・人性のコムニオ
　(3)　主キリストのからだと血（聖体）へのエウカリスチア的コムニオ
　(4)　コムニオ（コイノーニア・$\kappa o \iota \nu \omega \nu \iota \alpha$）としての教会
　これらはそれぞれに広範な問題を含み，相互の緊密な関係を掘り下げるためには，多くの時間を必要とします．それはまたの機会に譲ることにして，今回のテーマ，すなわち典礼的反省の上に立ってコムニオを神学的側面から語る場合，日本における現行の典礼，とりわけエウカリスチア（$\varepsilon \upsilon \chi \alpha \rho \iota \sigma \tau \iota \alpha$ ＝感謝の祭儀，ミサ）に関して，どこに問題があるか，常日ごろ感じている点を，思いつくままに語ってみたいと思います．
　コムニオの神学というのは，いろいろな神学者によってすでに相当煮詰められているのですが，わたしが属するドミニコ会の神学者を挙げてみても，まずコンガール師が，教会論について膨大な著作を書いています．コンガール師の考え方については，若き頃からの我が友である犬養道子さんが恩師への思いを込めて紹介しておられます．それからE・スヒレベーク師です．数年前，彼の「イエス（一人の生ける者の物語）」（新世社）という大著を，同じドミニコ会の同志で，東大の哲学教授をしている宮本久雄はじめ数人の友人が日本語に翻訳しました．それからもう一人忘れてはならないのは，わた

しの先生のティヤール師です。この人はつい最近亡くなられましたが、エキュメニズムに関するカトリック側の第一人者でした。15年ほど前、『ローマの司教』に続いて執筆された『諸教会の教会』と題する彼の著作は、コンガール師が、第二バチカン公会議以来最も優れた教会論の一つとして絶賛されましたので、いつの日か、紹介したいと思っています。

ところで、これらの人たちは、一度はヴァチカン当局から批判されています。しかしながら、ドミニコ会の学者の偉いところは、批判されればされるほど、ますます燃えてくるという特徴があります。そして批判された人が、いつの間にか主流になっているわけです。トマス・アクィナスもそうです。彼の著作は今でこそ神学の古典となっていますが、その当時は異端視されたのです。トマスは『神学大全』だけでなく、興味深い種々の作品を残しています。その膨大な作品に対し、晩年トマスは、自分がやってきたことは一本の藁しべのようなものだと言い、すべてを教会の判断に委ねたのです。最後は教会の判断に委ねる、これがまさにコムニオなのです。

離教というのは愛徳の問題であって、コムニオを切断することです。しかし異端は違います。異端は信仰の問題であって、信仰のどこかに欠陥があるところから生じます。ですから、ルフェーブルの破門（ex-communicatio）も本質的にはコムニオと切実にかかわる問題です。

このルフェーブルの問題は、一般に言われているような「伝統主義」の問題ではないのです。つまりそれは、グレゴリオ聖歌やスータンや香、あるいはラテン語ミサや教会の中の沈黙といったような典礼上の問題ではありません。こうしたことはルフェーブルがねらっていた一次的な問題ではないのです。問題はドグマにかかわり、伝承の本質自体を対象とします。ルフェーブルおよびその一派のねらいは、第二バチカン公会議がつかんだある種の直観、それを全部まっ黒に塗りつぶすことにあったのです。彼らはピオ十二世までの教皇は認めるのですが、ヨハネ二十三世、パウロ六世、ヨハネ・パウロ二世をまっ黒に塗りつぶしてしまうのです。ルフェーブルによる「永遠不変の教会」に対する熱情は、現に在る、あるがままの生きた教会ではなく、過去に在った教会を対象とします。そして決定的なこととして、ヨハネ・パウロ二世がアシジで諸宗教との対話を催したという事実が、ルフェーブルにとっ

て最後のつまずきとなったのです．

　この事柄は非常に大事な問題に触れるため，後日詳細に語りたいのですが，要するにこれはコムニオに関連する問題と言えます．ですから，セパー，ラッツィンガー両枢機卿とルフェーブルとの長い長い手紙のやり取りがあって，まず勧告にとどめ，コムニオの切断を防ごうと，ヴァチカン当局は一生懸命にやるわけですが，最後にはローマの権威なしに司教が司教を叙階してはならないという項目に反して，司教を叙階してしまうということをやってのけるのです．

　なぜこの出来事を鮮明に覚えているかと言いますと，わたしがちょうどスイスのフリブール大学で学んでいたときに，この出来事が起こったのです．そして同じスイスのエコーンという所に，ルフェーブルは神学校を創っていました．当時わたしはフリブール大学の老教授らが住むドミニコ会の修道院で生活していたのですが，そこには，日本でも『現代のヨーロッパ哲学』（岩波書店）や『哲学思索への道』（エンデルレ書店），『記号論理学の綱要』（勁草書房）などで知られるボヘンスキー師，今は亡き新約聖書のスピック師，旧約聖書のバルテロミー師らがおられ，精神的活気にあふれる共同体でした．そして，「ルフェーブル ex-communicatio」の当日の修道院のショックと重苦しい雰囲気を，今でも忘れることができないのです．

　日本では，ドミニコ会はあまり知られていないので，この機会にもう少し語らせていただきたいのですが，ドミニコ会士の優秀な人というのは，現実を非常によく直視しています．火あぶりになったサボナローラ，同時代の絵描きのフラアンジェリコ，禅や哲学の分野で重要視されているエックハルトそして現代注目を浴びているラスカサスもドミニコ会士です．わたしは確信をもっているのですが，思想における永遠なものは，その時代を徹底的に生きること，生き抜くことによってしか得られないということです．そして，イエスの言葉が永遠の価値を持っているとすれば，それはイエスがまさに与えられた現実を徹底的に生き抜いたということです．つまり，イエスは決して自分が生きた具体的な歴史の場から遊離して語っていないということです．最近の聖書解釈が深めている事柄は，まさにこの事実です．「カエサルのものはカエサルに，神のものは神に」という言葉などは，その典型的な例です．

アルバート・ノーランも，ドミニコ会の総長に選ばれた人ですが，南アフリカで仕事が残っているからといって総長になるのをやめて，アパルトヘイトの問題に立ち向かいました．このノーラン師が「福音」について，非常に興味深いことを語っています．

「たびたび問題として指摘されることであるが，今日我々の教会内で告げられていることは，もはや良い知らせの型も特徴も持ち合わせていないということだ．人々は告げられたことを受けとめ，信じるだろうが，喜び，興奮しながら，本当の良い知らせだと歓迎できなくなっている．良き知らせどころか，さっぱりニュースらしく響かないのだ．……何かを良い知らせというのは，その効果がわが身に及んでくるからだ．何より聞くのが楽しいし，うれしくなる．本当に良い知らせなら，うきうきして喜び，祝い，街頭で踊りたくなるだろう．なぜか．何か恐れていたこと，危険なこと，好きでないこと，悪いことなどがその知らせのおかげで消え去り，代わりに何かよい未来を約束してくれるからだ．……良い知らせがもたらすもう一つの効果は，エネルギッシュに，元気溌剌にしてくれることである．……それによって力のみなぎるのを覚え，出かけて行き，世界と直面し，全力を投入して挑戦する．良い知らせは勇気と力を我々に与えるものである．……もし福音が良い知らせであるならば，イエスが当時の人々にしたのと同じように人々の心に希望をつくり出し，力を与えるような知らせなのである．良い知らせとは，希望についての声明文ではなく，希望を生み出す知らせなのだ．(『南アフリカにいます神』吉田聖訳，南窓社，34-36ページ参照．)．

わたしたち自身のコムニオの姿，わたしたちの共同体のコムニオの姿は，はたして，「良き知らせ」を受け入れる人々にとって希望と喜びの訪れであったイエスのコムニオの姿に類似しているでしょうか．そこでわたしたちは，生きて生きて生き抜いたイエスの姿をしっかりと見つめ直さなければならないということになります．

1　イエスの「生」における二つのつまずきと二つのコムニオ

ヨアヒム・エレミアスは，イエスの生，生きざまの中に，典型的な二つの

つまずきがあったと指摘しています．それは復活前のつまずきと復活後のつまずきです．復活前のつまずきは，イエスの食卓でした．イエスの食卓が，まさに当時の人々のつまずきであったということです．徴税人や罪人と言われる人あるいは遊女たちと共に食事をしたり親しく語らうことは，その当時の人々には理解できないことでした．なぜなら，そういう人々と食事をするということは，まさに汚れることであるという掟に縛られていた時代であり，金銭よりもさらに威信を重んじた社会だからです．人々はイエスをからかい，「あいつは大飯食らいの大酒呑み，徴税人や罪人の仲間」（マタイ11・19，ルカ7・34）と言ってはやしたてました．しかしイエスは堂々と，そうした人たちと共に食卓に着いたのです．そしてファリサイ派や律法学者ら，いわゆる「義人」と称する人々に向かって，たたきつけて言ったのです．「徴税人や遊女のほうが，あなたたちよりも先に神の国に入る」（マタイ21・31）と．イエスの食卓は，言葉ではなく態度そのもので示したイエスのメッセージそのものであったということです．

　そしてもう一つのつまずき，復活後のつまずきというのは，イエスが十字架上で亡くなったということです．イエスが床の上で亡くなられたのなら話は別だったのですが，十字架の上で亡くなったということが，当時の人々に理解できない事柄でした．何故なら，十字架というのは自由人には適用されない，奴隷だけに適用されたローマ帝国の極悪非道な死刑手段であったからです．ですから不思議なことに，聖書の中に現れる信仰告白では，イエスが亡くなったということは告白するのですが，十字架という言葉は省かれるのです．それは，Ⅰテサロニケ4・14，Ⅰコリント15・3以下，Ⅱコリント5・15，ローマ4・25,8・34,14・9，Ⅰペトロ3・18などに現れますが，すべて「十字架」が省かれています．イエスが死んだということは告白するのですが，十字架はありません．多分，ある人は，フィリピ第2章に「死に至るまで，しかも十字架の死に至るまで」とあるではないかと言われるでしょう．ただ，よく調べてみるとわかるのは，ここは非常にリズムをふんだ詩的な個所です．ところが，リズムを外しているのは，まさにこの十字架の部分だけなのです．それはどういうことかというと，古代の信仰告白にパウロがつけ加えた部分であると推測できるわけです．

すなわち，その当時の人々は，十字架に対して非常に深く沈黙したということです．なぜなら，それは本当にむごたらしい出来事であったということだけではなく，申命記21章23節に「木にかけられた死体は，神に呪われたもの」であるという一句が明記されているからです．ですから当時の人々は，イエスが亡くなって，主とかキリストとあがめ始められた時に，「イエスは木にかかって死んだではないか．それなら神から呪われた者ではないか」と突っかかっていきました．そこでルカが弁明するわけですが，ルカ福音書の中には，他の福音書と比べ，十字架という語句ないしそれに関する動詞が削除されたり，とにかく非常に慎み深く取り扱われています．しかしいったん，ルカが使徒行伝を書く段階になってくると，十字架がふんだんに出てくるのです．それはつまずきである十字架に対する弁明です．「確かにイエスは木にかかって死んだ．しかし，木にかけたのはあなた方ではないか．神はイエスを呪うどころか，高く高く挙げ，復活させ，主とし，キリストとされたのだ」と．

典型的なこの二つのつまずきの中に，わたしたちは，イエスの生きたコムニオの姿を読み取ることができるのです．人と人のあるべきコムニオ，人と人との和解，神と人とのあるべきコムニオ，神と人との和解を読み取ることができるのです．

2　コムニオにかかわる信仰と信心業の混同

常日ごろ感じていることなのですが，日本だけではなくいろいろな国のキリスト者のあり方に，ある種の特徴があるのではないかと思うのです．それは信仰の力点の置き所の違いです．一つは「神中心主義」の信仰．神というのは，もちろん父なる神を指しています．この信仰のあり方は非常に重要で，かつ見落とされがちなので，あとで改めて述べることにします．次に「キリスト中心主義」の信仰．そしてもう一つは「イエス中心主義」の信仰．これは信仰の対象としてのケーリュグマ（κήρυγμα）の主キリスト・イエスというよりもむしろ，歴史的に生きたイエスの姿に倣って生きようとする信仰です．また「聖霊中心主義」の信仰もあります．さらに「マリア中心主義」

の信仰．これは日本では根強いものです．日本だけではなく，どこの国にも見られます．以前，オタワに住んでいたとき，モントリオールでマリア像から涙が流れました．修道院の院長が，「これはたいへんだ，モントリオールに巡礼に行く」と言うのです．仲良しの院長に「慌てない，慌てない」と忠告したのですが，「おまえは信心が足りん」と言って出発してしまいました．ところがしばらくして，日本のNHKにあたるカナダの放送局が，その涙のなぞを解明したのです．ある人がマリア像の目に何かを塗り，それが太陽光線によって液体に変わっていたというわけです．神はこうした魔法をけっしてなさらないことを，しっかりと心に刻んでおかなければなりません．マルコ福音書のイエスは，こうした「天からのしるし」をきっぱりと拒絶しております．

　最後にもう一つ見られる信仰のあり方は「自己中心主義」の信仰です．自分の周りをグルグル，グルグル回っている信仰です．アウグスチヌスがおもしろいことを言っています．「メア・クルパ，メア・クルパ，悪かった，悪かったと言って胸をたたきながら，自分の心の奥深くに自己の罪を固め続ける者がいる」と．痛悔しながら自分の過ちを繰り返し，自我の周りを堂々巡りしているのです．

　信心業と信仰の混同で，よく質問を受けます．良いか悪いかの評価は別にして，いろいろな運動，いろいろなグループ，例えば聖霊運動，ネオ・カテクメナ（新求道共同体運動），など，いろいろな信心業があります．そうしたグループに入らないといけないのだろうか，自分の信仰は熱心ではないし，何となく不安なのだが，といった素朴な質問を受けます．もちろん信仰は一つです．信心業は多様であるということは言えるわけですが，枝葉末節の信心業というのは，信仰の力動性を失わせてしまう結果を生みます．そして恐ろしいのは，コムニオの問題です．さまざまの運動や信心業が，教会の中に分裂を起こさせる危険があるということです．典礼の頂点である復活徹夜祭に，そのグループだけでミサを行うということが起こっています．やはりこれは，コムニオにかかわる大切な問題をはらんでいます．

　そして，こうした問題は，エウカリスチアの中に微妙に反映し，エウカリスチアの本質を損なう可能性を有します．どういう傾向を取って現れてくる

かと言いますと,もちろん,それぞれのグループ,それぞれの信心業によって異なりますが,一つには個人主義的側面の強調です.第二は心理的側面の強調であり,第三は道徳的側面の強調です.そしてもう一つは,聖変化極度中心主義です.すなわち,聖別を,み言葉の祭儀,あるいはエピクレーシス(聖霊の力強い働きを父なる神に呼び求める祈り),アナムネーシス(想起・記憶・記念)と切り離して極度に中心化していく傾向です.

こういった傾向は,単に個人の責任の問題,あるいは司祭の指導の問題ではなく,神学そのものに反省の目を向けさせます.そして,イエスが極端に嫌ったファリサイ的独り善がりの信仰を打破する鍵となるものこそ,まさにコムニオにかかわる問題であるということになってきます.

3　コムニオ　救いの具体的内容

コムニオの問題は,聖霊降臨において明確な姿を現します.教会の起源をどこに置くかというのは議論の余地がありますが,教会の本質が現れ出るのは,聖霊降臨においてです.すなわち,聖霊降臨において,三つのものが出会います.第一は聖霊.聖霊というのは神の霊(ルーアハ,רוח)であり,復活したキリストの霊です.第二は主キリスト・イエスにまつわる使徒たちの証言です.そして第三は,多様性が一致において包まれ,一致が多様性のもとに表現されるコムニオです.この三つの要素,聖霊・使徒的証言・コムニオが,聖霊降臨の日に出会います.そしてまさにこの三つの要素が,エクレーシア($\dot{\varepsilon}\kappa\kappa\lambda\eta\sigma\acute{\iota}\alpha$),教会と呼ばれるものの本質を,いつの時代にも表示しています.

大事なことは,聖霊降臨の日に,神の霊は,人間の奥深くに潜むクルパ(culpa)の傷――罪の傷――を,コムニオにおいて回復させたということです.十字架上でイエスは,「父よ,彼らをお赦しください.彼らは自分が何をしているのか知らないのですから」(ルカ23・34)という言葉を残しますが,ここには人間の奥深くに潜む無明の傷が指し示されています.さらには,ヨハネ福音書の中に出てくるファルマコス的な構造(大祭司カイアファの言葉,ヨハネ11・50参照),すなわち,あるグループの中に,一人調和を

乱す者が現れてきますと，それぞれみな問題を抱えているにもかかわらず，いや，問題を抱えているからこそ，その問題を隠すため，そしてグループの不和を鎮めるために，一人に集中し，一人をつるし上げ，その一人を追い出すことによって群れの平和を取り戻す現象です．これは動物の世界にも見られる現象ですが，人間社会のいたる所で無意識のうちにやってしまう現象です．そして後で気がつくと，あいつは何も悪いことをしていなかったということになります．（R．ジラールの一連の著作，例えば『身代わりの山羊』法政大学出版局，あるいはK．ローレンツの一連の著作，例えば『攻撃』みすず書房，など参照）．このような人間の奥深くに潜む暴力性，閉鎖性に，よく注意しておかなければいけません．こうした人間性の傷口――無明の傷，あるいはファルマコス的な構造に潜む暴力性や閉鎖性――は，コムニオを通してのみ打ち砕きうることを，神の霊はまさに教会の夜明けに，聖霊降臨において示されたということが言えると思います．

　もし，ただの一語で，個人的にしても集合的にしても，救いの具体的な内容は何かと問われたなら，多くの教父たちが言っているように，それはコムニオであると言うことができます．それはどういうことかというと，ユダヤあるいはキリスト教思想においては，人間が人間として，一方で単独性の充満を保ちながら，真実の姿を見いだすのはコムニオにおいてであるということです．それは，我々が自分自身においてまったく占領されてしまわないで，常に「あなた」の側から，また「我々」の側から眺めるということです．人間存在の根本条件がそこにあります，マルティン・ブーバーの『我と汝』（田口義弘訳，みすず書房）などにも指摘されていますが，コムニオというのはそうした人間存在の根本と深くかかわっています．

4　「無名のキリスト教徒」という表現

　わたしたちは，日本の社会にヨーロッパの神学をそのまま持ってきても，どうにもならない問題がいっぱいあるということも，よく見極めておく必要があるでしょう．欧米を歩けばいたる所に教会があり，周りは一応キリスト教徒ですが，日本では周りに百人いても，キリスト教徒と名のつく人，例え

ばカトリックとプロテスタント，聖公会や正教徒の人々を合わせてもわずか一人だけしかいない．そういう社会に生きています．そうすると，いつの間にか何が何だかわからなくなってしまう，ということが起こります．アウグスチヌスの指摘ではないけれど，現実の教会と言われるものを見てみると，確かに毒麦らしきものがいっぱいある．一方逆に，周りのキリスト教徒ではない人々の中に，良い麦をいっぱい見いだす．いったいキリスト教徒とは，何だろうかと自問してしまいます．それにもかかわらず，世界中に受け入れられたかに思われる，カール・ラーナーの有名な「無名のキリスト教徒」という言葉は，表現としては非常にまずいと思うのです．こういう言い方をするならば，「無名の仏教徒」もたくさんいるでしょう．キリスト教徒とは何かというと，それは，救いの源として主キリスト・イエスを告白（confession）する人々を指します．もちろん，キリストのキの字も知らなくても救われる人は多くいるでしょうし，イエスの生き方を知らなくても，そのように生きている人は存在するでしょう．教会憲章の16項にも「キリストの福音ならびにその教会を知らずとも，誠実な心をもって神を探し求め，また良心の命令を通して認められる神の意志を，恵みの働きのもとに，行動によって実践しようと努めている人々は，永遠の救いに達することができる」と明記されています．それは当然のことですが，しかしキリスト教徒というのは，やはり救いの源として主イエス・キリストを公に告白する人々です．そう考えますと，日本の社会にはやはりキリスト教徒は少数ということになります．こうした状況の中で，キリスト教徒として父なる神の思いを染み込ませていくということは，命がけというか，全力を投入しない限り，単に上っ面をなでるだけに終わってしまうのではないでしょうか．そしてその根底に，我々と我々の教会共同体のコムニオのあり方そのものの問題が潜んでいるのではないでしょうか．

5 貧しいひとびととのコムニオ

　そこで忘れてはならないコムニオの側面は，貧しい人々とのコムニオです．このことは，例えば申命記文書の中によく見られます．「畑で穀物を刈り入

れるとき，一束忘れても，取りに戻ってはならない。それは寄留者・孤児・寡婦のものとしなさい」(申命記24・19)。困った人が通ったときのために，集めてしまわないで残して置きなさいということです。あるいは，ヨハネ文書にしばしば現れる「友のために自分の命を捨てること，これ以上の大きな愛はない」という表現をヘブライ的表現に置き換えると「手のひらの中に自らの魂を置く」ということになります。手のひらの中に自分の最も大切なものを置いて，さあ，取ってくださいと手のひらを開かなければなりません。握り締めていてはならず，全開の状態でいなければならないと語っています。

貧しい人々へのまなざしについて，ヨハネ・クリソストモスの説教の中に，非常に興味深いものがあります。アレキサンドリア学派よりもアンティオキア学派のほうがこのような面を強調するのですが，彼は次のように言っています。

「あなたはキリストのからだを尊ぶことを望むのか，それなら，彼が裸であるとき，彼を軽蔑しないようにしなさい。外の寒さ，衣服の欠乏で彼を苦しみの中にほうって置きながら，教会の中で，絹織物によって彼を尊ばないように。何故なら，「これはわたしのからだである」と言い，そう言いながらそれを実現されたお方は，また次のようにも言ったお方である。「あなたがたは餓えているわたしを見ながら，なんら食べ物をわたしに与えなかった」。また「この小さな者らにしなかったことは，わたしにしなかったのと同じである」。ここ(教会)では，キリストのからだは衣服を必要としない。しかし澄んだ魂を必要とする。一方，外においては，多くの気づかいを必要とする。……あなたも，キリストの命じられた仕方で，自らの豊かさを貧しい人々に与えながら，キリストを尊びなさい。何故なら，神は金の器を必要としない。そうではなく，金のごとき無上の魂を必要とする。わたしは何もあなたがたが宗教的奉納をすることを妨げるために言っているのではない。そうではなく，人はまず施しをしなければならないと言っているのだ。何故なら，神は前者を受け入れるが，しかしそれ以上に後者を受け入れる。というのは，奉納を通して，それを与える者は，ただ一人恵みを受けるが，施し物によっては，それを受ける者もまた恵みを受けるからである。奉納は虚栄の機会ともなりうるが，施しは善良さの行為以外の何ものでもない。キリス

トの食卓が金の器でおおわれることに何の利益があろう．一方でキリストご自身が死ぬほど渇いているのに．飢えた人を満たすことから始めなさい．そしてその残り物で，キリストの祭壇を飾りなさい」（「マタイにおける説教」50・2-4，筆者訳・PG58, 507, 510参照）

東洋においても，道元が「随聞記」の中で，伝え聞く栄西の言行について，深い感銘をもって語っています．

「示して曰く，故僧正（栄西）建仁寺におはせし時，独りの貧人来たりて曰く，我が家貧ふして絶煙（食事をせぬこと）数日に及ぶ．夫婦子息両三人餓死しなんとす．慈悲を以て是を救ひ給へと云ふ．其の時，房中に都て衣食財物無し．思慮をめぐらすに計略つきぬ．時に薬師の像を造らんとて光（背光）の料に打のべたる銅少分ありき．是を取て自ら打をり，束ねまるめて彼の貧客にあたへて曰く，是を以て食物にかへて餓をふさぐべしと．彼の俗よろこんで退出しぬ．時に門弟子等難じて曰く，正しく是れ仏像の光なり．これを以て俗人に与ふ．仏物己用（仏法の物を個人のことに用いること）の罪如何ん．僧正の曰く，誠に然り．但し，仏意を思ふに，仏は身肉手足を割きて衆生に施こせり．現に餓死すべき衆生には，設ひ仏の全体を以て与ふるとも仏意には合ふべし．亦曰く，我れは此の罪に依て悪趣（地獄）に堕すべくとも，ただ衆生の飢えを救ふべしと云々．先達の心中のたけ，今の学人も思ふべし．忘るること莫れ」（「正法眼蔵随聞記」参照．括弧内の注は増谷文雄著「親鸞・道元・日蓮」至文堂，による）．

これは大事な問題になってくると思います．それは，ヨハネ・クリソストモスも栄西も，貧しき人々とのコムニオの重要性について語っているのですが，同時に，祭儀と祭儀の対象の生きざまとの関連を指摘しています．すなわち，我々は礼拝の対象を神棚に飾ってあがめるときに，いつしか礼拝の対象（イエスであれ釈尊であれ）が生きたその生きざまを見失って，ただきらびやかに飾りたてることで満足してしまう危険が潜んでいるということです．ですから，祭儀が祭儀として十分な密度を保つためには，祭儀で記念する対象の生きざまの質に肉薄していくことがどうしても必要です．すなわち，祝う共同体の具体的な生き方の質が，記念するイエスの生き方の質に類似してくればくるほど，エウカリスチアの中に，神の霊，復活した主キリストの霊

である聖霊が力強く働いて，主イエス・キリストを通して，記念と礼拝の直接の対象である父なる神への，生き生きとした感謝と讃美の告白になってくるということです．ですからヨハネ・クリソストモスや栄西が教えていることは，イエスや釈尊が生きたように，われわれも貧しい人々，虐げられた人々，さげすまれた人々とのコムニオのうちにまず生きよということです．

6　コムニオの源泉　父なる神

このテーマは，わたしにとって最も大切なもので，生涯追い求め続けたい根本課題なのですが，今回はその方向性を五つの側面から簡単に示すにとどめましょう．

（1）　三位一体における「父なる神」の卓越性

まず，三位一体における「父なる神」の卓越性ですが，この点について反省を要する事柄があります．三位一体について用いられるペルソナという語は，辞書によりますと①仮面，マスク，②登場人物，③役割，④位格，⑤人格といったような意味が列挙されていますが，もともとのラテン語の意味は「面」です．『アウグスチヌス講話』（山田晶著，教文館，講談社）で山田先生も指摘されているように「面」です．役者が面をつけて役割を演じることから，ペルソナは人々がこの世で演じる役割や性格を意味するようになります．このペルソナという言葉に含まれる「役割」の観点を，より深く掘り下げる必要があるでしょう．

わたしたちは「父と子と聖霊」とよく言いますが，三位一体を一緒にあがめる信仰というのは，わたしが調べた限りではかなり後の時代で，ナジアンスのグレゴリウスの祈りに出てきます．「信徒信条」にはもちろんありません．そして最も伝統的な，主要な典礼——ローマ典礼も含んで——は，エウカリスチアの中心を主キリスト・イエスではなく，父なる神に置いています．

わたしたち西方——カトリック・プロテスタント——の伝承では，一つの傾向として，各々のペルソナにおいて同等の神性を守ることを案じるあまり，三者を同じレベルに置く傾向を持っています．すなわち，ペルソナのそれぞ

れの特徴，役割以上に共通の本質を強調するのです。この傾向は，へたをすると非常に大きな精神的虚弱化をもたらすと言いうるのです。もちろん，神はまことに「ペルソナ（persona＝$\dot{υ}πόστασις$）において三であり，エッセンチア（essentia＝$ο\dot{υ}σία$）において一である」にもかかわらずです。

オリゲネスは，235年に書き記した祈りに関するテキストの中で，それは初代の伝統的な精神を要約しているのですが，次のことを強調します。「主の祈りを見てみなさい。弟子たちが主に祈りを教えてくださいと頼んだとき，キリストはどのように教えたか。キリストは自分に祈るように教えなかったではないか。キリストは天のおん父に向かって，『天にましますわれらの父よ』と祈るように教えたではないか」と。

初期の主要なアナフォラ（奉献文）は，みな共通して祈りを父なる神に向けています。聖マルコのアナフォラ，聖ヒッポリュトスの『使徒伝承』におけるエウカリスチア的カノン，ヨハネ・クリソストモスやバジリウスの典礼など，アレキサンドリアの伝承もアンティオキアの伝承も，直接祈りは父なる神に向かうのです。この事実は，単にキリスト教的典礼の進展の一段階のみを語っているのではありません。それは，今もなお，わたしたちのアナフォラを支配する大切な事柄であり，パウロ六世のローマミサ典礼のカノンや，東方教会で今日なお用いられているヨハネ・クリソストモスやバジリウスの典礼が示している，極めて明白にして重要な理解であります。

（2）「聖霊」の位置の再考

アレキサンドリア伝承である「セラピオンのアナフォラ」や「聖マルコのアナフォラ」，アンティオキア伝承である「聖ヤコブのアナフォラ」などを調べてみますと，聖霊の役割の重要性が明確になります。聖霊なくして父なる神の働きはなく，聖霊なくして主イエス・キリストの働きもないのです。エウカリスチアは，根本的に，父と子の働きに不可欠である聖霊のあらゆる働きに対する豊かな喚起において花開くのです。エウカリスチア的記念における，父なる神と聖霊への絶え間ない言及は，極めて重要です。なぜなら，父なる神と聖霊への指向がなくなるとき，主イエス・キリストの過越の出来事は意味を失い，救いの次元なしの，純粋で単純な人間的出来事になってし

まいます．イエスの生に神の霊の無限の力が息吹いたこと，イエスの復活に父なる神の無限の手が働いたことは，イエスの生と死と復活の背後にある信仰的確信であります．

　以上の観点から，わたしたちは西方教会に流れるクリストモニスムについて深く反省する必要があります．クリストモニスムというのは，キリスト原理主義とでも訳すのでしょうか．キリストにすべての原理を寄せ集めてしまって，いつしか父なる神が忘却され，そして聖霊があたかもイエス・キリストの奉仕のために存するように，第三のものとして扱われてしまうのです．これについてはコンガール師が非常によい論文を書いています．"Pneumatologie ou 〈Christomonisme〉 dans la tradition latine" という短い論文です．

（3）　神の教会と神の福音

　聖霊降臨の日に満ちあふれる光の中でコムニオとして啓示された教会は，「神の教会」です．Ⅰコリント 1・12, 10・32, 11・16, 22, 15・9，Ⅱコリント 1・1，ガラテア 1・13，Ⅰテサロニケ 2・14，Ⅱテサロニケ 1・4，Ⅰテモテ 3・5, 15 などに現れる「神の教会」あるいは「神の諸教会」という神中心的表現は，意味深長です．また，新約聖書に頻繁に現れる「神の福音」という表現も偶然ではありません．こういった表現の中に，神の意図をかいま見ることができます．神は長い準備において，持続の中で質を新しくしながら万事を成就（テレイオーシス，$\tau\epsilon\lambda\epsilon\iota\omega\sigma\iota\varsigma$）されるということです．この場合の新しさはネオス（$\nu\epsilon o\varsigma$）で表現される新しさとは区別されなければなりません．新約聖書に現れる新しき創造，新しき人，新しき契約などの新しさは，ギリシア語のカイノス（$\kappa\alpha\iota\nu o\varsigma$）であって，持続の中での質の新しさを意味しています．このことは，信仰のあり方においても重要だと思われます．神は何かを成就されるとき，パラシュート的に天から降りて来て，いとも簡単に処理されるのではなく，長い準備の中で，人間の自由と責任に花を持たせながら，質を新しくしつつ，物事を成就されるのです．出エジプトの出来事の成就として，イエスの死と復活の出来事があり，過越祭の成就として主の晩餐，そしてエウカリスチアがあり，カハル・ヤーウェ

の成就として神の教会があるのです．
　こうした，新約聖書中，頻繁に現れる「神の教会」「神の福音」という表現も，ありとしあるものの唯一の根源なる父なる神を指向しています．

（4）アッバ（abba）という言葉　父と子のコムニオ

　ヨアヒム・エレミアスによる「アッバ，父よ」の研究は，おそらく今世紀の新約学の中で最も重要な研究の一つでしょう．古代パレスチナ・ユダヤ教の文献のどこを探しても，一人の個人が神に向かって「アッバ，わたしの父よ」と呼びかけている例を見いださないのです．タルムードには「子どもがパンの味を知るようになったら，アッバ，インマ（父さん，母さん）と言うことを学ぶ」とあり，またアラム語の西シリア方言が話されているアンティオキア出身のクリソストモスなども，「アッバ」が小さい子どもの父親に対する呼びかけであると語っております．当時としてはとても考えられない，日常のしかも幼児語でもってイエスが神に呼びかけたということは，エレミアスが指摘するように，まさにイエスの離れ業であったわけです．そこには，イエスと神との想像を絶する深いコムニオ，素朴な信頼感と全き安らぎが存しています．「主の祈り」を含めて，イエスは全生涯を通じ，日々の生活の中で「アッバ，愛する父さん」と呼びかけたのでしょう．そしておそらくただ一度だけ，十字架上の苦しみの中で，「アッバ」の代わりに「わが神，わが神，どうしてわたしを見捨てられたのか」と詩編22・2を引用しながら，「わが神」と呼びかけられたのでしょう．この詩編の引用は，わたしには想像を絶する苦痛の大きさを物語っているように思われてなりません．
　このアッバの重要性をパウロはローマ8・15，ガラテヤ4・6で強調するわけですが，神とイエスのコムニオの深淵が，聖霊，すなわち復活したキリストの霊の力によって，神と我々のコムニオに引き継がれるのです．イエスが神に「父さん」と呼びかけたように（カトース），わたしたちも神に向かって，信頼と尊敬をこめて「父さん」と呼びかけるように招かれているのです．
　ちなみに，このカトース（$\kappa\alpha\theta\dot{\omega}\varsigma$）というギリシア語は重要です．カトースは，同じく「ように」と訳されるホース（$\dot{\omega}\varsigma$）と区別されます．「彼女

は姉と同じように，赤い服を着ている」はホースです．ところが「彼女は彼女のお父さんと同じように知性的である」はカトースです．すなわち，ホースは模倣に基礎づけられた両者間の単なる外的類似を意味するのに対し，カトースは問題になっている二要素間の，原因性ないし起源の関係に由来する類似を指し示します．ヨハネ文書に見られるアガペー的コムニオは，まさにこのカトースの構造を取るのです．「父よ，あなたがわたしの内におられ，わたしがあなたの内にいるように，すべての人を一つにしてください」（ヨハネ17・21）．「父がわたしを愛されたように，わたしもあなた方を愛してきた」（ヨハネ15・9）．「わたしがあなた方を愛したように，互いに愛し合いなさい．これがわたしの掟である」（ヨハネ15・21）．

ここで，「アッバ」（父さん）という一語に込めた，父なる神と我々のコムニオにおける計り知れない神の恵みの現実を表す，非常に美しいエピソードを紹介します．これは1916年に書かれたアンリ・ブレモンの著作の中で語られているのですが，ドフィネの改革女子シトー会の創立者が，まだボンソナで牛を飼っていた少女の頃のエピソードです．このエピソードはジュルネ枢機卿の「知られ知られざる神」という本の中にも引用されています．

「一見その少女――後に改革女子シトー会の創立者となる――は，非常に粗野であって，神に関して全く知識を持ち合わせていないようだった．修道女は，少女を自分の側に座らせ，優しく教え始めた．……この驚くべき少女は，目に涙をいっぱいためながら，修道女に向かって，『主の祈り』を終えるためにはどうしたらよいか教えて欲しいと願い，そして山出しの言葉で言うのであった．『私はどうしても主の祈りを終えることができません．五年位前から，われらの父よ，とお祈りを始めるとき，（天を指差しながら）あの高い高い所におられる方が，私のお父さんのように思えて泣けてくるのです．そして，そのようにして，一日中牛を飼いながら過ごしてしまうのです』」（シャルル・ジュルネ著『知られ知られざる神』竹島幸一訳，ヴェリタス書院，166-167ページ参照）．

（5）「キリストのからだ」を通して父なる神へ

アウグスチヌスがたえず強調し，トマス・アクィナスによって受け継がれ

た事柄ですが、エウカリスチア的恵みというものは、それが受け入れられる限りにおいて真実に恵みとなります。ところで、それが受け入れられるのは、まさに聖霊の助けによる生ける信仰にかかっています。アウグスチヌスはSermo112において、「……口ではなく心を開きなさい。……さあ、キリストを信じ、信仰とともにそれを受けよう。……我々は口でごく少量を受け、心を通して富まされる。それ故、我々を養うのは、我々が見ているものではなく、我々が信じるところのものである」。まさにすべてはこの一切れのパンに込める我々の信仰にかかっているのです。

　エウカリスチア的恵みは、心の開きにおいてのみ効果を生み出すものであり、また心の開きは、聖霊の力によってのみ可能となります。確かに、与えられ、受けるものは、主イエス・キリストのからだであり、聖霊のからだではありません。そして秘跡の中心に主キリストのからだがあり、このからだと無関係に聖霊の恵みがあるのでもありません。しかし、主イエス・キリストのからだは、イレネウスが美しくも表現する「神の手」すなわち聖霊の力を通してのみ真実にとらえることができるのです。

　また確かに、我々が受けるのは、神なる父のからだではなく、キリストのからだです。そしてこの恵みは、キリストの過越の記念において実現されます。しかし子からもたらされる恵みは、その究極的源泉において、最愛の子を与える父からの恵みです。こうしてパスカル的意味での繊細な精神は、主のからだの背後に、父の神秘的恵みを感じ取るのです。ネメシェギ師の『主の晩餐』（南窓社、1968、335-361ページ）を参照してください。わたしたちは教父的視野とともに、このエウカリスチア的からだを受けながら、その背後に懐かしき父なる神を想うのです。

　わたしたちが主の食卓を通して交わるものは、まさに、父と子にかかわる神のドラマです。父なる神が行った一回限りの救いの成就の出来事、イエスの死と復活の出来事を想起し、記憶し、記念するのです。この「想起・記憶・記念」は、ヘブライ語でズィカローン（זִכָּרוֹן）ですが、どっしりと重い言葉です。イエスの死にまつわる人間の責任と、イエスの復活にまつわる父なる神の寛大さ、アベルとカイン以来、最愛の子の十字架上の死に至るまで、人間の暴力性、殺戮性にゆるしの印を刻み続ける慈悲の神、もろき人間

とのコムニオをとことんまで探し続け，求め続ける交わりの神，さらにまた，そうした働きの背後に，その奥に憩われる底知れぬ神の空間を，主の食卓へのコムニオにおいて想起し，感謝し，讃美するのです．

「キリストのからだ」と呼ばれるものには，三つの次元があります．一つはわたしたちがいただく「聖体」です．もう一つはキリストのからだである「教会」です．そしてもう一つは，「わたしたち自身」がキリストのからだなのです．まことのキリストのからだである聖体を受けながら，キリストのからだである教会のコイノーニア（コムニオ）に積極的に参与しつつ，わたしたち自身，キリストのからだになっていくということです．これこそが新しき（カイノス）創造であり，父なる神の栄光（カヴォート・כבוד 内からにじみ出る存在の重み）でなくて何でありましょう．アウグスチヌスの美しい言葉でもって，この講話を終わることにいたしましょう．「あなたがたが受けるもの──聖体──に，あなた方自身がなりなさい」！

7　質疑応答

地主（現札幌司教）　コムニオというのは，日本語に訳したらどうなるのでしょうか．

─それは難しいところです．しかし，明確な日本語にならないと，日本人の心に定着しないというのは確かです．やたらと横文字を使うのではなく，適切な言葉を使わないといけないと思います．通常「交わり」という言葉で訳されています．しかし一方，ヘブライ語などにおいて，名詞の意味範囲は非常に広く重いという事実があります．ラテン語にしてもギリシア語にしても，その意味範囲が広くて，現代語で言い表す場合，個々のコンテキストの中でしか訳しえない状況が出てきます．コムニオもコイノーニアも，それゆえ唯一の決定的な訳を見いだすことは，非常に困難となってきます．

岡田（現東京大司教）　さきほど，イエスの二つのつまずきのところで少し触れられた，罪人と言える人々，徴税人や遊女と会食して汚れを受けるというようなことでしたが，コムニオあるいはコイノーニアと汚れとの関係を，もう少し考えていくとどうなるのでしょうか．また，それはイエスの十字架，

あるいはあがないというようなことと，どのようにつながるのでしょうか．
　—ノーラン師が汚れについて説明しているので紹介します．
　「清さと聖性の領域」以外にいると思われる者，これが「罪人」であった．……こうして「罪人」には，異教徒，らい病患者，遊女，徴税人，混血，そして下層階級の人々（汚れていて，神の律法を知らない者）が含まれていた．……イエスはこの体制をまとめて全部拒絶したのである．ユダヤ人の信仰を拒絶したかったわけではない．その逆で，聖書の神，モーセの神と預言者たちの神に対する信仰の名において，そうしたのである．この体制は律法と預言者の意図したことではなく，神の意図されたことではなかった．イエスはこの体制についてそう確信していた．だからこそあれほど思い切って，「安息日の掟」を破り，断食や儀礼的手洗いの拒否，らい病患者との接触，清くない者と食卓を共にし，清くない物を口にすること，一切の掟破りをやってのけたのである（『南アフリカにいます神』，南窓社，68ページ参照）．
　イエスの生き方というのが，そういう生き方であったということは確かです．そしてイエスが，他の死に方ではなく「十字架」にかかって殺害されたという事実は，イエスがそのようにものすごい生き方をしたということを逆に説明しています．「あがない」は後にイザヤ53章の「主の僕の歌」の理解，さらに神学的意味づけとして明確になってきたことですが（また，一方では，イエスの死に限らず，神に献げられた無垢の死は，他人に代わって他人を救う贖罪の力をもっているという考えは，当時のパレスチナの人々にとっては常識であったと思われます．例えばJ.エレミアス著『イエスの聖餐のことば』（日本基督教団出版局，355-386ページ参照）．わたしたちはまずイエスの生きざまを見つめねばならないと思うのです．ニュアンスの問題ですが，昔からアレキサンドリア学派はイエスの神性に力点を置き，アンティオキア学派はイエスの人性に力点を置きます．アレキサンドリア学派の弱点は，受肉の意味を希薄にする点にあります．エレミアスも指摘しているように，受肉とは，まさに神が神であることを放棄したことではないでしょうか．そして復活とは，マリアの「成れかし」で始まるイエスの全生涯に対する，父なる神の「よし！」なる応答にほかならないと思うのです．ですから今度は我々がイエスが生きたように（カトース）イエスのコムニオを生きること，

そして，神学的意味づけを急ぐ前に，もっともっとじっくりと，イエスの「生」そのものを見つめなおす必要があると思うのです．

　高橋（トラピスト会司祭）　コムニオの語源について，ムニオから引き出していらっしゃいましたが，ムニオというのは「守る」という意味なのです．共同防衛の都市があって，共通の敵がいて，そしてともに守るというところからコムニオという言葉ができたようです．

　－コムニオの語源については，他の方が話しておられますから，ここではコムニオとソシエタス（societas）の差異について一言述べておきます．ソシエタスは，一つのグループにおける人間の集まり，例えば将棋仲間の団体，ヨーロッパ共同市場の共同体，セルビア・クロアチア・スロベニアの結合からなる（この結合のもろさを，現実は如実に語っておりますが）国家社会などを指します．一方コムニオは，一つの同じ内面的現実とのかかわりを強調します．そこには，多様性のもとでの深い一致を形成する一つの同じ内面的現実が実在します．トマス・アクィナスは，類比概念を用いながら，コムニオが神と人間との間に適用される時でさえ，それは常に内面的調和の実在が強調され，そしてその内面的調和は，聖書が人間を神の似姿として描くところのものに存することを指し示しております．ソシエタスと比較するとき，コムニオは人間が単に一緒にいるということより，一緒にいることに根拠を与える「関係の質」を強調します．

　塩谷（現清泉女子大学学長）　カール・ラーナーの無名のキリスト教徒というところで，キリスト者というのは救いの源としてキリストを告白している者がキリスト者であるとおっしゃいました．それに続けて社会の中で全力投球しなければならないとおっしゃった後で，貧しい人々のことが出てきたのですが，そのへんで，わたしたち日本のキリスト教徒が告白する生き方について，一番大切だと思うことをうかがいたいと思います．

　－それぞれ生きている現場は違います．それに日本人というのは，つかみどころのない，いろいろな要素を持っているように思います．ですから，「これしかない」という生き方も尊いですが，逆にまた多くを望まず，与えられた場で淡々と生きていくことが大事ではないかと思います．道元の洗浄思想にあるように，米粒を一粒一粒洗うごとく，与えられた仕事を一つひと

つ丁寧にこなすこと，そして，その都度その都度の出会いをかけがえのないものとして大切にしていくこと，一期一会という言葉があるように．

しかし一方で，次のことは忘れてはならないと思います．イエスの有名な「空の鳥，野の花」の話で，ルカ福音書をよく読んでみますと，主は「見よ，空のカラスと野の雑草を」と言っておられます．当時，不浄とされ，忌み嫌われたカラスを見よ，明日，炉に投げ捨てられる雑草を見よ，と．ですからわたしたちのコムニオの濃度，コムニオの深さは，誰も見向きもしない一つひとつのエッセ（esse，存在）に注ぐまなざしの透明度にかかっていると思うのです．そして，そのかけがえのないエッセに近づき，善きサマリア人のように至れり尽くせり，そのエッセの必要をすべて満たすか，あるいは傷つき苦しむ旅人を横目で見ながら通り過ぎた祭司やレビ人のように何もしないか，その選択にコムニオの深さがかかっていると思うのです．

本　論

最後の晩餐における言葉
「わが記念として，これを行え」について

時刻になったので，イエスは食事の席に着かれたが，使徒たちも一緒だった．イエスは言われた．「苦しみを受ける前に，あなたがたと共にこの過越の食事をしたいと，わたしは切に願っていた．言っておくが，神の国で過越が成し遂げられるまで，わたしは決してこの過越の食事をとることはない．」そして，イエスは杯を取り上げ，感謝の祈りを唱えてから言われた．「これを取り，互いに回して飲みなさい．言っておくが，神の国が来るまで，わたしは今後ぶどうの実から作ったものを飲むことは決してあるまい．」それから，イエスはパンを取り，感謝の祈りを唱えて，それを裂き，使徒たちに与えて言われた．「これは，あなたがたのために与えられるわたしの体である．**わたしの記念としてこれを行いなさい．**」食事を終えてから，杯も同じようにして言われた．「この杯は，あなたがたのために流される，わたしの血による新しい契約である．しかし，見よ，わたしを裏切る者が，わたしと一緒に手を食卓に置いている．人の子は，定められたとおり去って行く．だが，人の子を裏切るその者は不幸だ．」そこで使徒たちは，自分たちのうち，いったいだれが，そんなことをしようとしているのかと互いに議論をし始めた．
　　　　　　　　　　　　　　　　　　　　　　　　　（ルカ福音書22・14-23）

　わたしがあなたがたに伝えたことは，わたし自身，主から受けたものです．すなわち，主イエスは，引き渡される夜，パンを取り，感謝の祈りをささげてそれを裂き，「これは，あなたがたのためのわたしの体である．**わたしの記念としてこれを行いなさい**」と言われました．また，食事の後で，杯も同じようにして，「この杯は，わたしの血によって立てられる新しい契約である．飲む度に，**わたしの記念としてこれを行いなさい**」と言われました．だから，あなたがたは，このパンを食べこの杯を飲むごとに，主が来られるときまで，主の死を告げ知らせるのです．　　　（一コリント11・23-26）

まことにとうとく　すべての聖性の源である父よ，いま聖霊によってこの供えものを　とういものにしてください．
わたしたちのために　主イエス・キリストの　御からだと　✣　御血になりますように．
主イエスはすすんで受難に向かう前に，パンを取り，感謝をささげ，割って弟子に与えて仰せになりました．
「皆，これを取って食べなさい．これはあなたがたのために渡される　わたしのからだ（である）．」
食事の終わりに同じように杯を取り，感謝をささげ，弟子に与えて仰せになりました．
「皆，これを受けて飲みなさい．これはわたしの血の杯，あなたがたと多くの人のために流されて　罪のゆるしとなる　新しい永遠の契約の血（である）．**これをわたしの記念として行いなさい．**」　　　（ミサ・第二奉献文より）

I
二つの問題

1　アナムネーシス命令とイエスの生(なま)の言葉

　繰り返し命令（アナムネーシス命令）「わが記念として，これを行え」という言葉はもともとイエス自身によるものか，あるいは初代のキリスト者共同体によるものなのか．言い換えれば，繰り返し命令は最後の晩餐の時のイエスの生の言葉か，あるいはイエスの死と復活という過越の出来事の後で，1世紀に行われた祭儀的食事を通して，初代教会が，ルカ22・19とIコリント11・24，25の新しい過越についての物語にこの命令を付け加えたのか．この問題の解決は容易ではない．事実，J.エレミアスは，Die Abendmahlsworte Jesu という表題の極めて優れた著書の中で，このことに言及している．しかし，その見解には多少の揺れが見られる．その中で，二つの文に注目しよう．

　　文A－「繰り返し命令（制定の言葉）はパウロとルカにしか見られない．これもまた，必ずしも最古の形に属していない．その付加は削除よりも容易に理解されるからである[1]．」

　　文B－「それだけで歴史的でないと推論してはならない．なぜなら典礼上

---

[1] J. Jeremias, *La Dernière Cène*, p. 199. また頁 203,「繰り返し命令（パウロ）は最古の形に属するものではない．杯に関して現れる事実は（パウロだけでルカにはない）パラレリスムへの傾向の新たな証拠である．」参照．

の繰り返し命令は必ずしも典礼文におさめられる必要はないからである．事実，挙式自体がその実行を意味したわけであるから[2]．」

文Aと文Bの引用の後，J.エレミアス自身，この問題の難しさを指摘している．

実際，マルコとマタイにおいて繰り返し命令が欠けているのはどういうことか．この問題の解明にあたり，P.ブノワの説明はある程度の説得力を持つ．

他方，マルコとマタイに繰り返し命令が欠けているのは，次のように説明される．それが触れられていないのは，初期の祭儀では繰り返し命令は唱えられなかったからかもしれない．なぜ唱える必要がなかったのか．それは祭儀そのものによってこの命令が実行されていたのである．それで十分ではなかろうか．式次第は朗唱するものではなく，実行するものである[3]．

繰り返し命令は最後の晩餐から生じていると明解に証明することは確かに困難である．ある者たちは，マルコとマタイにないからという理由で，この命令の歴史性を否定し，他方ある者たちは，例えば，H.シュルマンのように，ルカ22・19-20はイエスに遡る古い層に属すると考える[4]．

我々は，繰り返し命令が初代共同体の食事の式文の中で付加され，また，後に，聖書編纂のときにこの命令がイエスの言葉となったとは考えない．む

---

2) *Ibid.* pp. 283s.

3) P. Benoit, "Le récit de la Céne dans Lc 22: 15-20", Étude de critique textuelle et littéraire, dans Revue Biblique, 48 (1939), p. 386.

4) Cf. H. Schurman, *Le Récit de la Dernière Cène*, Lc 22: 7-38, (Une Régle de Célébration Eucharistique, Une Règle Communautaire, Une Règle de Vie) ドイツ語訳は R. H. Holzer, Lyon, Édition Xavier Mappus, 1966, pp. 22-42. *Comment Jésus a-t-il vécu sa mort*, coll. "Lectio Divina", 93, Paris, 1977. pp. 88-89. また, cf. P. Neuenzeit, *Das Herrenmahl: Studien zur Paulinischen Eucharistieauffassung*, München, Kösel-Verlag, 1960, p. 112; J. Betz, *Die Eucarisitie in der Zait der griechischen Väter*, Bd. I. I, Freiburg, Herder, 1955, pp. 149-150.

I 二つの問題

しろ，この繰り返し命令は実際に最後の晩餐でイエスの口から発せられ，後に初代共同体が，主が最後の晩餐で一度限り行われた歴史的行為を，この命令に従って繰り返したものと考える．事実，J.エレミアスの次の指摘は適切である．「結局，イエスは，最後の晩餐で，典礼文によってもたらされた幾つかの言葉よりもはるかに多くのことを語った[5]．」加えて，もしイエスの繰り返し命令が歴史的でないならば，初代教会のメンバーが，イエスが歴史的に一度限り荘厳に行った行為を，イエスの死後続行し，繰り返したとは考えにくい．歴史的で荘厳な行為，その一度限りの行為が繰り返されたのはまさに事実であって，そこにイエスの繰り返し命令が存在したと結論せざるを得ない．ところで，この行為は通常の食事に由来したものであるにせよ，あるいはユダヤ人の過越しの食事に由来したものであるにせよ，イエスの行為は全く新しく，一度限りのものであった．

この命令の歴史性を支えるもう一つの理由として，我々は $\kappa\alpha\theta\omega\varsigma$ の構造を主張する．《ように》と訳されるギリシア語には $\kappa\alpha\theta\omega\varsigma$（カトース）と $\omega\varsigma$（ホース）があるが，$\omega\varsigma$ が模倣に基礎づけられた両者間の単なる外的類似を意味するのに対し，$\kappa\alpha\theta\omega\varsigma$ は問題になっている二要素間の，原因性ないし起源の関係に由来する類似を指し示す．当研究において以下の二点が重要である．

—イエスの繰り返し命令 "$To\hat{u}\tau o\ \pi o\iota\varepsilon\hat{\iota}\tau\varepsilon\cdots\cdots$" は，"$\kappa\alpha\theta\omega\varsigma$" の構造のなかに厳密に移し入れられたのではなかろうか．つまり，我々は聖書の中で頻繁に「イエス・キリストに倣いなさい」に出会う（Ⅰコリ11・1；Ⅰテサ1・6．また，エフ5・1；Ⅰコリ4・11；フィリ3・17；Ⅰテサ2・14；Ⅱテサ3・7,9；ヘブ6・12；13・7；Ⅲヨハ11参照）そして，そこには以下の $\kappa\alpha\theta\omega\varsigma$ の構造がひそむ：「使徒に倣いなさい」，その土台として「キリストに倣いなさい」，その土台として「神に倣いなさい」．この構造の中で，主イエス・キリストとその弟子たちとの依存関係は徐々に初代共同体の中で確立していった．$\kappa\alpha\theta\omega\varsigma$ の語によって示されるこの関係は，イエスの繰り返し命令にも適用することができる．大切なことは，この言葉の歴史性よりも，

---

5) J. Jeremias, *La Dernière Cène*, p. 284.

パウロとルカが自らの共同体全体を視野に入れて，繰り返し命令を書きとめたという事実である．しかしながら，初代共同体が，自らの記憶と解釈を通してこの命令を受け入れた事実は，この命令が，主が我々に命じられたように（καθώς），伝えられ実行されたという確信を与える．

― "Τοῦτο ποιεῖτε εἰς τὴν ἐμὴν ἀνάμνησιν"は，「私の記念としてこれを行いなさい」と一般に訳される．ところで，この「として」はκαθώςに合致するだろうか．合致しない．なぜなら，「これを行いなさい」の行為は「私の記念」「私の記憶」の行為に依存しないからだ．この場合の「として」はὡςに合致し，これは「同時性」あるいは「帰結」を表しうる．それ故，パウロは(a)「このパンを食べこの杯を飲むごとに」，(b)「主が来られるときまで，主の死を告げ知らせるのです」（Ⅰコリ11・26）と書いた．Τοῦτο ποιεῖτεは(a)に，εἰς ἀνάμνησινは(b)に相当する．この点については，後に詳述する．「私の記念としてこれを行いなさい」は「私の出来事（神の出来事）が成し遂げられた記念（記憶）のしるしとしてこれを行いなさい」を意味する．この表現を，εἰςの力動的な特徴を考慮に入れて動詞を用いながら説明するならば，"Τοῦτο ποιεῖτε"と"εἰς ἀνάμνησιν"の行為の同時性の故に，次のように訳すことができる．「（出エジプト以来の救いのすべての出来事がそこに向かっている）まさにその過越の出来事，すなわちイエスの死と復活を想起しながら，これを行いなさい．」主イエスが命じるように（καθώς）これを行うとき，この動作は，主の死に関して人間の記憶と神の記憶を，同時に呼び起こす．いずれにせよ，「私の記念としてこれを行いなさい」の「として」はκαθώςにではなくὡςに合致する．このことは，後でH.コスマラの解釈に触れるときに重要となるであろう．

したがって，初代教会の信仰はこのκαθώςの構造を土台にしている．歴史的にイエスの繰り返し命令があったが故に，弟子たちはその命令に従い，これを実践してきたと考えるのが妥当である．

以上の考察からこの命令の歴史性を支持するため，以下の四つの理由が考えられる．

1. マルコとマタイの中に繰り返し命令が見られないことに関しては，「式次第は唱えるものではなく実行されるもの」なので，この繰り返し

命令に関しても同様であると考えることができる．
2．イエスは最後の晩餐で，典礼的形式で伝えられた幾つかの言葉よりもはるかに多くのことを語った．したがって，マルコとマタイの中にこの命令が見られないからと言って，イエスがこの繰り返し命令を告げなかったとは必ずしも断言できない．
3．"$καθώς$" 及び「キリストに倣いなさい」の構造を熟考するとき，イエスが実際にこの繰り返し命令を発したが故に，弟子たちはこの命令を守り，これを伝え，実践して来たと考えるのが妥当である．
4．イエスの繰り返し命令が歴史的な事実でなかったならば，イエスが歴史的に一度だけ荘厳に行ったこの動作を，初代教会の信者が，繰り返し行って来たとは考えにくい．

以上により，我々は，イエスの最後の晩餐における繰り返し命令の歴史性を保持する．

2　イエスの意図とこれを受け入れた弟子たち

　第二の問題は，繰り返し命令に関して，イエスの意図と弟子たちの受け入れの間に相違はなかったか，という問題である．イエスの弟子たちは，最後の晩餐でイエスの言葉を直接に聞いたが，誰かが主の言葉を書き取ったわけではない．彼らは過越しの出来事の体験に照らし，また約束された霊に助けられてこのイエスの言葉についての理解を深めていった．確かに，聖書は弟子たちの解釈であり，また初代教会の信仰の所産である．イエスは何一つ文章を残さなかった．パウロが最後の晩餐の後25年くらい経ってコリントの信者への第一の手紙を，ルカが50年くらい経ってその福音書を書いた．イエスが生きた場は，セム語すなわちアラム語やヘブライ語の世界であり，新約聖書が書かれた言語はコイネー（$κοινή$）と呼ばれるギリシア語の世界である．この事実は，イエスの言葉の真意を探る上で，抜き差しならぬ難解な問題を提供する．今，最後の晩餐のイエスの言葉の受容（réception）を以下に図式化してみよう．

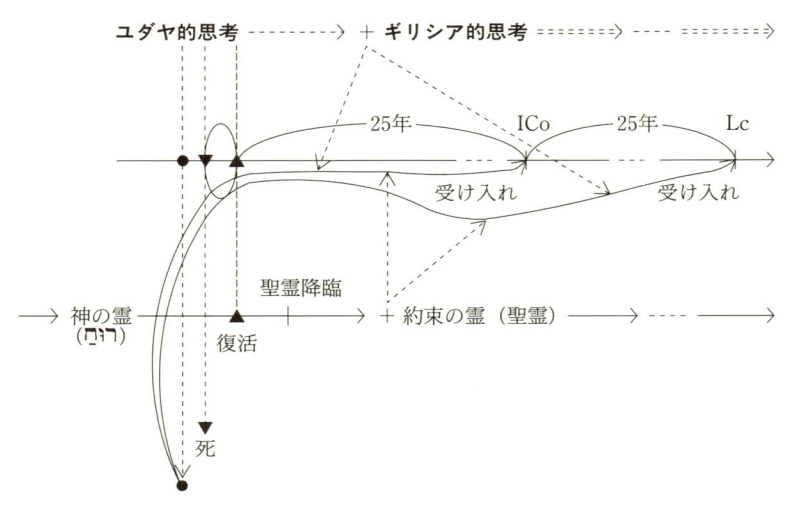

```
ユダヤ的思考 ------->  + ギリシア的思考 ========> ---- =======>
                        25年        ICo     25年      Lc
                                   受け入れ          受け入れ
                      聖霊降臨
→ 神の霊                + 約束の霊（聖霊）————→ ————→
   (רוּחַ)    復活
           ▼
           死
```

最後の晩餐：" Τοῦτο ποιεῖτε εἰς τὴν ἐμὴν ἀνάμνησιν "

　確かにギリシア的思考，ヘレニズム的発想は新約聖書の編纂に直接影響を与えた．それ故，J.A.ユングマンは「それ（ギリシア的思考）は最初の構造を暗ませた……したがって，元の構造に戻り，最初の意味を理解するようにすべきである[6]」と述べている．後に生じた幾つかの状況の故に，繰り返し命令の意味が不明瞭にされた可能性は確かにある．H.リーツマンは，「したがって，εἰς τὴν ἐμὴν ἀνάμνησιν の定型は，主の食事がヘレニズム的思想の影響を受けてすっかり変えられた[7]」と断言している．そこで我々は，繰り返し命令におけるイエスの真意をさぐるため，ギリシア的な概念ではなくセミ的概念を探求する必然性を余儀なくされる．

　もう一つの問題は次のことがらである．一方において，最後の晩餐はイエスの死の直前に行われた別れの食事であるということ．これは極めて特別な状況である．イエスの心は主に父なる神に結ばれていた．その上，約束の霊

---

6) J. A. Jungman, *Liturgie der christlichen Frühzeit bis auf Gregor den Grossen*, Friburg (S), Universitätsverlag, 1967, p. 6.

7) J. Jeremias, *La Dernière Cène*, p. 285. cf. H. Lietzman, *Messe und Herrenmahl*, (AKG8) Bonn, 1926, p. 223.

I 二つの問題

（ヨハネ14・15以下参照）は晩餐の時にはまだ与えられていなかったのである．他方，弟子たちはイエスの死と復活の後，この言葉を改めて解釈した．その時，彼らの心は主イエス・キリストに結ばれていた．さらに，弟子たちがこの言葉を受容した時には，すでに聖霊が与えられていた．聖霊の役割は「想起」に関して本質的である．すなわち，聖霊は弟子たちにイエスの繰り返し命令を想い起こさせる（$ὑπομιμνήσχω$）（ヨハネ14・26）のである．したがって，この両者の状況は異なる．それ故，イエスの意図とこれを受け入れた弟子たちの理解との間に如何なる相異もありえないと断言することは，人間の力を超える．例えば，二つの状況のもとに以下の解釈も可能となる．〔最後の晩餐におけるイエスの意図〕――「神が私を想い起こし，あなたたちに恵みを注いで下さるように，これを行いなさい．」〔初代共同体の受け入れ〕――「あなたたちが私を想い起こし，$μετάνοια$（回心）に入るように，これを行いなさい．」

確かにイエスをめぐる複雑な状況の中では，両者の間に相異の可能性が全くないと断言することはできない．イエスは死の直前，最後の晩餐で，その心を第一に父なる神に，それから弟子たちに向けた．一方弟子たちはこの繰り返し命令を約束の霊に助けられて再解釈した．その時，彼らの心は「あなたがたが十字架につけて殺し，神が主としキリストとした」（使2・36参照）イエスに向けられた．初代教会を取り巻くユダヤ的発想とヘレニズム的発想を考慮する時，過越の出来事の25年後，50年後の，即ちパウロ的解釈，ルカ的解釈と最後の晩餐におけるイエスの言葉の真意との間になんらかの相異が生じたとしても不思議ではない．

とは言え，我々は最後の晩餐の記事はIコリ11・23のケーリュグマと同様，極めて古い伝承に遡ることを確認する．

J．エレミアスはこのことに関してDie Abendmahlsworte Jezuにおける以下の三つの文章の中で説得的な説明を行っている．

（1） 彼は聖なるテキストの解釈を"$ἐγὼ\ γὰρ\ παρέλαβον\ ἀπὸ\ τοῦ\ χυρίου\ ὁ\ καὶ\ παρέδωχα\ ὑμῖν$"（Iコリ11・23）の言葉で始めている．この$παραλαμβάνειν$（受ける）と$παραδιδόναι$（伝える）の語がקִבֵּל מִן（キッベル　ミン）及びמָסַר ל（マサル　ル）なるラビの専門用語に相当するこ

とは疑いの余地のないことであろう．すなわち，Ⅰコリ11・23は伝承の鎖が中断されることなく，イエス自身の言葉に遡ることを意味している[8]．

　（2）　パウロは……Ⅰコリ11・23で「受ける」（$\pi\alpha\rho\alpha\lambda\alpha\mu\beta\acute{\alpha}\nu\epsilon\iota\nu$）と「伝える」（$\pi\alpha\rho\alpha\delta\iota\delta\acute{o}\nu\alpha\iota$）について，Ⅰコリ15・3と同じ用語を用いている．パウロは，最後の晩餐の出来事の作成を，クレドのそれと同じように，伝承に負うていると結論することができる[9]．

　（3）　以上に確認された事実は，最後の晩餐の言葉を「主自身から」（$\mathring{\alpha}\pi\grave{o}\ \tau o\hat{v}\ \chi v\rho\acute{\iota}ov$）受けたというパウロの主張（Ⅰコリ11・23）の真実性を裏付ける．パウロがこの箇所では $\pi\alpha\rho\alpha\lambda\alpha\mu\beta\acute{\alpha}\nu\epsilon\iota\nu$ を通常のように $\pi\alpha\rho\acute{\alpha}$（ガラ1・12；Ⅰテサ2・13；4・1；Ⅱテサ3・6）と共にではなく $\mathring{\alpha}\pi\acute{o}$ と共に用いているのには十分な理由がある．$\pi\alpha\rho\acute{\alpha}$ は伝承を伝える者を示すが，$\mathring{\alpha}\pi\acute{o}$ は伝承の創始者を示す．すなわち，パウロはⅠコリ11・23で，前置詞 $\mathring{\alpha}\pi\acute{o}$ の助けを借りて，彼が伝承に基づいて引用した最後の晩餐の言葉は，イエス自身に遡ることを強調しているのである[10]．

　以上の説明に基づき，第二の問題，すなわちイエスの意図と弟子たちの受け入れに関し，両者の間に相違はないと答えざるをえない．

　要約すれば，上掲の二つの問題に対する我々の回答は次のようである．

　第一の問題に対して

　　繰り返し命令（$To\hat{v}\tau o\ \pi o\iota\epsilon\hat{\iota}\tau\epsilon\ \epsilon\mathring{\iota}\varsigma\ \tau\grave{\eta}\nu\ \mathring{\epsilon}\mu\grave{\eta}\nu\ \mathring{\alpha}\nu\acute{\alpha}\mu\nu\eta\sigma\iota\nu$）は最後の晩餐で真にイエスの口から出た言葉である．

　第二の問題に対して

　　最後の晩餐での繰り返し命令に関して，イエスの意図と，これを受け入れた弟子たちとの理解の間に相異の可能性があると考えるのは適当ではない．

---

8)　*Ibid.* p. 113.
9)　*Ibid.* pp. 116s.
10)　*Ibid.* p. 240.

II

エレミアスの解釈についての研究

1　リーツマンとの比較

　J.エレミアスの主張を理解するためには，H.リーツマンの見解を研究することが不可欠である．リーツマンは，*Messe und Herrenmahl, Eine Studie zur Geschichte der Liturgie*[1]と題する著書を出版し，最後の晩餐とエウカリスチア（感謝の祭儀，ミサ）に関して幾つかの問題を提起した．

　その基本的見解について，エレミアスの著 Die Abendmahlsworte Jesu の日本語訳のあとがきにおいて，その訳者田辺明子は以下のごとく簡潔にリーツマンの考えをまとめている．

　原始キリスト教には二つの型の主の晩餐があった．

　①　パレスチナ的（エルサレム型）の主の晩餐

　地上のイエスと日毎共にしていた食卓の交わりをパレスチナのキリスト者がハヴゥラーの食事として継承したもの．彼等は復活し高挙された主が食事の席に霊において臨在し，再臨されることを確信していた．食事は終末的歓喜の雰囲気の中で祝われた．そこには主の死の記念という意味あいは含まれていなかった．我々は使徒行伝，ディダケーにおいてこれと出会う．

　②　パウロ的コリント教会の主の晩餐

　最後の晩餐の繰り返し．イエスは最後の晩餐において，パンをやがてさか

---

[1]　H. Lietzman, Messe und Herrenmahl, *Eine Studie zur Geschichte der Liturgie*, (AKG8), Bonn, 1926.

れる自分のからだとし，ぶどう酒をやがて流される自分の血と言い表した．それ故この型の主の晩餐は死の記念のモチーフが濃厚であった．そこには，ヘレニズムの死者の食事の犠牲概念の影響があった．主の死を記念する第二の型の聖餐をつくりあげたのはパウロであった．

また，このリーツマン説との関連におけるエレミアスの特徴は以下のごとし．
　A．聖餐のテキストをヘレニズム的背景からではなく，パレスチナ的環境から理解している．
　B．使徒行伝のパンさきとコリント教会の主の晩餐とを，従って，地上のイエスが弟子達と共にした日毎の食事と最後の晩餐とを一元的連続的にとらえている．
　C．食事の内容となるモチーフは終末におけるメシア的食事の先取りである[2]．

第一の要因Aに関して　リーツマンは，ヘレニズムの死者を記念する古代の食事の基金設定定型に基づいて，主の死の記念的食事を制定するための命令として繰り返し命令を理解した．エレミアスはこの説を退ける．彼はこの説を次の三つの点から批判する．第一に，この文には，$εἰς\ ἀνάμνησιν$ の表現がない．第二に，この死者の記念の食事は，一年に一回死者のために行われたのに対して，初代キリスト者の食事は，毎日，あるいは各週ごとに行われた．第三に，記念的葬送の宴に世俗化の傾向が強いことである[3]．

第二の要因Bに関して　エレミアスの考えを図式化してみよう．
　(1)　生前のイエスとの日常の食事
　　　　　　↓

---

[2]　J.エレミアス「イエスの聖餐のことば」(Die Abendmahlsworte Jesu の日本語訳) 田辺明子訳, 日本基督教団出版局, 1999 (第3版), pp. 435, 436 参照. Cf. J. Jeremias, La Dernière Cène, pp. 28-30, 284-291; R. Bultmann, *Théologie des Neuen Testaments*, Tübingen, 1958, 特に, 第1部, III. §13. 英語訳, K. Grobel, *Theology of the New Testament*, Vol. 1, I, II, Londres, SCM press LTD, 1956.

[3]　Cf. J. Jeremias, *La Dernière Cène*, pp. 290s.

II　エレミアスの解釈についての研究

　　　最後の晩餐=過越の食事
　　　　　　⇓̸
　　　原始教会の会食礼
(2)　生前のイエスとの日常の食事
　　　　　　↓
　　　最後の晩餐 ＝ 過越の食事
　　　　　　↓
　　　生前のイエスとの日常の食事の繰り返し
　　　　　　↓
　　　最後の晩餐の「記憶」の追加
　　　　　　↓
　　　イエスとの日常の食事の特徴の削除
　　　　　　↓
　　　Ⅰコリ11・17-34の食事（初代教会における主の食卓）

　エレミアスに従えば，初代教会における主の食卓は主の晩餐の繰り返しではなかった．（⇓̸はそのことを意味している）．最後の晩餐と初代教会における主の食卓の間には三つの要素がある．すなわち，①生前のイエスとの日常の食事の繰り返し，②最後の晩餐の記憶の追加，③生前のイエスとの日常の食事の色彩の削除である．Ⅰコリ11・17-34における主の食卓のくだりをよく考えると，エレミアスのこの仮定には説得力がある．彼によれば，主の食卓の制定は最後の晩餐に遡るが，この制定は生前のイエスとの毎日の食事の繰り返しの命令と大差ない．言い換えれば，制定は，イエスが日常の食事でパンを割く時に祈ったように，メシアの再来を呼び求める命令に過ぎなかった．確かに，最後の晩餐は決別の食事であり，過越の食事であったが，主の再来のための先取りの食事でもあった．こうして，エレミアスは，生前のイエスとの日常の食事と最後の晩餐と初代教会における主の食卓とを互いに関連して一つにつながるものと理解した．これによると，使徒行伝とディダケーに見られるパレスチナ的・終末的食事とコリントの教会におけるギリシア的な記念としての食事の間の区別は存在しない．この点で，リーツマン

の見解とエレミアスのそれとの間には顕著な相違がある．

第三の要因Cに関して エレミアスは主の食卓をイエスの再臨の典礼的先取りと考える．また，後期ユダイズムの過越しの食事をエジプト脱出の記念ではなく，むしろメシアの到来の典礼的先取りと見る．この考えはリーツマンによる主の晩餐の第一の形態，すなわち，パレスチナ的形態と終末論的動機において合致する．両者の相違はエレミアスはリーツマンによる主の食事の第二の形態を認めないということである．すなわち，ヘレニズム的形態の記念としての動機を認めない．エレミアスは，パウロによる主の食卓を終末論的方向でのみ解釈する．

以上の如くエレミアスの解釈をリーツマンのそれと比較して行く時，そこには "$\dot{\alpha}\nu\acute{\alpha}\mu\nu\varepsilon\sigma\iota\varsigma$, זִכָּרוֹן" に関する根本的な問題が存することに気付く． "$\dot{\alpha}\nu\acute{\alpha}\mu\nu\eta\sigma\iota\varsigma$, זִכָּרוֹן" の語には，過去の記念の動機と将来の終末論的動機のどちらが含まれているのか．エレミアスが理解したように終末論的動機だけが含まれているのか，あるいは逆に過去の出来事の記念の動機だけが含まれているのか．それとも第三の解決があるのか．"$\dot{\alpha}\nu\acute{\alpha}\mu\nu\eta\sigma\iota\varsigma$, זִכָּרוֹן" の概念には，過去の記念の動機と将来の終末論的動機の間の緊張関係の中での現在化のダイナミズムが含まれているのではなかろうか．この問題は当研究にとって最重要課題である．これについては後に詳述することになろう．目下は $Tοῦτο\ ποιεῖτε\ εἰς\ τὴν\ ἐμὴν\ ἀνάμνησιν$ に関するエレミアスの特徴的解釈を調べることにしよう．この解釈は説得的でユニークであり，また，全く新しい感覚をもって行われている．確かにエレミアスは根本問題を提起したのであり，これほど新鮮にして独創的な解釈において右に出るものはいない．まことにP．ブノアが述べている通りである．「『最後の晩餐におけるイエスの言葉』についてのヨアヒム・エレミアス博士の著書は，近年エウカリスチア（聖体の秘跡）の制定の問題に寄与した最も重要な著書の一つである[4]．」

---

4) P. Benoit, Exégèse et Théologie, t. 1. [cf. RB. 58 (1951), pp. 132ss]. "$Tοῦτο\ ποιεῖτε$

II エレミアスの解釈についての研究　　　　　　　　　　　　　　39

εἰς τὴν ἐμὴν ἀνάμνησιν" の解釈に関しては, cf. N. A. Dahl, "Anamnesis. Mémoire et Commémoration dans le christianisme primitif", (*Studia Theologica*, 1948, pp. 69-95); O. Casel, Faites ceci en mémoire de moi. J. C. Didier によるドイツ語からの訳, Paris, Cerf, 1962.; H. Schürmann, *Le Récit de la Dernière Cène*, Luc 22, 7-38. *Une Règle de Célébration Eucharistique. Une Règle communautaire, Une Règle de Vie*; J.-J. Von Allmen, *Essai sur le Repas du Seigneur*, Neucâtel, Delachaux & Niestlé S. A., 1966. (*Cahiers Théologiques* 55), pp. 23-36; F. J. Leenhardt, *Le Sacrement de la Saint Cène*, Neucâtel, Delachaux & Niestlé S. A., 1948, pp. 15-21; *Id., Ceci est mon Corps. Explications de ces paroles de Jésus-Christ*, Neucâtel, Delachaux & Niestlé S. A., 1955, (Cahiers Théologiques), pp. 43-49; *Id., Parole-Ecriture-Sacrments, Études de théologie et d' exégèse*, Neucâtel, Delachaux & Niestlé S. A., 1968, (Bibliothèque 41), pp. 161-167; Léon-Dufour, "Faites ceci en mémoire de moi, Lc22: 19 -I Co 11: 25", (*Christus*, 94, 1977); *Id. Le Partage du Pain eucharistique selon le Nouveau Testament*, Paris, "Édition du Seuil, 1982; *Id.*, "Faites ceci en mémoire de moi", (*Études*, 354, 1981); J. Guillet, "De Jésus aux Sacrement", Chaiers Evangile, 57 (1986). *Id.*, "Jésus et la tradition d' Israël" (*Christus*, 94, 1977: Se souvenir de Jésus-Christ); D, Jones "ἀνάμνησις in the LXX and the interpretation of 1Cor. XI. 25." (*The journal of Theological Studies*, 6, 1955); G. Dix, *The Shape of the Liturgy*, Westminster, Dacre press, 1945, pp. 161, 215, 234 -237, 243-247; *Id., The Treatise on the Apostolic Tradition of St. Hyppolytus of Rome*, New York, The Macmillan Company, 1937, pp. 73-75: Textual Notes "Anamnesis"; J. J. Petuchowski, "Do this in remembrance of me (*1Cor.* 11: 24)" (*Journal of Biblical Literature*, 76, 1957); A. J. B. Higgins, *The Lord's Supper in the New Testament*, London, SCM, 1952, pp. 55; D. Gregg, *Anamnesis in the Eucharist*, Bramcote Notts, Grove Books, 1976, pp. 17-25; J. Reumann, *The Supper of the Lord, the New Testament, Ecumenical Dialogues, and Faith and Order on Eucharist*, Philadelphia, Fortress press, 1985, pp. 1-52, 149-201; M. Thurian, *L' Eucharistie, Mémoire du Seigneur, Sacrifice d'action de grâce et d'intercession*, Neuchâtel, Delachaux & Niestlé S. A., 1959; L. Buyer, *Eucharistie, Théologie et spritualité de la prière eucharistique*, Paris, Desclée, 1966, pp. 83-91. 101-109; *Id.*, "La Première Eucaristie dans la Dernière Cène" (*la Maison-Dieu*, 18, 1949); J. P. Audet, *La Didachè. Instruction des Apôtres*, Paris, Librairie Lecoffre, 1958, pp. 372-443; E. Schweizer, "*Das Abendmahl eine Vergegenwärtingung des Toes Jesu oder ein eschatologisches Freudenmahl?*" (*Theologische Zeitschrift*, 1946, pp. 81-101); V. A. Darlap, "*Anamnesis. Marginalien zum Verständnis eines theologischen Begriffs*" (Zeitschrift für Katholische Theologie, 1975; J. Delorme, "*La Cène et la Pâque dans le Nouveau Testament*" (*Lumière et vie*, 31, 1957, pp. 9-48); P. Benoit" *Les Récits de l'institution et leur Portée*" (*Lumière et vie*, 31, 1957, pp. 49-76); J. Dupont, "*Le Repas d' Emmaüs*" (*Lumière et vie*, 31, 1957, pp. 77-92); M.-E. Boismard, "*L' Eucharistie selon Saint Paul*" (*Lumière et vie*, 31, 1957, pp. 93-106); D. Mollat, "*Le Chapitre VI de saint Jean*" (*Lumière et vie*, 31, 1957, pp. 107-119); B. Faivre, "*Eucharistie et mémoire*" (*Nouvelle Revue Théologique*, 90, 1968, pp. 278-290); R. Le Déaut, *La Nuit Pascal. Essai sur la signification de la Pâque juive à partir du Targum d' Exode XII 42*, Rome, Institut Biblique Pontifical, 1963, pp. 61-71; E. Barbotin, "*Institution et Mémorial. Essai d' interprétation*" (*Revue des Sciences Religieuses*, 44, 1970, pp. 23-33); J.-P. Montminy, "*L' Offrande Sacrificielle dans l' Anamnèse des Liturgie Ancienne*" (*Revue des Sciences Philosophiques et Théologique*, 50, 1966, pp. 385-406): B. Botte, "Problème de l'

2 エレミアスの解釈

J.エレミアスの解釈を整理すると次のようである[5]。

(A) エレミアスは，εἰς ἀνάμνησιν の表現をユダヤーパレスチナ世界に求める。ヘレニズムの領域の資料の中に解決を求めたリーツマンの証明は説得的ではないからである。エレミアスは記念の定型に関して多くの例を挙げる。出12・14；13・9；28・12，29；30・16；39・7，レビ2・2，9，16；24・7，民10・10，詩111・16，箴10・7，シラ45・9，11，16，エノク99・3，使10・4など。

(B) 祭儀的分野では，εἰς ἀνάμνησιν あるいは εἰς μνημόσυνον の表

Anaphore Syrienne des Apôtres Addaï et Mari" (*L' Orient Syrienne,* 10, 1965, pp. 89-106); E. C. Ratcliff, "*The Original Form of the Anaphora of Addaï and Mari: a Suggestion*" (*The Journal of Theological Studies,* 30,: 1929, pp. 23-33); W. Rordorf, "*Le sacrifice eucharistique*" (*Theologische Zeitschrift,* 1969, pp. 336-353); C. Perrot, "*Le Repas du Seigneur*" (*la Maison-Dieu,* 123, 1975, pp. 29-46); Id., "*L' eucharistie comme fondement de l' identité de l' Église dans le Nouveau Testament*" (*la Maison-Dieu,* 137, 1979, pp. 109-125); H. Kosmala, "*Das tut zu meinem Gedächinis*" (*Novum Testamentum,* 4, 1960); A.田辺, 「聖餐くりかえし命令の「わたしを想い起こして」の解釈」(プール学院短期大学研究紀要，京都，1976, pp. 1-36); J. M. R. Tillard, *L' Eucharistie, Pâque de l' Église,* Paris, Cerf, 1964, pp. 175-242. *Église d' Églises,* L'ecclésiologie de communion, Paris. Les Édition du Cerf, 1987. "Mémoire, Mémorial" の語は次の諸頁に出ている：28, 44, 45, 57, 58. cf. 81 (réminiscience), 85, 91, cf. 94 (se souvenir), cf. 96 (se souvenir), 97. 118, 135, 136, 139, 178, 181, 182, 183, 184, 185, 193, 200, 205, 210, cf. 211 (anamnèse, rappel), 212, 226, 228, cf. 232 (souvenir), 244, 253, 286, 295, cf. 308 (se rappeler), 310, 329, 334, 345, 363, 367, 374, 393; Id., "*Le Mémorial dans la vie de l' Église*" (La Maison-Dieu, 106, 1971, pp. 24-45); Id., "*Faisant mémoire de ton fils*" (*Parole & pain,* 50, 1972, pp. 144-157); Id., *Leçon sur le Mystère de l' Eucharistie,* Pars Prima: "*Le Mémorial du Seigneur*" 講義テキスト, Ottawa, Collège Dominicain, 1981; Id., "*eucharistie et église*" [*l' eucharistie,* (église en dialogue, 12)], Mame, 1970. これには, J. Zizioulas, "l' eucharistie: quelque aspects biblique" と J.-J. Von Allemen, "l' eucharistie, l' église et le monde" が一緒に掲載されている。Bertrand de Margerie, *Vous ferez ceci en mémorial de moi: Annonce et souvenir de la mort du Ressuscité,* Paris, Montréal, Beauchnesne/Bellarmin, 1989.

5) Cf. J. Jeremias, *La Dernière Cène,* pp. 283-305.

現は לְזִכָּרוֹן に等しく通常，神を主語とする．イエスの時代には，$εἰς\ ἀνάμ\text{-}νησιν$ とその類義語は，「神が想い起こす[6]」の意味として一般に理解された．

（C） $εἰς\ ἀνάμνησιν$ の語が「神が想い起こされるために」という意味を持つところでは，(a), (b) 二つの事柄が表されている．(a) レビ 24・7，民 5・15，王上 17・18，ゼカ 6・14，シラ 50・16，エノク 99・3，使 10・4，ヘブ 10・13 では，「ただ神に，ある人あるいはある事を想い起こさせるのではなく，神の前である事柄をしかるべきものとして引き立たせることを意味している．この強調は極めて現実的に考えられている……これらのすべてのくだりで，$ἀνάμνησις$ は神のみ前における現前を示している[7]．」(b) 神の想起は決して単なる想起ではなく，「能動的で創造的な出来事」である[8]．ルカ 1・72，黙 18・5 では，神の「想起」は契約の終末論的成就，あるいは，終末論的裁きの成就を意味している．エレ 31・34，ルカ 23・42，ヘブ 8・12；10・17 では，「想起」はもはや彼らの罪を想い起こさない生ける神の完全な赦しを意味している．神の「想起」は恵みにおいても裁きにおいても積極的な一つの行為である．

（D） $τοῦτο\ ποιεῖτε$ についてのエレミアスの解釈は繰り返し命令の本質に触れている．すなわち，イエスは新しい儀式の制定よりむしろ，すでに存在している類似の儀式に新しい意味を付加した．エレミアスは次のように説明する．

$τοῦτο\ ποιεῖτε$ の招きは，旧約聖書の עֲשׂוּ זֹאת に相当する．七十人訳ギリシア語聖書（以下 LXX）はこの言葉を通常 $τοῦτο\ ποιήσατε$ に訳し

---

6) J. エレミアスは「人が想い起こす」に関して，イエスと同時代のユダヤ思想の中で二つの場合を指摘している．a)「ソロモンの知恵」（$εἰς\ ἀνάμνησιν$）4 マカ 17・8（$εἰς\ μνείαν$）とフィロンの二つの箇所（$εἰς\ μνήμην$）のようなギリシア語原文のテキスト　b) 人間の想起について語る旧約聖書のテキストの翻訳の中 (*Ibid.* p. 295)

7) *Ibid.* pp. 296s.

8) O. Michel, "$μιμνῄσχοναι$" ktl, *Thw*, IV (1942), 678, 2.

た．この命令形は指示と勧告の導入である．これを כָּכָה תַעֲשׂוּ (LXX は οὕτως ［このように］に ποιεῖν「行う」の願望形を付して訳している）から区別しなければならない．こちらは一つの儀式の繰り返しを命じるものである．この区別は重要である．それによって，τοῦτο ποιεῖτε εἰς τὴν ἐμὴν ἀνάμνησιν は一つの新しい儀式を導入するのではなく，既存の慣習に新しい意味を与えるものであることが分かる．したがって，「繰り返し命令」という表現は適当ではない．この表現は τοῦτο ποιεῖτε を強調しているが，実際は，εἰς τὴν ἐμὴν ἀνάμνησιν という新しい目的の方向性を指示しているのである[9]．

（E） エレミアスは，εἰς τὴν ἐμὴν ἀνάμνησιν を「神が私を想い起こされるように」と解釈する．従って繰り返し命令を「神が私を想い起こされるようにこれを行いなさい」と解し，その意味は，「神がメシアを想い起こされて，メシアが再臨し神の国を到来せしめるために，これを行いなさい」となる．この解釈の特徴は，「想い起こすこと」の主語は神であり，この言葉はただ終末論的意味の方向でのみ把握されている．

まず，ἐμός に関しては問題ない．この語は属格目的語を示す．すなわち，「私を想い起こすために」あるいは「私の記念として」と訳してしかるべきである．しかし，一体誰がイエスを想い起こすのか．イエスを想い起こす主体は神である．何故か．エレミアスは三つの理由を挙げる（一つは消極的で二つは積極的である）．

(1) 消極的理由として，「弟子たちが想い起こすという通常の解釈はおかしい．イエスは弟子たちが自分を忘れることを心配しているのか．しかし，この解釈だけが唯一のものでもなく，最も適切なものでさえない[10]．」

---

9) J. Jeremias, *La Dernière Cène*, p. 298. Cf. H. Kosmala "Das tut zu meinem Gedächtnis", p83. エレミアスはH．コスマラの批評に従い，τοῦτο ποιεῖτε に関するみずからの見解を修正した．

10) Cf. J. Jeremias, *La Dernière Cène*, p. 300. 傍点を引いた箇所は，フランス語訳の同書では省略されている．しかし，この文は重要である．

(2) 積極的な理由としては，二つの理由を挙げている．一つは新約聖書，他は旧約聖書に基づく．

　a) 新約聖書では，エレミアスは，対応する表現 $\varepsilon\iota\varsigma\ \mu\nu\eta\mu\acute{o}\sigma\nu\nu o\nu$ を持つ二つの箇所を指摘している．マコ14・9（並行節マタ26・13）と使10・4である．この箇所でも，エレミアスは，先の二つの要素を強調する．すなわち，$\varepsilon\iota\varsigma\ \mu\nu\eta\mu\acute{o}\sigma\nu\nu o\nu$ の語は神を主語にし，常に終末論的な意味を持つ．エレミアスはマコ14・9を，「神が世の終わりの裁きの時に，憐れみをもって彼女を想い起こされるために」と解釈している．また使10・4 $\varepsilon\iota\varsigma\ \mu\nu\eta\mu\acute{o}\sigma\nu\nu o\nu\ \check{\varepsilon}\mu\pi\rho o\sigma\theta\varepsilon\nu\ \tau o\hat{\upsilon}\ \theta\varepsilon o\hat{\upsilon}$（神のみ前に覚えられた）の見解も同様である．以上二箇所とも想起の主語は神であることが明確に示されている．

　b) 旧約聖書では，すでに引用したように，エレミアスは，パレスチナの記念の定型に関し，旧約聖書における「想起」は，ほとんど常にその主語が神であることを主張している．

　終末論的メシアに関して，エレミアスはみずからの見解を裏づけるために，ユダヤ教の過越祭で用いられ，イエスの時代にまで忠実に伝えられてきた文面を引用している．その祈りは次のようである．

　　　私たちの神，私たちの父祖の神よ，
　　　私たちの（現況）に対する熟考と想起，
　　　私たちの父祖に対する想起，
　　　ダビデの子にしてあなたの僕なるメシアに対する想起，
　　　あなたの聖なる都エルサレムに対する想起，
　　　そしてあなたのすべての民，即ちイスラエルの家に対する想起があなたのみ前に呼び覚まされ，至り，届き，出で，御心にかない，受け入れられ，見つめられ，思い出されますように．
　　　私たちの救いと幸せのために[11]．

---

11) 過越祭の夕べの食事の後，三番目の祝福の中に見ることができる過越祭の古い祈り．エレミアスは注として「この祈りは過越祭のハッガダーの無数の版の各々に見られる」と述べている．(*La Dernière Cène*, p. 300, note 300). Cf. *Ibid*., p. 301, note 303

（F）以上（A〜E）の見解に従い，エレミアスは，Ⅰコリ11・26に関して次の解釈を行う．

> 主の晩餐で主の死が告げられ，マラナタの叫びが上がるたびごとに，いまだ到来していない救いの業の完成を神に想い起こさせる．「主が来られる（という目標が達せられる）時まで」．したがってパウロは $\dot{\alpha}\nu\acute{\alpha}\mu\nu\eta\sigma\iota\varsigma$ を再臨において実現する神の終末論的想起と理解したのである[12]．

エレミアスによれば，イエスの死の告知は，誰かに過去の受難の出来事を想い起こさせる意味合いを持っていない．彼の解釈の特徴は，ひとえに終末論的な動機であり，そこには主の死を記念する動機は欠如している．

（G）簡潔にまとめると，"$Το\hat{υ}το\ ποιε\hat{ι}τε\ ε\iota\varsigma\ τ\grave{η}ν\ \grave{ε}μ\grave{η}ν\ \grave{α}ν\acute{α}μνησιν$"に関するエレミアスの解釈には二つの注目すべき特徴が見られる．
(1) $ε\iota\varsigma\ \grave{α}ν\acute{α}μνησιν$ をヘレニズム的世界ではなく，パレスチナ的世界に基いて解釈している．その時，祭儀的背景の中で，$ε\iota\varsigma\ \grave{α}ν\acute{α}μνησιν$ あるいは，$ε\iota\varsigma\ μνημ\acute{ο}συνον$ という表現はほとんど常に神を主語としている．
(2) 繰り返し命令を過去の「記念・記憶」の動機ではなく，将来の終末論的動機に従って解釈している．

エレミアス自身，次の結論を出している．
要約すればこうである．
(1) 私にとって確かと思われることは，繰り返し命令はもはやヘレニズム的前提事項を土台にして解釈されるべきではなく，パレスチナ的背景に基いて解釈されるべきである．したがって，$ε\iota\varsigma\ τ\grave{η}ν\ \grave{ε}μ\grave{η}ν\ \grave{α}ν\acute{α}μνησιν$ は「あなたがたが私を想い出すために」ではなく，「神が私を想い起こしてくださるために」と訳すべきである．
(2) つまり，繰り返しの命令は，弟子たちにイエスをひたすら想い起こし，

---

12) *Ibid.*, p. 302.

イエスの思い出をいきいきと保つように（「私を忘れないようにパン割きを繰り返しなさい」）との招きではなく，終末論的に方向づけられた命令である……再臨に至るまでの短い期間，毎日，会食のために集まり，イエスは主であると告知しながら，弟子たちは，始められた救いの業を神のみ前に現出し，その成就を願い求めるのである[13]．

さて，上述のエレミアスの解釈に対して，一般的にどのような批判がなされているかを一瞥し，その後，エレミアスに対するコスマラの批判を述べることにしよう．

3 エレミアスの解釈に対する一般的批判

エレミアスにおける「繰り返し命令」に関する解釈に対して，一般に次のような批判がなされている．

（1）繰り返し命令に関する起源の問題（Ursprüglichkait）に関して，エレミアスの見解は一貫性を欠く．
　まず目に付くのは，その著 *Die Abendmahlsworte Jesu*, 1996（第4版）における見解の変化である．

1. 繰り返し命令（制定の言葉）はパウロとルカにしか出てこない．これもまた，必ずしも最古の定型要素に属していない．なぜなら，これの付加は削除よりも理解しやすいからである．（*La Dernière Cène*, p. 199）
2. 繰り返し命令（パウロ）は古い定型に属していない．それが杯に関して（パウロだけでルカにはない）言われている事実は，パラレリスム（並行化）への傾向がここでも作用しているからである．（*Ibid.* p. 203）
3. ……それは，最後の晩餐の記事の最古のテキストには確かに属していない．しかし，このことだけに基づいて，それが歴史的でないと結論し

---

13) *Ibid.*, p. 304.

てはならない．何故なら，祭儀の繰り返し命令は，執行そのものが命令の実行なので，必ずしも典礼式文におさめられる必要はなかったからである．…したがって，繰り返し命令はアンティオキア系伝承の中にのみ取り入れられた，古い特殊伝承に当たると言えよう．(*Ibid.* pp. 283s.)

4．過越祭の儀式と繰り返し命令のこの結びつきは，それがイエス自身に遡る可能性を確かなものとする．(*Ibid.* pp. 304s.)

この一貫性の欠如は，繰り返し命令に関するH.リーツマンの解釈に対するその見解に由来する[14]．これに関してその概要を示そう．それによって，エレミアスの見解が如何にリーツマンの影響を受けたかが分かる．

エレミアス Die Abendmahlsworte Jesu	リーツマンとの比較	エレミアス の歴史的資料の土台
第1版 (1935)	同　意	ヘレニズム的背景
第2版 (1949)	批判（段階的）	ヘレニズム的背景 パレスチナ的背景
第3版 (1959)	批判（徹底的）	パレスチナ的背景
第4版 (1966)	批判（徹底的）	パレスチナ的背景

したがって，第1版では，繰り返し命令に関してのその見解は明瞭である．すなわち，この命令を初代共同体の付加と見なす．ところが，第2版ではリーツマンの見解を徐々に批判すると同時に，この命令の起源に関する点で，先の引用に見られるように，一貫性を欠き始める．第3版と第4版では，その見解ははっきりと変わっている．上記引用4参照．つまり，エレミアス自身，この命令は他ならぬイエスの口から出たものであると考えるが，同時に，みずからの最初の考え，すなわち，F.シュライエルマッヘルがかつてすでに提示したように，初代共同体が付加したものという考えを捨てることができないでいる[15]．

---

14) 田辺明子「聖餐繰り返し命令の「わたしを想い起こして」の解釈」p. 2 参照．
15) *Die Christliche Glaude,* II, 6 éd, Berlin, 1884.

II エレミアスの解釈についての研究 47

（2）エレミアスは，$\varepsilon\dot{\iota}\varsigma\ \dot{\alpha}\nu\dot{\alpha}\mu\nu\eta\sigma\iota\nu$ と $\varepsilon\dot{\iota}\varsigma\ \mu\nu\eta\mu\dot{o}\sigma\nu\nu o\nu$ とを区別することを怠っている。一方で $\varepsilon\dot{\iota}\varsigma\ \mu\nu\dot{\eta}\mu\eta\nu$ は区別して古代の死者の記念の食事のための基金設定に関するリーツマンの見解を批判しているのであるが，$\varepsilon\dot{\iota}\varsigma\ \dot{\alpha}\nu\dot{\alpha}\mu\nu\eta\sigma\iota\nu$ と $\varepsilon\dot{\iota}\varsigma\ \mu\nu\eta\mu\dot{o}\sigma\nu\nu o\nu$ の間のニュアンスと同時に，〔לְזִכָּרוֹן, לְזֵכֶר, לְאַזְכָּרָה, לְהַזְכִּיר〕の間のニュアンスについて熟考することが，$\tau o\hat{\nu}\tau o\ \pi o\iota\varepsilon\hat{\iota}\tau\varepsilon\ \varepsilon\dot{\iota}\varsigma\ \tau\grave{\eta}\nu\ \dot{\varepsilon}\mu\grave{\eta}\nu\ \dot{\alpha}\nu\dot{\alpha}\mu\nu\eta\sigma\iota\nu$ の意味の解明のために重要である。これに関しては後に論及することになろう。

（3）$\tau o\hat{\nu}\tau o\ \pi o\iota\varepsilon\hat{\iota}\tau\varepsilon$ の解釈に関しては，エレミアスの結論するところはこうである。「$\tau o\hat{\nu}\tau o$ は要するに生前イエス自身が行った祈り，メシア的共同体の食卓の交わりを形成し，神の救いの行為を賛美し，その成就を懇願する食卓の祈りの儀式を意味する[16]。」H. コスマラはこの点を批判して次のように述べている。

> エレミアスは，パン割きの儀式について最初は正しい主張を抱いている。しかし，すぐさま次のように説明する。ここで考えられているのは，食卓の祈りの儀式であると。こうして，エレミアスは，極度の誤り，すなわち，それを食卓の祈りにまで結びつけるという誤りに立つ。食卓の祈りはパンの祝福ではなく，神の偉大な業をたたえる食事の後の食卓の祈りに関係している[17]。

---

16) J. Jeremias, *La Dernière Cène*, p. 298 参照。
17) H. Kosmala, Das tut zu meinem Gedächtnis, p. 84. H. コスマラの研究に関しては，また，*Hebräer-Essener-Christen; studien zur Vorgeschichte der frühchristlichen Verkündidung*, Leiden, 1959. また，X. Léon-Dufour, *Le partage du pain eucharistique*, pp. 130s. を参照。
弟子たちがしなければならないこれとは何か。多少急ぎの読者にとって，それは一見，イエスが弟子たちと一緒にした食事ととられるかもしれない。しかし，この解釈は明らかに不正確である。テキストを注意深く読めば明らかなように，ルカとパウロによれば，命令はイエスがパンに対して行った全般的な行為に及んでいる。パウロが杯に対する言葉の後で同じ命令を付加するとき，パウロは念を入れて「このパンを食べこの杯を飲むごとに」，また，少し後で，「ふさわしくないままで主のパンを食べたり，その杯を飲む者は…」と明確にする。これとは極めて明らかに，最後の晩餐の食事の全体ではなく，パンと杯に対する動作と言葉に関係しているのである。

Τοῦτο は食卓の祈りではなく，二つの比喩的動作に関係する．これは極めて重大である．記念は同時に二つのこと全体を含む．すなわち，食前のパン割きと食後の杯の祝福である．過越の食事の儀式に関係するこの二つの動作は，最後の晩餐で新しい意味を受け取る．

（4） 想起の主語に関して，エレミアスは，神を主語とする多くの例を挙げている．しかし，それは必ずしも説得的ではない．各例について確認の必要がある．例えば，出12・14；13・9，マコ14・9等である．この点に関しては後に取り上げることにしよう．

（5） エレミアスの見解に関する批判の最後の点は，想起に関する時の広がりである．エレミアスにとって，想起は終末的出来事に集中する．彼は $ἀνάμνησις$ を神の終末論的想起と理解する．彼にとって，イエスの死と復活を含む過越しの出来事はそれほど重要ではなく，特に共同体にとっていささかの重要性も持たない．この見解は妥当か．祭儀的 zikkaron は，一度限り成就された $καιρός$（主の恵みの決定的な時）の出来事に基づいてはいないだろうか．彼にとっては，まず，想起の主語は神であり，次に想起の中心は将来である．ここで，「現在化」の問題に関してエレミアスと我々の差異を図式化しておこう．

a) エレミアスの見解

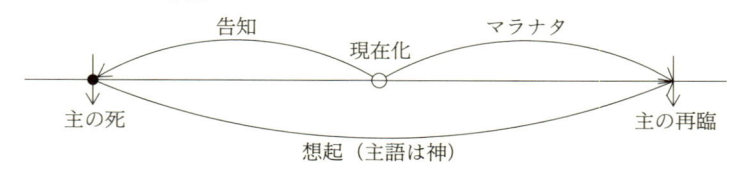

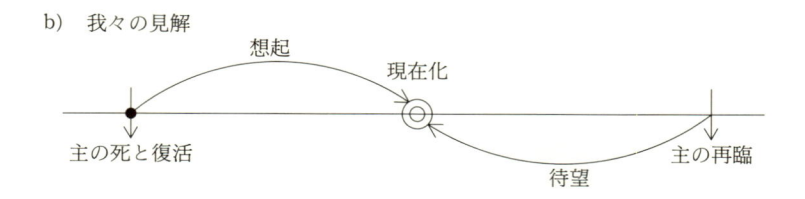

告知　　現在化　　マラナタ
主の死　　　　　　　　　主の再臨
　　　　想起（主語は神）

b) 我々の見解

　　　想起　　現在化
主の死と復活　　　　　　主の再臨
　　　　　　　待望

4 特別の批判：コスマラの批判

A．メシアの想起に関するエレミアスの見解に対するコスマラの批判

（1） J.エレミアスが自分の見解を裏付けるために引用した祈り（本書43頁）に関して，H.コスマラは，この祈りは，メシアへの想起ではなく，民への想起を強調していることを示す．例えば，この祈りのリストは現在の民と父祖たちへの想起に始まり，過去と現在のイスラエルの民全体への想起をもって終わる．したがって，祈りの力点が置かれるのは民であって，メシアではない．コスマラはその見解を民10・10によって証明する．犠牲に伴うラッパの音は「彼らにとって」神が民を想い起こし，民の訴えを嘉納するしるしであった．コスマラは犠牲の儀式は効果的な儀式であったことを強調している．その上，この祈りは，エレミアスが指摘するようにユダヤの過越祭だけではなく，それはまた種々の機会にも用いられていた．また，「神がメシアを想い起こされるように」との祈りは，その形式においてユダヤ人的願いである．しかし，コスマラが指摘するように，ユダヤの伝承によれば，メシアは，ダビデ家の後裔とされた人間である．したがって，神とその「塗油された者」との間には，神と人間の関係と同じ絶対的相違が存在する．いずれにせよ，エレミアスが引用した祈りは，「神がメシアを想い起こすように[18]」との願いが中心ではなく，「神がその民を想い起こすように」との願いに力点があることは確かである．

（2） コスマラの考えはこうである．復活者は人間から全く区別される．復活以後，イエスが全面的にみずから主権を持つ．復活以前は，子を遣わしたのは父であるが，昇天の後は，子が父の代わりを果たし始める．子は主となる．そして，世に再臨するのは他ならぬ主イエスである．それ故に，キリスト教においては，メシアを想い起こすようにと神に願う祈りはもはや存在しない．パウロは，「神が主を遣わされるまで」とではなく，「主が来られるまで（Ⅰコリ11・26）」と言っている．コスマラはイエスの自主権に関して

---

18) Cf. H. Kosmala, *Das tut zu meinen Gedächtnis*, pp. 85-88.

幾つかのくだりを示す．マタ5・18；24・35（その再臨に関して）；マタ24・29-51；25・31；16・64，ヨハ14・3，18，28，黙22・20である．それ故，初代教会の祈りは次のようである．「マラナタ，私たちの主よ，来てください」（Ⅰコリ16・22）；「アーメン，主イエスよ，来てください」（黙22・20．参照22・17）；「聖なる方が来てくださいますように……マラナタ，アーメン」（ディダケ10・6）[19]．以上のことから明らかなように，「神がメシアを想い起こして下さるように」と願う祈りは的外れ，場違いとなろう，とコスマラは指摘する[20]．エレミアスが提示するような，「神が私を想い起こすように」との願いも同様である．これでは，限りない恩恵を，とりわけ主（イエス）が来るという確信，キリスト教の初期の生き生きしていたこの確信が失われてしまう[21]．以上，コスマラの主張である．

B．コスマラの見解に対する批判

（1）「神中心」と「キリスト中心」の問題

H.コスマラに従えば，
「主よ，あなたの共同体を想い起こしてください」という祈願（ディダケ10・5）は……新約聖書の中での「神の共同体」という表現のほとんど独占的使用を考慮すると……，最初，祈りは他ならぬ神に向けられていた（これは，上掲の古い伝統的形式による民への想起にかかわる神へのユダヤ的祈願と一致していたことであろう．）とは言え，キリスト者共同体の中では，この祈りは，主キリスト自身への祈りとして徐々に理解されていったことでもあろう[22]．

傍点の箇所に注目しよう．我々の見解ではこの点で，コスマラと異なるのである．"Τοῦτο ποιεῖτε εἰς τὴν ἐμὴν ἀνάμνησιν"に関するエレミアスの

---

19) Cf. *Ibid.* pp. 88-89.
20) Cf. *Ibid.* pp. 88-89.
21) *Ibid.* p. 94.
22) *Ibid.* p. 89. 傍点は筆者による．

II エレミアスの解釈についての研究　　　　　51

解釈に対するコスマラの批判は若干の点に関して正しい．例えば，$\tau o \hat{v} \tau o$ [23]，想起の主語[24]，メシアの想起に関する若干の点である[25]．しかしながらコスマラは，上記傍点部分において，過度にキリスト中心主義に傾いていると思われる．初代教会の人々は直接に，主として誰に祈ったのか．この問題は極めて重要である．コスマラの考えでは，イエスの死後直ちに，キリスト信者は主キリストに祈り始めた．これに対し我々は多くの反証を提供することができる[26]．イエス・キリストの死後第１世紀，第２世紀，第３世紀，第４世紀中頃まで，キリストを通して，聖霊と共に，父である神にだけ祈るという祈りの形式が忠実に守られた．キリスト中心主義への傾斜は聖アンブロジウスに始まったように思われる[27]．ここではキリスト信者の祈りの三つの例を挙げることにしよう．

(i) ヒッポリュトス（170-236）の使徒伝承，(ii) オリゲネス（185-254），「祈り」，(iii) セラピオン（350年頃，大アタナシウスの友人，司教）のアナフォラ．

以下，父なる神をゴチックで示す．

(i)　**ヒッポリュトスの使徒伝承**　　**神よ，あなたが，**この最後の時に私た

---

23)　Cf. *Ibid.* pp. 82-84.
24)　Cf. *Ibid.* pp. 81-83.
25)　Cf. *Ibid.* pp. 85-87.
26)　Cf. J. M. R. Tillard, *L'Eglise témoin du Dieu communion et de son dessein, dans l' Eucharistie*, 講義テキスト, Ottawa, Collège Dominicain, 1988, pp. 2-14.
27)　*Solies Ariennes sur le Concile d'Aquilée. Introduction, texte latin, traduction et notes par R. Gryson*, Paris, Les Éditions du Cerf, 1980. 特に, Chapitre IV, pp. 171-200.
　　これ (ingenitus) はアウクセンティス，パラディウス，マキシミヌスのもとで，総計23度見られる．父の別名として，名詞的に用いられている．マキシミヌスはアンブロジウスの虚偽を暴露する．後者は，アリウスの手紙に基づいてアクイレでパラディウスに質問しながら，この鍵となる語をごまかす．これはテキストの意味を全く変えるものであった．(p.181)
　　子について父についてと同じ属性を要求しながら，アンブロジウスとその共犯者は，言わば父の内に含みいれられた子が，自ら真の唯一の神であるか，あるいは，父と子と聖霊が一緒に唯一の真の神を構成しているか，あるいは，三つの真の神が存在することを主張する．とにかく，彼らは各ペルソナの特性を認めることを拒否しているのである．(p. 197)．

ちに救い主，あがない主，**あなた**の計画の使者（Angelum）として遣わされた**あなた**の愛する子（puerum）イエス・キリストによって，私たちは**あなた**に感謝します．イエス・キリストは**あなた**の不可分の御言葉であって，これによって**あなた**はすべてを創造され，また，**あなた**の思し召しのままに，**あなた**は天から一人の処女の胎に御言葉を遣わされました．御言葉は，身ごもられ，受肉し，聖霊と処女から生まれた**あなた**の子として現れました．御子は，**あなた**のみ旨を果たし，**あなた**のために聖なる民を得た後，**あなた**に信頼する人々を苦しみから解放するために苦しまれながら，手を広げられ……パンを手に取り，**あなた**に感謝をささげておおせになりました．「取って，食べなさい．これはあなたがたのために割かれた私のからだである．」同じように，杯を取り，おおせになりました．「これはあなたがたのために流される私の血である．これを行うごとに，私の記念としてこれを行いなさい．」したがって，私たちは，彼の死と彼の復活を想い起こしながら，**あなた**にこのパンと杯をささげ，**あなた**が私たちを**あなた**の前に置かれ，祭司として**あなた**に仕えるのにふさわしい者と考えてくださったことを感謝します．私たちは**あなた**の聖霊を聖なる教会のささげものの上に遣わされることを**あなた**に願います．**あなた**の聖なる（秘儀）にあずかる者を集めながら，彼らのすべてが（これにあずかる）ようにさせ，聖霊に満たされ，真理のうちに（彼らの信仰を）強め，こうして，私たちが，**あなた**の御子イエス・キリストによって**あなた**に賛美と栄光を帰すことができますように．御子キリストによって聖霊と共に，聖なる教会の中で，今も世々に至るまで．アーメン[28]．

(ii) **オリゲネス，「祈り」**　祈りとは何であるかに注目するならば，私たちは，如何なる人間にも，キリストにさえも祈るべきではなく，世界の**父である神**にだけ祈るべきである．私たちの救い主ご自身が**父である神**に祈られ，また，ご自身，私たちにそう祈るように教えられた．弟子たちが「祈り方を教えてください」とキリストに願ったとき，自分にではなく，**父**に祈るように教えた．「天にまします我らの**父よ**……」（ルカ11・1）

---

28) Cf. B. Botte, *La Tradition apostolique de saint Hippolyte, essai, de reconstitution,* dans *Liturgiewissenschaftliche Quellen und Forschungen,* 39, Münster, 1963. B. Botte, *La Tradition apostolique,* coll. "Sources chrétiennes" 11 bis, Paris, 1984.

したがって，**世界の父である神**にしか祈ってはならない．しかし，**父**が誓いをもって立てられた大祭司から切り離すべきではない．「主は宣言し，後悔されることはない『私の言葉に従ってあなたは，とこしえの祭司，メルキゼデクと同じような』」（詩110・4）

「なぜ，私を『善い』と言うのか．**神**おひとりのほかに，善い者はだれもいない」（マコ10・18）と言ったとき，イエスの考えはどのようなものであったのか．この言葉は次のような意味にとれる．何故私に祈るのか．聖書に学んだように，**父**にだけ祈るべきであって，私自身そうしている．あなたたちのために**父**が大祭司，あなたたちの弁護者として立てた者に祈ってはならない．あなたたちはこの大祭司，この弁護者を通して祈らなければならない．「彼はあなたたちの弱さを共に担うことができ，**父**の恵みによって，罪を除いては，あなたたちと同じ試みを受けた．」（ヘブ4・15）

「したがって，私の**父**から受けた恩恵を知りなさい．あなたたちは新しい誕生の中で私を通してあなたたちを神の子，私の兄弟とする養子縁組の霊を受けたのである．」（ロマ8・14-15）実際，あなたたちは，ダビデを通して私があなたたちのために私の**父**に祈った言葉を読んでいる．『私は兄弟たちに**あなた**の御名を語り伝え，集会の中で**あなた**を賛美します．』（詩22・23）同じ**父**を受けた者たちが自分たちの兄弟に祈るのは正しくない．あなたたちの祈りが向けられるのは，私と共に，私によって**父**にのみである[29]．

(iii) **セラピオンのアナフォラ** **あなた**をたたえ，**あなた**を賛美し，**あなた**に栄光を帰すのは，御独り子イエス・キリストの**御父である****あなた**にふさわしいことです．私たちは**神であるあなた**をたたえます．**あなた**は創られず，測りがたく，えも言われぬ，すべての創られたものには理解できない方です．私たちは**あなた**をたたえます．**あなた**は御子を知り，**あなた**が生み出されたロゴスによって，聖徒たちに啓示されました．私たちは，不死のコレーゴス，見えない**御父**である**あなた**をたたえます．**あなた**は命の泉，光の泉，すべての恵みとすべてのまことの泉です．人々の友，貧しい人々の友，すべての人

---

29) A. G. Hamman, *Origène, La Prière,* の翻訳．Coll. "Les Pères dans la foi" *DDB*, 1977, pp. 55-57; cf. pp. 127-128.

に恵み深い方，**あなたは**，**あなた**の愛する御子の到来によって万人を**あなた**に引き寄せます．

　私たちは**あなた**に祈ります．私たちを生きる人としてください．私たちに，光の霊を送られ，私たちが，真実の方である**あなた**と，**あなた**が遣わされた方であるイエス・キリストを知ることができるようにしてください．私たちに聖霊を送られ，私たちが，**あなた**のえも言われぬ神秘を語ることができるようにしてください……もろもろの勢力の**主よ**，この犠牲に**あなた**の力を溢れるほどに加えてください．私たちはこの生きた犠牲，血の流れないこの供え物を**あなた**にささげます．私たちは**あなた**に，**あなた**の御独り子のからだを表すこのパンをささげます……それ故，その死の記念を行いながら，私たちはこのパンをささげて祈ります．この犠牲によって，私たちのすべてに恵みをほどこしてください．ああ，**真理の神**，私たちに恵みをほどこしてください……私たちは，御独り子によって聖霊のうちに**あなた**を，創られない**あなた**を呼び求めます……どうか，健康と廉潔と喜び，魂と体の成長をこのすべての民に与えてください．**あなた**の御独り子イエス・キリストによって，聖霊のうちに世々に至るまで．アーメン[30]

---

30) セラピオンの主日・祝祭日祈禱書は，最初に，1984年，キエフで，A. ディミトリウスキーによって，Teste und Untersuchungen de Gebhardt et Harnack の新しいシリーズ 2 巻に刊行されたが，その後，Funk, *Constitutions Apostoliques, Testimonia et Scripturae propinquae*, Paderborn, 1906, pp. 172-181 で再版された．その翻訳が，L. Bouyer, *Eucharistie*, Paris, 1966, pp. 202-203 である．

更に，三つの主要なアナフォラを加えよう．この問題は，H. コスマラのあまりにキリスト中心主義的考えを批判するためだけでなく τοῦτο ποιεῖτε εἰς τὴν ἐμὴν ἀνάμνησιν に関する主要な伝承の解釈を把握するために重要である．

聖マルコのアナフォラ（アレキサンドリア伝承）　天地はまことに，私たちの主，神である救い主イエス・キリストの公現によって**あなた**の聖なる栄光に満ちています．同じように，**神よ**，この犠牲を，**あなた**の聖霊の訪れによって**あなた**から来る祝福で満たしてください……同じように，夕食の後，杯を取り，ぶどう酒と水を混ぜた後，目を彼の**父**，私たちの神であり，すべてのものの**神**である**あなた**に奉げ，感謝し，それを祝福し，聖別し，聖霊で満たしながら，イエスはその杯をその聖なる，幸いなる弟子たちと使徒たちに渡し，おおせになりました．「皆これを飲みなさい．これはあなたがたと多くの者のために流される新しい契約の私の血である……これを私の記念として行いなさい．このパンを食べ，この杯を飲むごとに，あなたがたは，私が来るまで私の死を知らせ，私の復活と私の昇天をたたえるのである．私たちは，支配者，主，全能の方，天の王，私たちの神，救い主イエス・キリストである，あなたの独り子の死を告げ，三日目の死者よりの彼の復活と，彼の昇天と，**父である神**，**あなた**の右への彼の

着座をたたえながら,また彼の再来,恐るべき再臨を待ち望みながら……—**私たちの神,主よ,私たちを見逃してください**—**あなたのみ前にあなた**自身の賜物によるものをささげ,人々の善き友である［**神**］,**あなたに**祈り,**あなたに**切に願います.どうか**あなたの**いと高きところから,弁護者,真理の霊,主,活力を与える方を遣わしてください……私たちを顧みられ,このパンとこの杯に**あなたの**聖霊を遣わし,聖霊がそれらを聖化し,完全にするようにしてください……このこととすべてにおいて,**あなたの**いと聖なる尊いみ名が,イエス・キリストと聖霊と共に栄光を受けられ,賛歌によって賛美され,聖とされますように.世々に至るまで.アーメン.(F. E. Brightman, *Liturgie Eastern and Western*, vol. I, Eastern Liturgy, Oxford, 1896, pp. 132-135)

聖ヤコブのアナフォラ(アンティオキア伝承)　　……私たちの願いを聴き入れ**あなたの**天上の永遠の賜物をお与えください.それらは,目も見ず,耳も聞かず,人の心の思いにも上らないものでしたが,ああ,**神よ,あなたはあなた**を愛する人々のために準備されました.私のため,私の罪のために,人々の主よ,**あなたの**民を退けないでください.**あなたの**民と**あなた**の教会が**あなたに**切に願っているのですから.(会衆：主よ,父である**全能の神,**私たちを憐れみください）；ああ,**神よ**,ああ,**父よ**,ああ,**全能者よ**,私たちを憐れみください.**私たちの救い主である神**,私たちを憐れみください.**あなたの**深い慈しみによって私たちを憐れみください.私たちと,私たちが**あなたに**ささげるこの供え物の上に,**あなたの**全く聖なる霊,主であり命を与える方をお送りください.聖霊は父である神**あなた**と**あなたの**御独り子と共に玉座を分かち持ち,実体として一つ,共に永遠で,**あなた**と共に支配し,律法と預言者たちの中で,また**あなたの**新しい契約の中で語られ,ヨルダン川に入られた私たちの主イエス・キリストの上に鳩の形で下られ,また,私たちの主イエス・キリストの上に留まり,聖なる降臨の日に,聖にして輝かしいシオンの高間にいた**あなたの**聖なる使徒たちの上に火の舌の形で下りました.**あなたの**全く聖なる霊そのものを,主よ,私たちと,私たちが**あなたに**ささげる供え物の上に送られ,慈しみ深く,輝かしい臨在によって,聖なる霊がそれらを聖化し,このパンをキリストの聖なるからだとし(会衆：アーメン),この杯をキリストの尊い血としてくださいますように(会衆：アーメン)……主よ,私たちはまた,**あなたがあなたの**キリストの誕生と**あなたの**いと聖なる霊の訪問によって輝かしいものにされた**あなたの**聖所のために,**あなたに**ささげます……ああ,主よ,今から**あなたの**いと聖なる霊をあふれるほどにお与えください(B. Ch. Mercier, *La Liturgie de saint Jacques*, ラテン語翻訳を伴うギリシア語テキストの批判版, *Patrologia orientalis*, 26, Paris, 1948.)

聖バジリウスのアナフォラ　　主イエス・キリスト,私たちの希望の偉大なる神および救い主の父よ,イエス・キリストは**あなたの**慈しみの写し,**あなたの**原型に等しい方,それをみずからのうちに**あなた**,父である**あなた**に示す方,生きたロゴス,世々に先立つまことの神,生命,聖化,権能,まことの光であられます.イエス・キリストによって聖霊は明らかにされました.聖霊は,真理の霊,子とする賜物,私たちの将来の遺産,永遠の善の初穂,命を与える力,聖化の泉です.イエス・キリストによって,すべての理性的・霊的被造物は**あなたに**崇敬をささげ,また,**あなたに**永遠の栄光を帰することができるようになりました.すべてのものは**あなたに**仕えるためにあります.天使と大天使がたたえるのは**あなた**です……；熾天使は**あなた**を取り巻きます……天使たちは口々に,沈黙することのない栄唱のうちに,絶えず勝利の賛歌を歌い,告げ知らせ,叫び,言います.「聖なるかな,聖なるかな,聖なるかな,万軍の主,あなたの栄光は天地に満つ.いと高きところにホザンナ.主の名によって来る者はたたえられますように.いと高きところにホザンナ……」この世の一人として生き,救いの掟を与えられ,私たちを偶像崇拝から遠ざけられた後,イエス・キリストは私たちに**父であるまことの神**,**あ**

初代教会の人々が、キリストによって聖霊のうちに、父である神に第一に直接に祈ったのは確かである。ディダケーと主要なアナフォラが、この祈り方とこの信仰の態度を裏付ける。父である神とキリストは明確に区別され、父である神には第二人称、キリストには第三人称が用いられた。コスマラの考えによると、イエスが復活の後、子が父の代わりをし始め ("Das tut zu meinem Gedachtnis" 参照)、新約聖書では、神の想起を呼び求める祈りについてはもはや言及されていない (同上. p.89)。この見解は果して正しいだろうか。「私の父は今もなお働いておられる。だから、私も働く」(ヨハ 5・17)。創造主である神は絶えず創造し、父なる神の想起は永遠である。コスマラによれば、キリスト者共同体は万軍の主、父なる神にではなく、第一に直接に主キリストに祈った、とする。このキリスト中心の考えは、コスマラの解釈を多方面にわたって偏らせる結果を生んだ。

(2) ὡς と καθώς の問題

コスマラの解釈の承認しがたい第二点は、ὡς (ホース) と καθώς (カトース) の混同に由来する。キリスト教の初めの《καθώς およびキリストに倣う》の構造と τοῦτο ποιεῖτε εἰς τὴν ἐμὴν ἀνάμνησιν の構造との間を厳密に区別すべきである。この事実は我々の研究の極めて重要な点である。繰り返し命令の解釈に関して、コスマラはイエスの模倣に重点を置く。

なたを知らせ……主よ、私たちもまた救いをもたらすその苦しみ、いのちを与えるその十字架、三日の間のその死、死者よりのその復活、その昇天、**父である神**、あなたの右へのその着座、栄光ある、また恐るべきその再来を思い起こし、すべてにおいて、すべてのために、**あなたの**ものであるものから**あなたに**属するものを**あなたに**ささげます。そのため、いと聖なる主よ、**あなたは**罪びとであり不肖の僕である私たちを、**あなたの**聖なる祭壇で仕えるのにふさわしい者としてくださいました。これは、私たちが地上で善い事は何もしなかった故に、私たちの正しさによるのではなく、**あなたが**私たちにあふれるほどに注がれた**あなたの**慈しみと**あなたの**憐れみによるものです。それ故、私たちはあえて**あなたの**聖なる祭壇に近づき、**あなたの**キリストの聖なる体と血の象徴を差し出しながら、**聖の聖なる方**、あなたに切に願い、**あなたを**呼び求めます。**あなたの**慈しみによって、私たちと、私たちが**あなたに**ささげる供え物の上に**あなたの**聖霊を送られ、聖霊がそれらを祝別し、聖別し、**あなたの**聖霊によって変化させながら、私たちにこのパン [の内に] 私たちの主、神である救い主イエス・キリストの尊いからだそのものを、またこの杯 [の内に]、世のいのちのために流された私たちの主、神である救い主イエス・キリストの尊い血を現してください。…… (F. E. Brightman, op. cit. pp. 321-324)

II エレミアスの解釈についての研究

新約聖書のイエスのアナムネーシスの内容は，イエスに従い倣うことと分離することを許さない．パンを割くことと感謝の杯を飲むことは，イエスの苦しみと死にあずかることの象徴である．(*Ibid*. p. 93)

この解釈は承認できない．たとえ，繰り返し命令が，コスマラが想起の結果として言及している内容を含むとしても，この解釈はこの命令の構造自体の観点から正しくない．つまり，コスマラは，$καθώς$ の構造を含むヨハ13・14-15を引用しながら $ὡς$ と $καθώς$ を混同しているのである．

ところで，主であり，師である私があなたがたの足を洗ったのだから，あなたがたも互いに足を洗わなければならない．私があなたがたにした通りに，あなたがたもするようにと，模範を示したのである．
($ὑπόδειγμα\ γὰρ\ ἔδωκα\ ὑμῖν\ ἵνα\ καθὼς\ ἐγὼ\ ἐποίησα\ ὑμῖν\ καὶ\ ὑμεῖς\ ποιῆτε$) (ヨハ13・14-15)

ところが，ルカ11・19とＩコリ11・24, 25は $καθώς$ の語を含まないのみならず，$καθώς$ の構造も含んでいない．繰り返し命令が「これを私の記念として行いなさい」と訳されたとき，として（ように，フランス語のcomme）の語は，$καθώς$ と合致するのではなく，むしろ $ὡς$ に合致し，この語は同時性あるいは結果を表すことができる．$τοῦτο\ ποιεῖτε$ は $εἰς\ τὴν\ ἐμὴν\ ἀνάμνησιν$ に従属していないからである．両者に依存関係はない．したがって $καθώς$ の構造を持たない．$τοῦτο\ ποιεῖτε$ の行為と $εἰς\ τὴν\ ἐμὴν\ ἀνάμνησιν$ の行為はただ一つでしかない．「これを私の記念として行いなさい」は「私の出来事の成就の想起のしるしとして（$ὡς$）行いなさい」を意味するのである．言い換えればこうなる．「私のすべての出来事と旧約の救いの諸々の出来事が向かう過越の出来事を想い起こしながらパン割きと杯の感謝の祭儀を行いなさい．」過越の出来事の内容は，ほかならぬこの世でのイエス・キリストの生を含む．けれども，繰り返し命令をコスマラのように解釈するとき，過度のキリスト中心的かつ道徳的な解釈に傾く危険に陥る．

III

犠牲の想起

次に，想起と犠牲（sacrificium）の関係を調べよう．これを二つの角度から，すなわち，犠牲についての神の側の想起 (α)，犠牲についての人間の側からの想起 (β) の面から研究していこう．

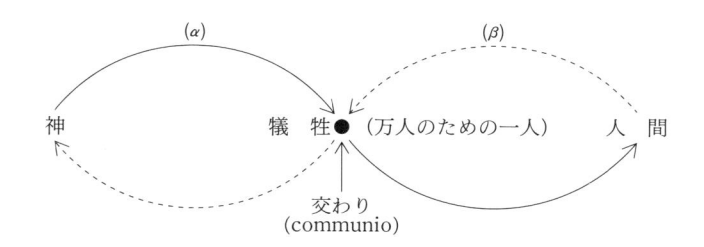

```
           (α)                              (β)
    神 ──────→ 犠  牲● (万人のための一人)  人  間
      ←┈┈┈┈┈┈┈┈     ↑           ┈┈┈┈┈┈┈┈→
                    交わり
                  (communio)
```

次の順序で論を進める．

(α) 神 ─זכר→ 犠牲（万人のための一人）
    (A) W.ショットロフの研究
    (B) H.クルーゼの研究

(β) 人間 ┈זכר→ 過越しの犠牲（一人に対立する万人──→万人のための一人）
    (A) J.M.R.ティヤールの研究
    (B) 祭司職の解釈の見地から，クルーゼの研究に対するティヤールの見解の優位

1 神の側の犠牲への想起

A．ショットロフの研究

　J.エレミアスが述べているように，イエスの繰り返し命令を理解するためには，注意をギリシア的世界ではなく，パレスチナ・ユダヤ的世界に向けなければならない．つまり，セミ的思考に基づいてそれを解釈しなければならない．ところで，この研究に関しては，W.ショットロフの優れた研究がある[1]．彼は，*"Gedenken" im Alten Orient und im Alten Testament* という著書の中で，語根 "ZKR" を細密かつ包括的に研究した．私たちは，この著作のおかげで，旧約聖書における "ZKR" の使用例と，神の側および人間の側からの想起の意味を知ることができる．

　さて，ショットロフの研究を，犠牲を想起するのは神であるという点に限定して適用し，以下の場合は省略しよう．(1)神が人ではなく事物を想い起こす場合．なぜなら繰り返し命令の中での想起の対象はイエスにほかならないから．(とは言え，この想起はイエスの人と性質に限定されない．イエスとは誰か．彼はまさに過越の出来事の sacrificium であり，また，神と人間との

---

[1] Cf. W. Schottroff, *"Gedenken" im Alten Orient und im Alten Testament. Die Wurgel ZAKAR im semitischen Sprachkreis; Id., Die Wurzel ZKR im Alten Testament*, Mayence, 1961. 語源ZKRについては，また cf. H. Gross.〈Zur Wurzel ZKR〉, *Biblische Zeitschrift*, 1960, pp. 227-237. P. A. H. De Boer, *Gedenken und Gedächtis in der Welt des Alten Testaments*, Stuttgard, 1960. B. S. Childs, *Memoire and Tradition in Israel*, coll." Studie in Biblical Theologie", 37, Londres, 1962. ZKR についての諸研究において W.ショットロフと B.S.チャイルドのものが非常に重要である．

　ショットロフによれば，語源 ZKR はセミ語のあらゆる分野で用いられていて，次の意味を含む．想い起こす（sich erinnern），思う（denken an），明らかにする，告げる（kundtun），名付ける（nennen），(cf. *"Gedenken" im Alten Orient*…, p. 4). この語は旧約聖書では動詞として287回用いられている．旧約聖書の全体にわたって出てくるが，ヘブライ語の歴史全体の中に現れている．(cf. *Ibid.*, pp. 109s). しかし，名詞形（זִכָּרוֹן と אַזְכָּרָה）の歴史は新しい．これらの語は，モーセ五書の後半あるいはバビロン捕囚の前後の時代に初めて現れた．もう一つの名詞形（זֵכֶר）は אַזְכָּרָה と זִכָּרוֹן よりも古い．ZKR に関する Sits im Leben を確言するのは困難である．ZKR の使用圏は広範すぎるからである．ZKR の使用法は多様な形を持つ．例えば זָכַר qal に関して，その94例は人間を，71例は神を主語としている．(*Ibid.*, p. 111). זִכָּרוֹן はと言えば，二つのアラム語を含めて，旧約聖書に26回出てくる．

III 犠牲の想起

交わりの接点である．zikkaron はイエスという人物の記念碑ではない．）(2) 神が人間の苦しみを想い起こし，この人を救う場合．何故なら，イエスは繰り返し命令の中で，神が自分を苦しみから救うことを願わなかったからである．したがって，我々は，神がある人の働きを想い起こし，その行為に伴って，民にその恵みを与える場合に限定して調べよう．(*Ibid*. pp. 183-201; 239-243)．

W．ショットロフは，神が人間の善行あるいは犠牲の行為に酬いを与える例として，次の11例を挙げている．すなわち，詩20・4；132・1，ネヘ5・19；13・14, 22, 31，王下20・23（＝イザ38・3），代下6・42，エレ2・2；18・20である．この11の例の中で，詩132・1は，「万人のための一人」の想起を研究する我々にとって特に興味深い．詩132では，1節と10節を考察しよう．

　　　主よ，御心に留めてください（זְכֹר）．ダビデがいかに労苦したかを……あなたの僕ダビデの故に，あなたが油注がれた人からお顔を遠ざけないでください．

重要なのは，この油注がれた人（メシア）がダビデと同一人物ではないことである．以下の九つの例がそれを示している．すなわち，王上11・12, 13, 32, 34；15・4；王下8・19；19・34；20・6；代下6・42である．「ただ一人」が万人のための神の報いの原因である．ダビデの故に，神はその民を罰することを思い留まり，ダビデの故に恵みを与える．神はその民を守り続けるため「ただ一人」を想い起こす（זְכֹר）．ところで，神がただ一人を想い起こす時，神の側の想起の対象はもはやその人自身ではなく，その人と結んだ契約（בְּרִית）である．以下の箇所がそれを証明する．創19・29（参照），出2・24；6・5；32・13（参照），レビ26・42, 45，申9・27（参照），詩105・8, 42；106・45；111・5，Ⅰマカ4・10，Ⅱマカ1・2．上記に参照を付した創19・29，出32・13でも，神は結局は契約または約束を想い起こしている．したがって，申9・27だけが例外ということになる．すなわち，そこでは，直接アブラハム，イサク，ヤコブを神が想い起こして

下さるよう願っているのである．

　以上の事柄は繰り返し命令と密接な関係を有する．神は万人のためにただ一人を想い起こす．しかし，神はこの一人以上のことを想い起こす．神はその民のための一人を通してその契約を想い起こす．それ故，イエスは次のように言う，「この杯は私の血によって立てられる新しい契約である．飲む度に，私の記念としてこれを行いなさい（εἰς τὴν ἐμὴν ἀνάμνησιν）」（Ｉコリ11・25）．神は，その新しい契約と万人の救いのための一人の sacrificium を通して成就された καιρός（カイロス，神の訪れの決定的な「時」）の出来事を想い起こすのである．このことについては，4.1と4.2で再び取り上げよう．

B．クルーゼの研究[2]

　H．クルーゼは繰り返し命令を，旧約聖書における犠牲の概念に基づいて解釈する．犠牲は G．フォン・ラドが指摘しているように[3]，神にイスラエルの民を想い起こさせる．この理論はイサクの「縄しばり」に関するラビたちの著書の中で注目すべきものとなった．G．ヴェルメスはこれに関する興味深い資料を集めた[4]．それらの資料を使って，クルーゼは次のように説明する．イサクの犠牲について愛情をもって瞑想した人々が，Targum の著者たちであった．創世記によれば，犠牲をささげる者はアブラハムであるが，後期のユダヤ教においては，むしろいけにえにされたイサクに関心を持った．彼らによれば[5]，イサクは当時30歳ほどで，自分の命を進んで神にい

---

　2) Cf. H. Kruze,「〔これをわたしの記念として行いなさい〕聖体を制定したときのイエスの意図は何か」カトリック研究，22．23 (1973)，東京，上智大学，22 (pp. 237-296), 23 (pp. 25-64) 参照．

　3) G. von Rad, *Théologie des Alten Testaments*, Die Theologie des geschichtlichen Überlieferungen Israels, I, München, Chr. Kaiser Verlag, 1959, p. 241. フランス語訳 Etienne de Peyer, Genève, Labor et Fides, 1963, p. 213.

　4) Cf. G. Vermès, *Scriputure and Tradition in Judaisme*, Leiden, 1961, Chapitre 8: Redemption and Genesis XXII, pp. 193-227; 以下も参照．R. Le Déaut, *La Nuit Pascale. Essai sur la signification de la Pâque juive à partir du Targum d' Exode XII 42*, Rome, Institut Biblique Pontifical, 1963. Chapitre 3: Abraham et le sacrifice d' Isaac, pp. 133-208; I. Levi, "Le sacrifice d' Isaac et la mort de Jésus", *REJ* 64 (1912), pp. 161-184; 65 (1913), pp. 138-143, 311.

III 犠牲の想起

けにえとしてささげる．神はイサクを屠られた小羊のいけにえと見なす．イサクの犠牲のこの理論は，ユダヤ人のいけにえに関する一般的な理論に大きな影響を与え，紀元後3世紀のラビ・ヨハナンの時代にその頂点に達した[6]．

犠牲についての旧約聖書の概念を分析した後，クルーゼはその分析に基づいてイエスの繰り返し命令を解釈する．

祭儀の分野で他人のいさおしを神が想い起こすということに関する旧約聖書的概念は次の要素を含む．

(1) 神は信仰の厚い父祖のいさおしを想い起こし（ZKR/DKR），そのいさおしの故に，それ自身恵みを受けるに値しない子孫にまで恵みを与える．

(2) そのいさおしとは，神のために，イサクのように自分の命を自発的にささげるまでにいたる断念や自己放棄等によって成り立っている．しかも，実際には命を捨てることにならなかった時でも，決心だけで十分であった．

(3) 父祖のいさおしとは，親子関係でつながれていく子孫の利益となる無尽蔵の宝のようなものである．しかし，その宝は機械的・自動的に与えられるものではなくて，「恵みを施して千代におよぶ」神の不変の愛と，父祖に対して行われた特別の制定（契約・約束）によるものである．

(4) 神に想い起こしてもらうためには，人間の側において，祭儀による指示（azkara）が行われる．何故ならば，この時の神の想起は（人間の困窮状態やある人自身のいさおしに対する神の想起とは違って），自発的に起こるのではなくて，神の規定によって資格を認められた祭司が，

---

5) 参照，創22・1-19．BJ は次の注を与えている．「……初めに，イスラエルの聖所の物語があったと考えられる．そこでは，カナン人たちの聖所と違って，人身御供は行われていなかった．現在の物語はイスラエルの初子の贖いの祭儀的規定を正当化する．初子は，すべての初穂と共に，神のものである．しかし，いけにえにするのではなく，贖われなければならない，出13・11．したがって，物語は，預言者たちから幾度も行われたように，子どもをいけにえにすることに対する糾弾を示す．参照，レビ18・21．そして前に出てくる霊的な教訓が付け加えられる．すなわち，ここでは物語の最高潮で見られるアブラハムの信仰である．教父たちはイサクの犠牲の中に，神の独り子イエスの受難の前表を見た．」(p. 51. note a)．

6) R. Le Déaut. *Ibid*. p. 171 参照．

「おお主よ，……を想い起こし，そのいさおしによってわれわれを救って下さい」等のような祈りを唱えたり，あるいはその願いを表すしるし（動物のいけにえ，香，ラッパの音等）を用いたり，あるいは両者を行ったりするという象徴的な指示によって呼び起こされるからである．

(5) 与えられる恵みとは，特に，罪のゆるし，罰の免除であるが，その他困苦からの救出，自分の力で助からず，頼りにされうるいさおしを持たない人に対する神のあらゆる援助である[7]．

クルーゼはこの五つの要素をイエスの繰り返し命令に関する解釈に当てはめる．彼によれば，τοῦτο ποιεῖτε εἰς τὴν ἐμὴν ἀνάμνησιν は，「私（私の犠牲）に対する神の注意を引き付けるために，これを行いなさい．そうすれば，神は私を想い起こし，それから，共同体に恵みを与えられる」を意味する．

この場合，zikkaron はあるいは，dukrana の語は両義的に用いられる．すなわち，想い起こす者は確かに神であるが，人間の側に，神に想い起こさせ，神の注意を引くための祭司の動作が必要である．「あなたがたは主の死を告げ知らせる」（Ⅰコリ11：26）というパウロの言葉は，クルーゼによれば，まさにこの意味で用いられている．彼によれば，聖体祭儀の執行は，神がイエスの血によってその恵みを共同体に与えてくれるように，イエスの死に神の注意を促すことである．それはまさに，アベルの血が神の復讐を呼び起こした（創4・10，ヘブ12・24）のと逆である[8]．

クルーゼは，繰り返し命令の主語が神であるという点は，エレミアスの考えに同意する．相違点はどこにあるか．それは，想起の主語が神となるべき理由の説明にある．エレミアスはあくまで，ユダヤ・パレスチナ世界の宗教領域における記念の定型から，神が主語であることを論証する．クルーゼは，繰り返し命令のイエスの意図が，ある事柄を人間に想い起こさせることにあるならば，人間の行為（opus operantis）が決定的なものとなり，祭儀その

---

7) H. Kruse.「これを私の記念……」, 22 (pp. 292-293)
8) *Ibid.*, pp. 293-294 参照．

ものに効力があるという opus operatum に関して十分に説明することが困難になる，という理由から神の主語を主張する[9]．

　さて，以上の説明を踏まえ，クルーゼは最後の晩餐における繰り返し命令を以下のように説明する．

(1)　神はイエスのいさおしを想い起こし（dukrana/anamnesis），このいさおしの故に，恵みに値しない信者たちに恵みを与える．
(2)　イエスのいさおしは，イエスの人性（「そのからだ」）に見られるへりくだり（フィリ2・7），（地上の全生涯を通じての）あらゆる放棄，特に最後の晩餐に自分の命を意図的にささげ，十字架上で実際にささげつくしたことによって成り立っている．
(3)　このいさおしは無尽蔵の宝として教会に託され，教会のために役立っているが，自動的に発効するのではなく，神のあわれみのわざにより，また，イエスと神と教会をとり結ぶ新しい契約を守っている神の忠実によって教会のために役立つのである．
(4)　この際，神の想起はイエスが言った「これ」（つまり聖体祭儀）を反復することによって（または他の秘跡をとり行うことによって）呼び起こされる．これらの行為を行うのは，神の制定によってイエスの代理者としての資格を認められた司祭である．
(5)　キリストの恵みは，一方では罪（とりわけ集団的な罪，人類の罪）がゆるされることであり，他方では人が義とされ，神の子とされ，永遠の命を与えられるということである．要するに，それは神の国がもたらしている救いなのである[10]．

　イエスの繰り返し命令に関するクルーゼの見解の特徴はそれを犠牲の想起についての旧約聖書的概念に従って解釈する点にある．つまり，彼によれば，この繰り返し命令は，「私の犠牲に神の注意を促すため，これを行いなさい」

---

9)　*Ibid*., p. 294 参照．
10)　*Ibid*., pp. 294-296.

を意味する．クルーゼに従ってこれを解釈すると，祭司の役割が極めて重要になる．神の注意を引き付けるのは祭司の動作だからである．この動作は，神の記憶を呼び起こすために，指示（azkara）が必要となる．しかし，祭司とは誰か．旧約の祭司と新約の司祭との連続性は存するのか．これに関しては後述する．祭司職（sacerdoce）についての解釈は，τοῦτο ποιεῖτε εἰς τὴν ἐμὴν ἀνάμνησιν に関するイエスの意図の解明と密接に結びついている．

2 人間の側からの犠牲への想起

A．ティヤールの研究

A-1 その主張の中心概念

J.M.R.ティヤールの主張を把握するためにはその見解を支える中心概念を理解する必要がある．そこに二つの主要概念がある．一つは「交わり（communio, κοινωνία コイノーニア）」であって，他は，「成就（τελείωσις テレイオーシス）」である．この二つの概念が他のものよりも重要なのは，「交わりと成就」のうちに，神の根本的な意図を見るからである．

(i) 神は過去－現在－未来のうちに交わりを求める．神は永遠に交わりを求められる．さもなければ，子（ヨハネ福音書冒頭の「御言葉」，λόγος ロゴス）を生むこともなかったであろうし，すべての存在も創造しなかったであろう．communio の神は communio を求める．"犠牲"の本質的意味は交わりの概念のうちにある．犠牲は交わり（κοινωνία）の秘跡である．まさにそこにこそイエスの姿，イエスの顔が現れる．ティヤールは，ルネ・ジラールによる犠牲の概念を評価しながら[11]，次の二つの点に関して，ルネ・ジラールの理解は不十分であると指摘する．(1) χρόνος と καιρός の間の相違，(2)「犠牲」の，交わりとしての性質．ティヤールによれば，二つの犠牲がある．すなわち，世俗的犠牲と聖書的犠牲（sacrificium）である[12]．

---

11) Cf. R. Girard, *Le Bouc Emissaire*, Paris, 1982. *Des choses cachées depuis la fondation du monde*, Paris, 1978. *La violence et le sacré*, Paris, 1972. *Mensonge romantique et vérité romanesque*, Paris, 1971.

III 犠牲の想起

 もちろん，イエスの死そのものは χρόνος（クロノス，一般的な通常の「時」）であった．イエスは，その生涯の終わり頃に，自らの使命を交わりとしての sacrificium であると徐々に意識するようになったにしても，イエスが自殺的にみずからを死に渡したということにはならない．ましてや，その子を死に至らしめたのは神ではない．生命そのものの神は決して破壊を望まない．イエスの死は，みずからの使命に関するイエスの自由な意志と，罪（culpa）によって傷つけられた人間の意志との交錯の中で起こった出来事であった．そして，復活はまさに神のわざであり，父なる神がイエスを復活させた．復活とは，マリアの「成れかし」で始まるイエスの全生涯に対する父なる神の「よし」なる応答である．その復活によって，イエスの死はクロノスからカイロスへと変貌する．復活は父なる神による交わりの犠牲の成就である．A．ヴァノユが「聖書にとって，犠牲は常に人間の行為ではなく，神の行為である」[13]と述べているのは，正しい．常に交わりを求める神はその子を死に捨て置くことを望まなかった．寛容の神は，まさに交わりを「成就」するためにイエスを復活させたと言えよう．

 ところで，イエスの死に犠牲の概念をあてはめることができるだろうか．我々は，できると答える．確かに，イエスは死に至るまでごく質素に単純に生きて来た．そこには，「存在そのもの」である方の筆舌に尽くし難い美がある．みずからの名を「在りて在る者」とモーセに伝えた父なる神，トマス・アクィナスが最も卓越した神の概念として規定した ESSE（存在）なる神，その独り子は，みずから「その日の苦労は，その日だけで十分である」（マタ6・34）と語りながら，一日一日を淡々と生き，生涯を全うした．しかしながら「キリストは……双方をご自分において一人の新しい人に造り上げて平和を実現し，十字架を通して，両者を一つの体として神と和解させ，十字架によって敵意を滅ぼされた」（エフ2・15-16）とエフェソの信徒への

---

12) Cf. J. M. R. Tillard, *Eucharistie et Histoire Humaine*: ⟨ce que dans le χρόνος est le sacrifice selon le monde, mensonge et crime allant jusqu' au lynchage et à l' assassinat de celui qui au plus profond de son être est Fills "premier-né" de Dieu, devient le καιρός du Salut, de la Rédemption et le *sacrificium* que Dieu veut⟩ (p. 73).

13) A. Vanhoye, "Sacerdoce du Christ et culte chrétien" *Christus*, 28 (1981), p. 220.

手紙の作者が話しているその使命を果たそうと望んだ。そこには,《一人に対立する万人》に引き続いて起きる《万人のための一人》をとおして平和が打ち立てられるという,人間本能的・社会的構造が見られる。

R.ジラールは次のように述べている。

> 福音書では,イエスの死は決して犠牲としては明言されていない。受難の犠牲としての見方を裏付けるために持ち出される箇所は,犠牲と関係なしに解釈できるし,また解釈しなければならない。福音書では,犠牲としてではなく,人類に救いをもたらす行為として明確に示されている[14]。

この見解とは反対に,J.エレミアスは以下のことを指摘する。

> イエスがその死に贖罪の力を持たせたことは考えられないという,また,このような主張はむしろ初代教会あるいは聖パウロの「教理」であるという断定がしばしば繰り返される。この断言は,パレスチナの資料に親しい者にとって,極めて意外である。死の贖罪的効果についての考えは,イエスの周辺世界の思想の中で重要な役割を演じている。いかなる死も贖罪の力を持つ……痛悔した状態で死ぬならば,犯罪者の死でさえそうである。まして罪もなく,神にささげられた死は,他の人々のための贖罪の力を持つ。種々の資料から見て,私たちは,イエスが自分の死に贖罪的力があると思っていなかったとは考えられないと断言せざるえるを得ない[15]。

---

14) R. Girard, *Des choses cachées*……, p. 204.
15) J. Jeremias, *La Dernière Cène*, p. 275. *Ibid*. pp. 262-275 参照。「贖罪」に関しては、X. Léon-Dufour, 《La mort rédemptrice du Christ dans le Nouveau Testament》を参照。この文章は X. Léon-Dufour, A. Vergote, R. Bureau, J. Moingt, *Mort pour nos péchés*, Bruxelles, 1976, pp. 20-21 に含まれている。「……「和解する」こと,これが贖罪の積極的意味である。この語は……ギリシア語の $ἀλλάσσω$《他のもの($ἄλλος$)に変える》を意味し,これには,$διά, κατά, ἀποκατά, σύν$ などの,ニュアンスを明らかにする前置詞が加えられる。そこから「ある人のために自分を変える」「ある人と和解する」の意味が生じる。」

III 犠牲の想起

　この問題に対して，ティヤールは次の二つの見地からイエスの死の，犠牲としての観念を認める．
　①　エフェソの信徒への手紙の言葉（エフ2・12-22；4・22-32；5・1,2, 29, 30, 参照ヨハ11・49-52）は，イエスのいけにえとしての死を犠牲の供え物とみなすことをためらわない．もし，ルネ・ジラールがクロノスとカイロスの間の関係をよく把握し，旧約の暗中模索の中ですでに存在する sacrificium の交わりとしての性質を十分に理解していたならば，世の側ではなく神の側から，十字架に犠牲としての性格を与えることを拒まなかったであろう[16]．
　②　共観福音書伝承の重要なテキスト，マコ10・45は次のように言っている．『人の子は仕えられるためではなく，仕えるために，また，多くの人の身代金（λύτρον）として自分の命をささげるために来たのである．』（並行，マタ20・28）．またＩテモ2・6には，ἀντί-λυτρον が見られるが，それらはまさに犠牲を表す語である[17]．
　ティヤールの神学の中心概念は，交わり（communio, κοινωνία）に始まり，交わりで終わる．トマス・アクィナスの思想が esse（存在）で始まり，esse で終わるのと同様である．
　(ii)　ティヤールの主張のもう一つの中心的概念は成就（τελείωσις）である．ティヤールはその内に父である神の意志を見る．重要なのは，成就における神の手の働きである．神がその意志を実現するとき，上から電撃的パラシュート的に介入しない．神の叡智は強いられる事柄を好まない．それはまさにトマス・アクィナスが "Gratia non tollit naturam, sed perficit"（恩恵は自然を破壊せず，かえってこれを完成する）と述べているごとくである．ティヤールの思想の大きな特色は，すべての事柄の電撃的な実現を徹底して拒否していることにある．何かを成就するためには，長い準備が必要である．準備には苦しみあり，悲しみあり，喜びあり，苦悩がある……こうして人間的な努力の迷路を通って人は目標に到着する．もちろん，神が何かを成就す

---

16)　J. M. R. Tillard, *Eucharistie et Histoire Humaine*, p. 69 参照．
17)　*Ibid*., pp. 71s. 参照．

るとき，過去には存在しなかったある新しさがある．しかし，この新しさは一つの奥深い継続の中で実現する新しさである．これについては，ギリシア語 νέος と καινός が微妙な「新しさ」の違いを示している．καινός（カイノス）の語は継続の中で質を新しくすることを意味する．これに対して νέος（ネオス）は，ゼロから始まった根本的新しさを意味する．したがって，τελείωσις の概念と合致するのは νέος でなく，καινός の概念である．旧約の犠牲の成就としてイエスの犠牲がある．古い契約の成就として新しい契約がある．古い祭司職の成就としてキリストの祭司職がある．これらの成就の間で最も重要なのは，カイロスの出来事の成就，すなわち，エジプト脱出の出来事の成就としての過越の出来事（イエスの死-復活）である．この二つの出来事は，神がそれぞれに電撃的に介入した別個の出来事ではなく，イエスの死と復活という過越の出来事は，ユダヤ人の過越祭が希求していたものの成就として結びついている[18]．「感謝の祭儀（エウカリスチア）」は過越の出来事を神のカイロスの中心的出来事の秘跡化の中で守り運んでゆく．それは，イスラエルの過越の食事がエジプト脱出の出来事を神のカイロスの基本的出来事（ユダヤの民の信仰の土台の出来事）の秘跡化の中で守り運んできたのと類似する．そして，最後の晩餐はまさにイスラエルの過越の食事の成就の雰囲気の中で行われたのである．これは，ある点から見て，感謝の祭儀の先取りであった．ティヤールは最後の晩餐を，次のように成就というその中心概念をもって解釈し，その中に位置付ける．

　　福音記者たちの信仰にとって，イエスの最後の晩餐は，今や現れつつある，復活を頂点とするメシアの出来事の雰囲気の中でのイスラエルの過越の食事の成就である．「あなたがたが十字架につけて殺したイエスを，神は主とし，またメシア（キリスト）となさったのです」（使2・36）．これは，zikkaron——ユダヤの過越祭の心——が呼び求めるものである．なぜなら，エジプト脱出の出来事はイエスを志向し，神はそれをイエスにおいて成就しつつあるからである[19]．最後の晩餐は単に平板に新

---

18) J. M. R. Tillard, *Le Mémorial du Seigneur*, p. 61 参照．

しい契約の食事ではない．古い契約からほとばしり出るものとしての新しい契約の食事である．それ故，成就の秘跡であり，結局は，神のHesed-we-emeth（慈しみとまこと）の秘跡である[20]．

A-2 《人間の側からの想起》の三つの主な理由

ティヤールの主張に基づいて，我々はイエスの繰り返し命令に関する《人間の側の想起》の三つの主な理由を示すことができる．

(i) 歴史における「時の法則」の観点から
(ii) 救いの歴史における「人間の責任」の観点から
(iii) 「いにしえのtôdahの成就」の観点から

(i) 歴史における「時の法則」の観点から

まず，ティヤールはアウグスチヌスとウラジミル・ジャンケレヴィッチに従って，歴史の一度限りの重要性を認める[21]．

> 歴史は不可逆的である．歴史は後戻りせず，繰り返さない．その主な出来事の「顕現的な」（すなわち隠されていたものが明らかな形で現れる）内容は一度限り（ἐφάπαξ エファパクス）示され，二度と同じ仕方で与えられない．したがって，それを守る必要がある．未来においては，それを伝承として保持する記憶によってしか守ることができない．より明白に言えば，今後は，民が残している記憶の中でしか見ることができない．したがって，今後は，それをそのままの形で持つことはないのであ

---

19) *Ibid.*, p. 61.
20) *Ibid.*, pp. 61s.
21) Cf. V. Jankelevitch, *La Mort*, 特にpp. 304-306. アウグスチヌスはこの点について『告白』XI, 20-21の中で次のように書いている．「sunt enim haec in anima tria quaedam et alibi ea non video, praesens de praeteritis memoria, praesens de praesentibus contuitus, praesens de futuris expectatio. si haec permittimur dicere, tria tempora video fateorque, tria sunt. dicatur etiam: tempora sunt tria, praeteritum, praesens et futurum, sicut abutitur consuetudo; dicatur. ecce non curo nec resisto nec reprehendo, dum tamen intelligatur quod dicitur, neque id, quod futurum est, esse jam, neque id, quod praeteritum est.」(XI, 20). 下線は筆者による．

る[22]．

　時の一度限りの法則は人間にとって記憶・記念の重要性を喚起する．信仰の清澄な目はある出来事を，時の ephapax の法則の中での神のカイロスの出来事として受け入れる．その時，これらの出来事の識別を助ける二つの条件がある．一つは，ユダヤ人の精神構造，他は，ユダヤ人の社会構造である．ユダヤ人の精神構造は，神の約束の成就を記憶と期待の中で把握するという構造である．G.フォン・ラドはこう書いている．「イスラエルは……不断の動きの中に引き込まれ，常に何らかの仕方で約束と成就の緊張関係のなかにいた[23]．」社会的構造については，ユダヤの民におけるコーポリット・パーソナリティーの構造である．ティヤールはこれに関して次のように述べている．

　　したがって，コーポリット・パーソナリティーの概念は，―「これを定義すれば，個々人の一人の中への集団の集中化であって，集団はこの個人からほとばしり，その個人の内に奥深く刻まれ，個人によって生きる」これは外部から電撃的に行われるものではなく，社会心理の一貫した方向に応える……血のあるところに人種があり，人種のあるところに人種の祖先がある……この線上に救いの経綸の骨格が築かれるのである．すなわち，人類全体の人種への，アブラハムの一族の聖なる民（Qehal Yahwhe）への，民の残りのものへの，残りのもののメシアへの「集中化」である．イエスのうちに救いへの突破口が開かれる……聖なる歴史の筋立てにおいてコーポリット・パーソナリティーと表現される，救いの経綸全体のこの大きな構造的骨格は，聖霊降臨のケーリュグマが明白に述べているように（使2・29-36；参照，5・42；9・22；17・3；18・5, 28）イエスはキリストであり，主であり，救い主であり，彼において民への約束が成就したことを，初期のキリスト教伝承が何故さし

---

22) J. M. R. Tillard, *Comment Dieu parle-t-il à l'Eglise?* p. 16.
23) G. Von Rad, *Théologie de l'Ancient Testament*, t. II, Genève, 1965, p. 333.

III 犠牲の想起　　　　　　　　　　　　　　　73

たる問題も提起せずに主張することができたかというその理由を，確か
に理解させるものである[24]．

　このように，イスラエルの民は，信仰の目を持って，時の ephapax の法
則の中で，神のカイロスの出来事を把握した．記憶と期待の緊張関係の中に
生きるユダヤの精神とコーポリット・パーソナリティーの構造を持つユダヤ
の社会は，歴史の一回性を把握する上で大きな助けとなった．この体験は神
の民の体験であった．それが個人的体験であっても，この体験は神の民全体
の中で把握された．ティヤールは，時の一度限りの法則の故に，集団的記憶
（伝承）の重要性を強調し，次のように述べている．

　　以後，キリスト教会は――イスラエルが土台の出来事に対してなしてい
　　たように――絶えずその記憶に戻り（ヨハ14・26による「想い起こさせ
　　てくださる」霊にまとわれながら）生きなければならないであろう．し
　　かも，それは，死ぬべき人間によって伝えられたが故に，一度限り与え
　　られた使徒の証言に絶えず戻りながらである．この記憶は不可分な二つ
　　の面を持つ．一つは聖書の正典の中で固定され書かれた記憶であり，他
　　は典礼の中で，特にエウカリスチア的集会の中で現在化された秘跡的記
　　憶である[25]．

(ii) 救いの歴史における「人間の責任」の観点から
　人間の側からの想起の重要性を支える第二の根拠は，救いに対する人間の
責任の問題である．ティヤールにとって，この点は極めて重要である．この
事実は次の問題に対する解答の中に見られる．神はどのようにして人間を救
うことを望まれるか．神は何故人間を強制的な方法によって無償で救うこと
を望まないのか．神は何故一人一人を直接に救うことを望まないのか．ティ
ヤールは次のように答える．

---

24) J. M. R. Tillard, *Un seul pour le Salut de tous*, 講義テキスト, Ottawa, Collège Dominicain, 1981, pp. 46-48. cf. pp. 38-56.
25) *Id.*, *Comment Dieu parle-t-il à l'Eglise*? p. 41.

(1) 「無償で」について

　神の無償性は人間の自由を尊重する．これはアウグスチヌスが meritum の観念の中で十分に把握したところである……神は人間が恵みの奴隷，つまり強制的に恩赦を受ける者，自分の意に反して酬いられる者となることを望まれない……恵みがあくまでも贈物であると同時に，人間があくまでも自由でなければならない．したがって，恵み（贈物，救い）の中には何らかの個人的責任が含まれる．この何らかの個人的責任は，それが恵みが与えられる全般的な条件であるだけに重要である．何故なら，それ自体，恵みと人間の自由に対する深い尊厳の一つの現れであるからである[26]．

人間の救いはあくまで人間の自由の土壌の上に開花する．神はその恵みを人間の決断に基づいて与える．それはマリアの〈成れかし〉によって神が世の救いを始めたのと同様である．アウグスチヌスが言うように，人間の参与なしに救いはない．「人なしに人を創りし神なれど，救い給わじ人なしに人を」(*Tractatus LXXII in Joannem*)

(2) 「直接に」について

　神は（人間の尊厳を考慮したみずからの態度として）ご自分のアガペー（無償の愛）が人間の無償の愛を通して伝わることを望む．神はその偉大さが模倣されること，すなわち，人間によって人間関係の中に反映されることを望む．何故ならこれは救いの一部をなすからである．（他の者たちの間から選ばれた）一人を他者に与えること（〔多くの者の〕一人が多くの者のための恩恵の源であること，その一人が他の者たちのために命を与えるほどに）を望む力学は，聖書にとって人間神秘の基本線の一つである……ヨハネ伝承は「私があなたがたを愛したように互いに愛し合いなさい」という唯一の掟を立てることができた．そして，この掟こそ救いの法則であり，pharmakos ($\varphi\alpha\rho\mu\alpha\kappa\acute{o}\varsigma$＝人身御供，犯罪

---

26) *Id., Un seul pour le Salut de tous,*. p. 33.

III 犠牲の想起   75

者）の論理にまさに反対するものである．「多くの者のための一人」のみならず，「多くの者のための神の唯一の者」としてのイエスの態度の中に入っていくに応じて，人は「一人に対立するすべての者」「pharmakos に対立する多くの者」の，その一人の死がもたらす犯罪的論理から，したがってそのまがいものの救いから世を引き抜く力動性の中に入るようになる[27]．

ここに μετάνοια（メタノイア）の問題がある．感謝の祭儀で極めて重要なのはまさに回心である．人は「想起」を通して回心（メタノイア）に入る．この「想起」はキリストに倣うという一つの命令を想い起こさせる．私たちの主が生きたように（καθώς）生きる時，神が望む人間性の回復がある．「父よ，彼らは何をしているかを知らないのですから，彼らをお赦しください」（ルカ23・34）という十字架上のイエスの言葉は，人間の意識の中に潜む根源的無明を明らかにする．イエスのいけにえ（sacrificium）は，父なる神ともろき人間の交わり（communio）のいけにえ，そして人間と人間の間の交わりのいけにえであった．十字架上のイエスは，父なる神ともろき人間の間の和解，そして人間同士の和解を呼びかける．イエスは人間の罪（culpa）のいけにえであり，同時に交わりそのものである神の憐れみ（misericordia）のいけにえである．キリストに倣うとは，交わりのいけにえになることを意味し，それこそが神に栄光（δόξα ドクサ，ヘブライ語で כבוד カヴォード，内からにじみ出る存在の重さを意味する）を帰することである．ここに，人間の根本的な責任と回心，そして，過越の出来事の記憶の重要性が潜む．ティヤールはイエスのこの世における生活に関して，次の二つの点を指摘している[28]．

1) イエスが真に（歴史的に），無垢なる身代わりのいけにえの役割を果たしている事実

---

27) *Ibid.*, pp. 33s.
28) *Id., Eucharistie et Histoire Humaine*, p. 66.

2) 神の国についてのその宣教全体が、ライバルの激しいまがいものの願望を無意識的に模倣する欲望（désir mimétique）から、兄弟愛に回心させる和解に集中させている事実

父なる神は、イエスを復活させることによって、イエスの全生涯に対して「よし」なる応答を与えながら、人間性を再創造することを望まれた。「神が主としキリストとした」（使2・36）イエスを、人間のculpaの傷が十字架上で殺害したことに対する「想起」、ヨハネ福音書に出てくるファルマコス的構造（大祭司カイアファの言葉）、すなわちあるグループの中に、一人調和を乱す者が現れると、それぞれ皆問題を抱えているにもかかわらず、いや、問題を抱えているからこそ、その問題を隠すため、そしてグループの不和を鎮めるために、一人に集中し、一人をつるし上げ、その一人を追い出すことによって群れの平和を取り戻す現象。そして後で、その者は何も悪いことをしていない、無垢であり無実であったことに気付く。そうした人間の奥深くに潜む暴力性、閉鎖性に対する「想起」、そこに一度限りの神のカイロスの出来事に基づく人間の回心の問題が存する。ティヤールはイエスの受難のうちに二つの本質的な交わりを見ながら、人間の責任の問題を深く分析する。

culpaとpeccatumの傷によって刻印された世界では、この交わりは和解を通してしか行われ得ない。ところで、pharmakosであるイエスの受難は二つの意味で交わりである。これはそれぞれ異なる二つの層に位置付けられる。
1) 一方では、それは、世の罪（culpaとpeccatum）が、非常にしばしば無実である者を身代わりのいけにえとする限りでの、貧しい者と抑圧された者との同一化の交わりである。すなわち、それは $\chi\rho\acute{o}\nu o\varsigma$ における交わりで、この層においては、「この良い香のいけにえをささげる祭司」はいない。そこには「一人に対立するすべて」の重力に虚偽のうちにのめり込みながら、神の計画に反対して行動する、人を殺めるおぞましい死刑執行人しかいない。
2) 他方、それは父の意志に全面的に合致する交わり（$\kappa o\iota\nu\omega\nu\iota\alpha$）で

III 犠牲の想起　　　　　　　　77

あり，赦しによって，罪人（暴力者）をその peccatum の核心で捕らえようとするアガペーの愚かさを受け入れ，和解と欲望（culpa で傷つけられた）の治癒に向かう，したがって，新しい創造（$καινὴ$ $κτισίς$）に向かうための唯一の可能な道である[29]．

上記の帰結として，ティヤールは，感謝の祭儀（エウカリスチア）の本質的内容を，「正義と平和と愛の世界を設立するため，兄弟殺しの暴力に対する神の勝利の記念であり，したがって，それは欲望の回心の秘跡[30]」として把握する．ティヤールによる感謝の祭儀のこの定義は次の二つの観点から我々の研究にとって極めて興味深い．(1)祭儀的 zikkaron における人間の側の想起の重要性，(2)「秘跡」の語に併置された「記念」の語の使用．この二つの面に関して，我々は間もなく，そこから決定的結論を引き出すであろう．ところで，ティヤールのキリスト論の中に，同じ考え，すなわち，人間の参与の重要性が見られる．ティヤールはイエスの人間としての歩みに重要な意味を与える．

> 歴史は，もし，そこから人間的かかわりを切り取るならば，それは単に抽象に過ぎない．ところで約束の歴史の力動性の中に位置付けられた主のからだは，イエスの極めて具体的で極めて現実的なかかわりの後にのみ，兄弟的愛と父の計画に対する奉仕への和解の場，和解の泉となるものである……栄光を受けた主のからだは，イエスにおける人間の現実的なかかわりへのこの本質的関係を伴う．……教会に主のからだと血を与えながら，エウカリスチアの記念は，それ（イエスの人間としての参与）を人間の連帯が十分に機能する歴史の組織網の中に入らせるのである[31]．

以上の事柄はイエスの死という歴史的出来事の重要性の強調の中にも見ら

---

29) *Ibid*., pp. 69-70. 番号は筆者による．
30) *Id*., *Eucharistie et Histoire Humaine*, p. 74 参照．
31) *Id*., "La Mémoire dans la vie de l' Eglise", *Maison-Dieu*, 106 (1971), pp. 34s.

れる．確かに復活の出来事は決定的な重大事である．とは言え，記念の中心的内容は，復活を通してクロノスからカイロスに変貌するイエスの死である．

> 歴史的出来事は十字架上の死である．復活は把握しがたい神の働きの神秘に属する（誰一人復活の瞬間を見なかった．人が見たのは復活させられた者の姿だけである）．新約聖書のテキストと初期の教父の全体は，十字架上の死の出来事に記念が集中していることを明らかにしている……したがって，十字架につけられた者を復活させて，キリスト（メシア）とし主とした神の前で，イエスの十字架の記念を行うのである．（栄光のうちに来られるまで）「主の死」の記念を行う．しかし，主の食卓では，復活者のからだと復活者の血をいただくのである[32]．

主の死を記念しながら，私たちは，イエスの言行（acta と dicta）の「想起」によって，現実的に，メタノイアに入る．そして，そこには人間の具体的にして実際的生活を通しての神の賛美と，人間の積極的参加を含む祭儀的 zikkaron としての一回限りの神のカイロスの出来事の現在化がある．人間の根本的回心こそ，最もすぐれた神への賛美である．イエスの死と復活を想起しながら，心底からのメタノイアに入ることによって，父なる神を深く賛美する．これこそ，人間の根本的責任と積極的参加を浮き彫りにするエウカリスチア的 zikkaron であり，新しい創造の真の意味である．

我々はティヤールによる「人間の側の想起」の重要性の第二の主要な理由について説明してきた．今度はエウカリスチア的 zikkaron に関する「人間の側の想起」とイエスの繰り返し命令 "Τοῦτο ποιεῖτε εἰς τὴν ἐμὴν ἀνάμνησιν" に関するティヤールの解釈を支える第三の理由を研究しよう．

　(iii)　「いにしえの tôdah の成就」の観点から

我々はこれまでに，「交わり」と「成就」がいかにティヤールの主張の中心概念を成すかを説明してきた．これらの二つの概念を結ぶエウカリスチア

---

32) *Id., Le Mémorial du Seigneur*, pp. 67s.

III 犠牲の想起

についての解釈がある。それは、キリスト者の会食をいにしえの tôdah (תּוֹדָה トーダー、食事の中での神の救いの業に対する感謝の告知) の成就として把握する解釈である。この解釈は、「人間の側からの想起」と密接に結びつく人間の告知を強調する。

ティヤールは、エウカリスチア的記念と tôdah を伴う交わりの犠牲との間の結びつきに関して、新約聖書の二つの重要なくだりを指摘する[33]。すなわち (1) Ⅰコリ10・16-22、(2) ヘブ13・10-16。C.ペロと H.カゼルの解釈はその見解を支持する[34]。

C. ペロの説明

……キリスト者の会食は、神の救いの業の効果的な「この宣言」の卓越した絆であって、それは旧約の tôdah を直接に引き継いでいる。イエスは復活させられた。したがって、集団は生きることができ、食べることができる……その時から、共同体はパウロと共に、告知することなく食べることはできない「このパンを食べ、この杯を飲む度に、あなたがたは主が来られるまで主の死を告げ知らせるのです」。会食そのものの中で、あなたたちは、犠牲としての死による救いを、復活者の現存を、またその再臨の待望を宣言するのである。その結果、救いの行為自体が、以後、いにしえの犠牲と祭儀的食事に代って、キリスト者の会食に結ばれるのである。植物的な供え物——キリスト者の会食のパンとぶどう酒——のより特徴的な選択は、昔の祭儀的食事とのつながりを表す。このことから、上述の困難な問題を解決できるかもしれない。すなわち、毎日の食事においてはぶどう酒は用いられていなかった。それ故、キリスト者の会食ごとにぶどう酒が出されるのは、むしろ異様であったが、これはパウロ以前の伝承の中ですでに見られる（Ⅰコリ11・23s）。しかし、

---

33) Cf. *Ibid*., pp. 68-75 参照。
34) ティヤール自身この優れた二つの説明、すなわち、C. Perrot と H. Cazelles のものを引用している。C. Perrot, "Le repas du Seigneur" pp. 44-45. H. Cazelles, "L' Anaphore et Ancien Testament" *Eucharistie d' Orient et d' Occident*, coll. "Lex Orandi" 46, Paris, 1970, pp. 20-21. Cf. J. Bets, "Sacrifice et Action de Graces" MD. 87 (1966), pp. 78-79.

もしキリスト者の会食が，tôdah の祭儀的食事の線上において，祝祭の食事（zikkaron あるいは記念）として考えられるのであれば，事情は明らかに変わる……エウカリスチア的言葉は，旧約の交わりの食事につながるものとして，優れてユダヤ・キリスト教的である．キリスト者の感謝の祭儀は，ヘブライ人への手紙の神学的立場に従えば，連続と不連続の動きの中で，ユダヤの感謝の祭儀を「成就する」．ヘブ13・15でこの手紙の著者が述べているように，共同体は，イエスによる救いを効果的に宣言する（omologein）「くちびるの供え物」をもって「賛美の犠牲」あるいは tôdah をささげ続けるのである．キリスト者の奉仕の共同体的会食は，救いの所作を伴う宣言，真にいけにえを表す宣言である（ヘブ13・16）．

H.カゼルの説明
……しかし，それは，キリストのからだを真の神殿とするキリスト者共同体の中にその役割を持っていた．キリスト者共同体はマカバイ記２の凱歌を踏襲して，キリストにおける神の勝利を祝い，告げ知らせることができた．eucharistein が新約聖書に用いられるのと同じく，マカバイ記２の katangelein がⅠコリ11・26でパウロによって踏襲される．ギリシア語七十人訳聖書では非常に稀なこの語は，Ⅱマカ８・36に出ていて，ニカルノとアンティコス・エピファネスに対してのユダヤの守り手（hypermachôn）である神の力（kraton）を告げ知らせるために用いられている．この同じ宣言は，神殿と犠牲についての一節のあとでⅡマカ９・17にも出ている．こうして，キリスト者の感謝の祭儀は恵みの働き以上に，受難と復活によるキリストの勝利の宣言なのである．聖別の言葉自体，続くアナフォラの文脈の中でこの宣言を呼び起こす．

上掲の二つの説明は極めて明白である．それは人間の参加の重要性だけでなく，また人間の側の「想起」の重要性を強める．何故なら，"זָכַר" の概念は「告げ知らせる」の意味を基本的に含むからである．確かに זָכַר の hiphil 型 הִזְכִּיר は「告げ知らせる」さらには「賛美する」という意味を持つ．この

点についてはさらに掘り下げて後述しよう．

　ティヤールによる「人間の側からの想起」の重要性の三つの主な理由についての研究を終えよう．即ち (i) 歴史における「時の法則」の面，(ii) 救いの歴史における「人間の責任」の面，(iii)「いにしえの todâh の成就」の面．さて，これから新たな側面の検討に入ろう．すなわち，最後の晩餐におけるイエスの繰り返し命令に関する祭司職の観点である．

B．祭司職について：クルーゼに対するティヤールの見解の優位性

　我々はすでにイエスの死と復活を聖書的 sacrificium として解釈した．イエスが，犠牲について意識せずに，父なる神の思いに従ってただ死ぬ時まで淡々と生きたとしても，復活はその生涯に犠牲の真正な意味を与える．それは「交わり」である．イエスは神ともろき人間との，そして破れに破れた人間と人間との交わりのいけにえであった．イエスは交わりのかなめとなることによって神の栄光を現す．zikkaron は misericordia の神と miseria の人間との間の，和解と交わりにかかわる神の勝利の想起であり記念である．

　イエスはどこにいるのか？　まさに，そこにいる．イエスはみずからを無化（κένωσις ケノーシス）させることによって，神と人間の間の交わりを現出させた．そこに communio としての sacrificium がある．我々は犠牲への「神の側からの想起」と「人間の側からの想起」を研究してきた．前者に関しては，W.ショットロフの研究を適用しながら H.クルーゼの研究を検証した．後者に関しては，J.M.R.ティヤールの研究を検証した．ところで，クルーゼとティヤールの見解の相違は何か．両者の見解の相違の背後には如何なる中心的概念が隠されているのか．この相違の基礎にあるのは，まさに「祭司職」の概念である．

　祭司職の解釈は，特に日本の教会にとって極めて重要である．この祭司職の概念の背後には重要な問題が横たわる．例えば，形式主義，聖別の極端な重視，感謝の祭儀への傍観者としての受動的参加等の問題が潜む．一方ではエピクレーシス，聖別，およびアナムネーシスの面を個々に一層深く究明すると共に，それらの相互の関係について熟考する必要があるが，他方では，当面の問題である「祭司職」の問題を再検討しなければならない．

クルーゼの解釈はすでに検討してきた．今，祭司職の問題に限定して，彼の見解を整理してみよう[35]．

1．古代人の考えによると，祭式にこの効果をもたらすためには，「神の奥義を管理している者」（Ⅰコリ4・1）としての任命と資格を有する祭司が不可欠である．香をたくことが資格者と無資格者を判別する神明審判に用いられた（民16）ということからもわかるように，あらゆる祭式執行のためには，簡単な祝福を与えるためにさえ，祭式が神によって設定されたことのほかには，神との仲介者としての祭司の任命（委任あるいは少なくとも資格）が必要であった．祭司のみが罪人のために祭式によってゆるしを祈願することができたし（kipper 'al，レビ4-5），また大祭司のみが償いの日に全イスラエルのためになだめのいけにえをささげる資格を持っていた．その日に行われた血の儀式が「zikkārôn li-pne YHWH（主の前での想い起こし）」と聖書には呼ばれていないことは，偶然に基づくことで，血の祭式は大祭司の胸あての宝石と同様に，否それ以上に，まさに主のみ前の想い起こしであった．

2．神の想起を呼び起こすためには，人間の側において，祭儀による指示（azkārâ）が必要である．神の想起は自発的に起こるものではなく，神の規定によって資格を認められた祭司が「おお主よ……を想い起こし，そのいさおしによってわれわれを救ってください」などのような祈りを唱えたり，その願いを表すしるしを用いたり，あるいは両者を通しての象徴的な指示によって呼び起こされる．

3．この要素は，最後の晩餐のイエスの繰り返し命令に合致する．"τοῦτο ποιεῖτε εἰς τὴν ἐμὴν ἀνάμνησιν" は「私（私の自己奉献）に神の注意を促す（zikkārôn）ために，これを行いなさい．そうすれば神は私を想い起こし，あなたがた，すなわち，教団に恵みを与えるであろう」を意味する．

ここに，祭司職（司祭）の解釈に関して重大な問題が生じる．我々の論題

---

35) Cf. H. Kruse, op. cit., pp. 284-296.

III 犠牲の想起

を，最後の晩餐におけるイエスの繰り返し命令に関する祭司職の問題に限定しよう．

ここでクルーゼによる祭司職の解釈を図式的に示そう．

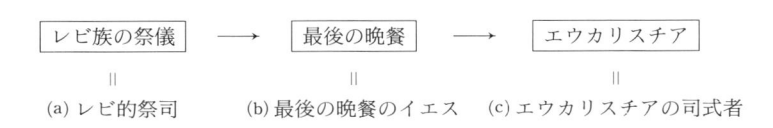

```
┌─────────────┐      ┌─────────┐      ┌─────────────┐
│ レビ族の祭儀 │ ───→ │最後の晩餐│ ───→ │ エウカリスチア│
└─────────────┘      └─────────┘      └─────────────┘
       ‖                   ‖                   ‖
  (a) レビ的祭司   (b) 最後の晩餐のイエス   (c) エウカリスチアの司式者
```

クルーゼによれば，(a)，(b)，(c) の間の関係は継続的で直線的である．したがって，イエスの繰り返し命令はレビ的祭司とエウカリスチアの司式者を結びつけることに役立つ．言い換えれば，イエスの繰り返し命令はエウカリスチアの司式者にレビ的祭司の役割を与えるのに役立つのである．その上，クルーゼによれば，最後の晩餐の時のイエスの振舞いはレビ的祭司のそれに合致する．果たしてこれは適切な解釈であろうか．

  (a) ─→ (b) （レビ的祭司 ─→ 最後の晩餐のイエス）
  (b) ─→ (c) （最後の晩餐のイエス ─→ エウカリスチアの司式者）
  (c) ─→ (a) （レビ的祭司 ─→ エウカリスチアの司式者）

これらのプロセスの各々に対して，「連続」と「不連続」のつながりについて検討する必要がある．ここで次の問題を提起する．

1．最後の晩餐の儀式（？）はレビの儀式の成就（$\tau\varepsilon\lambda\varepsilon\acute{\iota}\omega\sigma\iota\varsigma$）といえるか．それはイスラエルの過越の食事の成就ではないか．
2．イエスが最後の晩餐で振舞ったのは，レビの祭司としてか，家族の長あるいは弟子たちの師としてか．
3．最後の晩餐でのイエスの言葉と動作は古代の祭司職（祭司）の成就であったと言えるのか．言えるとすれば，どのような意味でか．
4．最後の晩餐でのイエスの意図は，儀式の制定にあったのか，それとも，zikkaron の新しい内容に関する啓示であったのか．
5．前述の諸問題に回答がなされたとして，(a) レビの祭司と (b) 最後の晩餐におけるイエスの間の連続性を支持できるのか．

6．(b)最後の晩餐におけるイエスと(c)エウカリスチアの司式者との間に連続性があるのか．エウカリスチアでは，司祭は最後の晩餐におけるイエスの言葉と動作を繰り返すが，その時，エウカリスチアの司式者は「祭司」と言えるのか．言えるとすれば，その名は，レビ的祭司職を成就した者として，あるいは古代の祭司職を成就した者としてのまことの祭司－キリストに由来するものなのか．その根拠を聖書に見出すことができるか．

7．(a)レビ的祭司と(c)エウカリスチアの司式者の間に連続性があるのか，エウカリスチアの司式者はレビ的祭司の系列の祭司であるということができるか．「祭司化」の過程において，レビ的祭司とエウカリスチアの司式者の間の関係をどのように解釈すべきか．

　ティヤールはこの問題を詳しく研究した．例えば，『キリスト者の奉仕職の「祭司的性質」』La "qualité sacerdotale" du ministère chrétien, *N. R. T.*, 1973, pp. 481-514;『ローマ・カトリック教会と英国国教会：感謝の祭儀』Catholiques romains et Anglicans; l' Eucharistie, *N. R. T.*, 1971, pp. 602-656;『「叙階による奉仕職」とキリストの「祭司職」』"Ministère" ordonné et "Sacerdoce" du Christ, Irénikon, 1976, pp. 147-166;『交わりの教会論とエキュメニズムの要求』Ecclésiologie de commnion et exigence oecuménique, *Irénikon,* 1986, pp. 201-228;『諸教会の教会』*Église d' Eglise*, pp. 125s, 238s, ;『霊性事典』分冊 XCI, *Dictionnaire de Spiritualité* Sabbatini-Savonarola, Paris, 1988, pp. 2-38. その他にも，ティヤールの好意により，まだ刊行されなかった若干のテキストを入手することができた．例えば，『祭司職』，『奉仕者によって交わりのうちに維持される教会』等である．また，A.ヴァノユの著書（Prêtres anciens, prêtres noubeau selon le Nouveau Testament, Paris, Éditions du Seuil 1963）についてのF.ルフーレの書評，pp. 394-407 を参照．

　さて，上掲の諸問題に直接関係ある，ティヤールの著書の主要なテキストを以下に示そう．〔　〕と番号は筆者が付した．

III　犠牲の想起

テキスト (I)

パウロ，十二使徒，「使徒や預言者」（エフ2・20；3・5），長老，監督，「監督たちと奉仕者たち」（フィリ1・1），および初代キリスト者共同体で奉仕職を果たしていた他のすべての人材によって行使されていた多様な務めのリストを作成するとき，イグナチオ（cf. Smyrn. 8・1）以来，エウカリスチアの司式と呼ばれるものへの言及が全くないことに驚かざるをえない．①〔とは言え，その時，主の食卓が行われているならば，一人の司式者がいるはずである．これについては，新約聖書は何も語っていない．〕パウロ，使徒行伝，制定の記事，司牧の手紙，ヤコブの手紙，ペトロの第一の手紙は，彼らが言及している奉仕職をエウカリスチアの司会者の権利あるいは義務に決して結び付けていない．②〔聖餐の「これを私の記念として行いなさい」は，確かに記念について将来の挙行のための奉仕者たちを任命しているのではなく，儀式に付された新しい意味の指示である〕……このレベルでは，主の食卓の司式は，初めに，使徒たちの書に認められる種々の奉仕職のいずれかに密接に関係していたとは決して言えないのである[36]．

テキスト (II)

事実，イエスの聖餐が過越の食事と合致していたならば，それは参加者たちの目には，後者に固有な典礼的性質を継承するものであったろう．しかし，我々の知るところでは，70年の神殿の崩壊までは，エルサレムでは，過越祭は神殿でのいけにえを家庭の食事に結び付けていた．③〔レビの祭司たちの参加を要求する厳密な意味での犠牲の行為は，祭壇の下に，信者自身が殺した獣の血を注ぐことにあった．〕食事は，いけにえにささげられた小羊，苦菜と酵母なしのパンを食することによって記念された祝いの贖罪的価値に感謝と希望をもってあやかることであった．④〔この食事の司式者は家長か，このように祝うために集まった小

---

36) J. M. R. Tillard, "Qualité sacerdotale" du ministère chrétien, pp. 498s.

さい兄弟団（haburah）の長であった．したがって，過越祭のこの第二部は，その司式者にとっては固有な意味での祭司的資格を求めなかったのである．祭司的行為はと言えば，先に行われていた．〕⑤〔そうであれば，主の記念の挙行において，その死は完全にユニークな犠牲であることが告げ知らされているとき，初代キリスト者は司式者に祭司の称号あるいは資格を自然に与える気にはならなかったことがいっそうよく理解される．〕⑥〔「記念される」秘儀の祭司的性格は，彼らにとっては，後にヘブライ人への手紙が明らかにするように，イエスの死と，みずからの血と共に神の聖所への入所との歴史的出来事に属する．〕⑦〔これは，聖餐がそのものとしての過越の食事にではなく，「兄弟団」の通常の食事に関係しているならば，なおさらのことである．〕⑧〔つまり，いずれにせよ，主の食卓の儀式によってイエスの犠牲の実にあずかる新興のキリスト者共同体は，この典礼行為のうちに，レビ伝承の系列に属する祭儀的犠牲を認める気は少しもなかった〕……⑨〔そのうえ，神殿が続く限り……そこでささげられる犠牲（とこの供え物のために明白に関係ある聖務と）をエウカリスチア的食事の儀式（およびこれを司式する者）と対比するのは困難である．それらは二つの異なる領域に属する[37]〕……

テキスト (Ⅲ)
我々は確実と思われる二つの事柄を確認した．
  1）　一方では，⑩〔新約聖書では，キリスト者の奉仕職について固有な意味での祭司職の表示が存在しない．その理由は以下の通り．
    (i)　新興の共同体の，公式の祭儀が維持されるユダヤ教との結びつき．
    (ii)　イエスの犠牲的行為の超越性と単独性についての強烈な意識．
    (iii)　「祭司職」の内容を表すための二つの源泉
      －儀式に集中したレビ的源泉

---

37)　*Ibid*., pp. 501s.

III　犠牲の想起

　　　－奉献された民の生活の聖性に集中したエジプト脱出の源泉
　　(iv)　主の食卓はレビ的祭司が司式するものと別種の儀式に属すること．〕
　2)　他方，我々が見出したところでは，⑪〔奉仕職を表示するための祭司の語彙の登用は，旧約の諸制度との，見識あるかなりニュアンスを持った比較を用いた初期のキリスト教伝承の中で行われた．〕初期のキリスト者は，旧約の制度の中に唯一の救いの計画にかかわる神の意思の現れを見てはいたが，それがイエスの業のうちにのみ真に一度限り成就されたのを見出していた．⑫〔ディダケーやクレメンスやオリゲネスにおいてさえも，我々が読み取ったものは，旧約の祭司職と，霊によってキリスト者共同体の奉仕職にゆだねられた任務との間の関係は，ただ類比以外のものではない[38]．〕

テキスト (IV)
⑬〔教会の秘義の中心的事柄に関する以上の問題全体において，我々はこうして，聖書と聖伝の関連の問題に直面した．事実，奉仕職の「祭司化」は，聖書に書かれていることを超えて進みながらも，キリストの精神を裏切るのに同意しようとしない共同体の創意の典型的な場合のように思われる[39]．〕

テキスト (V)
この適用は，キリスト者の奉仕者たちのうちに，祭儀行為に任じられた聖職者団の「司祭たち」を見ながら，「レビ的」語彙の登用を伴い，条件づけることを付け加えなければならない．その時，職位的「祭司職」が語られる．しかし，本来の共同体が，ペトロの手紙の直観に従い，神の御前で行われるみずからの存在の日常的犠牲をささげることによって祭司的であるという基本的な解釈はもはや存在しない．今は，典礼の公

---

38)　*Ibid*., p. 510. 理由につき，番号を付し整理したのは筆者である．
39)　*Ibid*., p. 513.

式行為の挙行のために特別に選ばれた一部の受洗者たちの務めが祭司職と呼ばれる．⑭〔新約聖書はこの使用法を知らなかった．イグナチオ自身，その司教を hiereus にはしなかった……しかし，テルトゥルアヌスはすでにこの語彙の変化の証人である．祭司的表象と祭司的語が間もなく，3世紀の初めのローマの規律を伝えるヒッポリュトスの使徒伝承の中で，司教叙階の祈りのうちに浸透していく．アレキサンドリアでは，オリゲネスはキリスト者の奉仕職にためらいなく祭司の名義を当て，しかもしばしばこれを明確にレビ的典型と関連づけた．〕我々が奉仕者たちの呼称として祭司的・祭儀的語彙がこのように浸透したことを再度指摘するのは，永続し続ける古い混同の故である．⑮〔感謝の祭儀の司式は，地域教会をその祭司的存在のうちに，すなわち，初代の伝承が「祭司的であること」をペトロの手紙の意味に解した「交わり」の中に，維持する責務と切り離せない．しかし，本来の共同体の祭司職は，典礼的または秘跡的挙式の，そして，何よりも感謝の祭儀の司式に接合された，職位的「祭司職」として描写してきたものの中に吸収されはしない．そして，エウカリスチア的シナクシス（$\sigma\upsilon\nu\alpha\xi\iota\varsigma$）が奉仕者なしには行われえないにしても，この奉仕者の役割は，本来の共同体に祭司職を行わせることを認めることにあることをどうしても繰り返さなければならない[40]．〕

テキスト (Ⅵ)
一人だけがこの祭司でありうることは明らかである．そして，驚くに値しないことであるが，新約聖書では如何なる奉仕者，使徒さえも祭司と呼ばれていないのである．……⑯〔しかし，この手紙は，キリスト者たちが司祭であると結論づけてはいない．典礼的でまた「実存的な」彼らの供え物は，天の聖所にただ一人の司祭の行為の，言葉の全き意味での唯一の司祭的行為の実りである．彼らは全くこの祭司に依存する．我々はただ一人のユニークな司祭の効果の圏内にいる．すべては彼から

---

40) *Id., L' Eglise d' Egises*, pp. 238s.

III 犠牲の想起

彼を通して由来する……犠牲の「材料」になることと，主にみずからをささげることに同意することは，必ずしもこの犠牲の祭司であることと合致しない……犠牲は祭司よりも広範である．キリスト者について司祭であると決して言わない新約聖書の沈黙を尊重すべきである．ヘブライ人への手紙——この手紙だけが——はただ一人，キリストについてのみ，この救いをもたらす務めを明言する……その上，ヘブライ人への手紙を除いて，イエス自身の祭司職についての聖書の沈黙もまた，意味深長である．〕

……⑰〔「記念」において，キリスト者は本来の共同体の司祭的働きにおいて，その役割に入りながら，またこうして共同体の祭司職に加わりながら，キリストの犠牲——これは語のレビ的意味での祭儀的行為以上のものである——と一つに結ばれる．全員が祭司職を行使し，この全体（同時にいるという意味ではなく，全体であること）を除いていかなる司祭も存在しない……このことは我々に非常に重要に思われる．司祭職について話すことは，聖書にとっては，司祭たちについてではなく，教会の交わり，すなわちその存在の土台である神との関係における，教会そのものについて語ることであって，個人的な特権によりも，「神のものとなった」（Ⅰペト2・9）民の感嘆すべき状態に関連している[41]．〕

テキスト (Ⅶ)
⑱〔奉仕職はこの司祭的共同体のために存在する．それは地域教会全体という基本的・神中心的な交わりのためのキリストの霊の僕である〕
……その上，早くから奉仕職が本質的にエウカリスチア的シナクシスに向けられているように見えるのは，このシナクシスが本来の共同体の中心的行為であるからである．その共同体は，単に恵みだけでなく各人の務めも，それらが力動的に組み入れられている全体の中での完成とそれぞれの意味を見出す交わりの中で，主のからだと血を分かち合うように

---

41) *Id.*, "Sacerdoce" pp. 9-10.《L' Accomplissement ($\tau\epsilon\lambda\epsilon\iota\omega\sigma\iota\varsigma$) du Sacerdoce dans le Christ Jésus》このテキストは未刊である．

霊によって集められたものである．アンティオキアのイグナチオは，地域教会を，全員が一緒に振舞い，ただ一つの分かち難いエウカリスチアを祝うが，それぞれが役割を混同し我が物とすることなく，各人がそれぞれの身分に応じて行動する集まりとして見ていた．⑲〔教会が各自にそれぞれの役割を与えることに留意するシナクシスは，単に主の一つのユニークなからだに結ばれた信者の交わりの秘跡ではない．シナクシスはまた，唯一で不可分な神の教会における，従ってエウカリスチアによって養われる毎日の生活が神を賛美する"霊的供え物"である唯一で不可分の「祭司的からだ」における，あらゆるカリスマ，身分，職務，奉仕職の交わり（communion）でもある．〕⑳〔まさに教会的からだのこの「司祭職」は，その頭である主イエスが，記念として祝う出来事の中で成就した事柄に由来するのである[42]．〕

上掲のテキストを参照しながら，我々が提起した問題に答えよう．一つ一つの問題がそれ自体解決困難なものであるが，ここでは直ちに解決しなければならない問題に対して必要にして十分な解答を示すことにしよう．①から⑳までの番号を付したが，以下の解答の中でこれらの番号を用いることにする．

1．最後の晩餐は，レビ的儀式と，この世におけるイエスと弟子たちの間の食事の成就の領域を超える．もっとも，ある意味ではこれらの成就を含んではいるが．最後の晩餐がユダヤの過越祭に行われたのか否かを明らかにするのは困難である．何故なら，共観伝承とヨハネ伝承は明確に異なるからである[43]．しかし，イスラエルの過越の食事の雰囲気の中で行われたことは確かである．その上，ユダヤの過越祭は一度限り成就された神のカイロスの zikkaron としてエジプト脱出の出来事を運ぶ意味において，最後の晩餐をユダヤの過越祭の成就と見なすことは妥当である．何故なら，それは，ある意味で，過越のいけにえの，また，一度限

---

42) *Id*., "Le Ministère et la Communauté Sacerdotale" pp. 3-4. このテキストは未刊である．

43) Cf. J. Jeremias, *La Dernière Cène*, pp. 11-96.

III 犠牲の想起

り成就した神のカイロスの zikkaron としての主イエスの死と復活の出来事を運んでゆくエウカリスチアの先取りとして挙行されたからである．

2．イエスの時代には，レビの祭司的役割は神殿で過越祭の最初の段階として果たされていた．そして，本質的な部分，すなわち，Haggadah（つまり，父親による，語り伝えられた祭りの起源と常に現在的で実効的な意味についての解説）あるいは Seder（つまり，種なしパンと苦菜と共に小羊の肉を食べること）は，家族の父親か小さな共同体の長によって果たされていた（cf. n. ③，④）．したがって，イエスはレビ的祭司としてよりも，むしろ弟子たちの師として振舞ったと考えるのが妥当である．それに，最後の晩餐には，若干の固有な状況を付け加えなければならない．すなわち，最後の晩餐は屠られる小羊としてのイエスの死の直前に行われたこと，またそれはこの上なく愛した弟子たちとの別れの食事であったことである．その上，エジプト脱出に関する最初の過越祭と関連してイエスをモーセと比較するならば，モーセはレビ的祭司として行動しなかったのである．ド・ヴォはモーセの祭司職と犠牲について次のように書いている．

> 制度的な祭司職はない．古代の物語の中に出てくる唯一の祭司はミディアンのエトロである（出18）．しかも，この名称が何を包含しているのか私たちは知らない．モーセは決して「祭司」とは呼ばれなかった．もちろん，祭司たちが行うであろうように，彼は仲介者であり，民のために執り成し，神託と神の教えを受けて，これらを伝える（申33・8-10）．しかし，モーセは祭司と預言の範疇（民12・6-8）を超越する．契約の式にあっては（出24・3-8），モーセは祭壇を築き，若者たちの手でいけにえをささげさせる．しかし，祭壇と民に血を振り掛けるのはモーセである．犠牲の儀式は祭司だけが行う．しかし，ここでは，血の儀式は犠牲の儀式であるよりも契約の儀式である．その上，祭壇を築き，いけにえをささげながら，モーセは祭司ではなかった太祖たち以上のことはしていないのである[44]．

とにかく，エジプト脱出に関連する最初の過越祭でのモーセの行動は，レビ的祭司の行動に類似していない．モーセは命令を与え，神的出来事と人間的行為の解釈を行う．最後の晩餐でイエスが行ったのと同様である．過越祭におけるモーセと最後の晩餐におけるイエスの間の類似点を示そう．両方とも神のカイロスの出来事の直前の状況の中で行われている．

モーセ： a) 「この日を祝いなさい」（出12・14）
　　　　 b) 「この日は，あなたたちにとって記念すべき日となる」（לְזִכָּרוֹן）（出12・14）
　　　　 a) 「この儀式を守らなければならない」（出12・25）
　　　　 b) 「また，あなたたちの子どもが，『この儀式にはどういう意味があるのですか』と尋ねる時は，こう答えなさい．『これが主の過越の犠牲である．主がエジプト人を撃たれたとき，エジプトにいたイスラエルの人々の家を過ぎ越し，我々の家を救われたのである』と．」（出12・26-27）．

イエス： a) 「これを行いなさい」（ルカ22・19；Ⅰコリ11・24, 25）．
　　　　 b) 「私の記念として」（לְזִכָּרוֹן ＝ $\varepsilon\iota\varsigma\ \dot{\alpha}\nu\acute{\alpha}\mu\nu\eta\sigma\iota\nu$）（ルカ22・19；Ⅰコリ11・24, 25）．

　　　　 a)：命令形（命令）　b)：説明

過越祭のモーセの言葉と最後の晩餐のイエスの言葉との間には a) と b) の二つの類似点が見られ，それらは両者の態度がレビ的祭司のそれではなく，本来の共同体の長の態度であることを証明している．

3．同様，ヘブライ人への手紙の中では，最後の晩餐におけるイエスの言行は，過越のいけにえの出来事の直前に果たされた古の祭司の成就であったと言うことができる．イエスの態度についてヘブライ人への手紙[45]

---

44) R. de Vaux, *Histoire Ancienne d' Israël, des origines à l'installation en Canaan*, p. 438.

の作者の視点に立って古の祭司と関連させて考えてみよう．

(i) 祭司としてのその側面は，レビ的祭司の風貌ではなく，「永遠の」祭司である「メルキゼデク」の風貌である．

― 同じようにキリストも，大祭司（$άρχιερεύς$，アルキエレウス）となる栄誉を御自分で得たのではなく，「あなたは私の子，私は今日，あなたを産んだ」と言われた方が，それをお与えになったのです．また，神は他の箇所で，「あなたこそ永遠に，メルキゼデクと同じような祭司（$ίερεύς$，ヒエレウス）である」と言われています（ヘブ5・5-6）．

― このメルキゼデクはサレムの王であり，いと高き神の祭司（$ίερεύς$）でした……メルキゼデクという名の意味は，まず，「義の王」，次に「サレムの王」，つまり「平和の王」です．彼には父もなく，母もなく，系図もなく，また，生涯の初めもなく，命の終わりもなく，神の子に似た者であって，永遠に祭司（$ίερεύς$）です．（ヘブ7・1-3）

(ii) 祭司としてのイエスの側面は，$κένωσις$（無化）の風貌，「私たちの兄弟」の風貌である．

― それで，イエスは，神の御前において憐れみ深い，忠実な大祭司（$άρχιερεύς$）となって，民の罪を贖うために，すべての点で兄弟たちと同じようにならなければならなかったのです．事実，御自身，試練を受けて苦しまれたからこそ，試練を受けている人たちを助けることがおできになるのです．（ヘブ2・17-18）

― この大祭司（$άρχιερεύς$）は私たちの弱さに同情できない方ではなく，罪を犯されなかったが，あらゆる面において，私たちと同様に試練に遭われたのです．（ヘブ4・15）

---

45) 日本語訳は新共同訳，日本聖書協会，1987を用いる．なお必要な語にギリシア語を付した．

－キリストは，肉において生きておられたとき，激しい叫び声をあげ，涙を流しながら，御自分を死から救う力のある方に，祈りと願いとをささげ，その畏れ敬う態度の故に聞き入れられました．キリストは御子であるにもかかわらず，多くの苦しみによって従順を学ばれました．そして，完全な者となられたので，御自分に従順であるすべての人々に対して，永遠の救いの源となり，神からメルキゼデクと同じような大祭司（ἀρχιερεύς）と呼ばれたのです．（ヘブ5・7-10）

(iii) 祭司としてのその側面は，一度限り成就された完全な sacrificium の風貌である．

　　－けれども，キリストは，既に実現している恵みの大祭司（ἀρχιερεύς）としておいでになったのですから，人間の手で造られたのではない，すなわち，この世のものではない，更に大きく，更に完全な幕屋を通り，雄山羊と若い雄牛の血によらないで，御自分の血によって，ただ一度（ἐφάπαξ）聖所に入って永遠の贖いを成し遂げられたのです．（ヘブ9・11-12）

　　－また，キリストがそうなさったのは，大祭司（ἀρχιερεύς）が年ごとに自分のものでない血を携えて聖所に入るように，度々御自分をおささげになるためではありません．もしそうだとすれば，天地創造の時から度々苦しまねばならなかったはずです．ところが実際は，世の終わりにただ一度（ἅπαξ），御自分をいけにえとしてささげて罪を取り去るために，現れてくださいました．（ヘブ9・25-26）

(iv) 祭司としてのその側面は，聖所のなかに身を置いてなされたのではなく，「門の外」での成就（τελείωσις）の風貌である．

　　－なぜなら，罪を贖うための動物の血は，大祭司（ἀρχιερεύς）によって聖所に運び入れられますが，その体は宿営の外で（ἔξω，エクソー）焼かれるからです．それで，イエスもまた，御自分の血で民を聖なる者とするために，門の外で（ἔξω）苦難に遭われたのです．だから，私たちは，イエスが受けられた辱めを担い，宿営の外に（ἔξω）

III 犠牲の想起　　　　　　　　　　　95

出て，そのみもとに赴こうではありませんか．（ヘブ13・11-13）

　唯一の祭司（ἱερεύς, ἀρχιερεύς）イエスが以上に指摘した側面を伴っているという意味で，最後の晩餐におけるイエスの言葉と行動は古の祭司職の成就であった．それ故，イエスの風貌は，祭儀に密接に結ばれたレビ的祭司をはるかに超えるものである．

4．繰り返し命令の意図について既に述べたごとく，イエスは，単に新しい（νέος）儀式を制定する意図のもとに τοῦτο ποιεῖτε（これを行いなさい）を強調したのではなかった．それ以上に，この行為の新しい意味を説明する意図のもとに εἰς τὴν ἐμὴν ἀνάμνησιν（我が記念として）を強調したのである．イエスは使徒たちの信仰のために，それまで存在していた行為に新しい（καινός）意味を与えた．ちなみに，日本語新共同訳聖書は τοῦτο ποιεῖτε を「このように行いなさい」と訳した．この翻訳は聖書注解の面と神学的面の両面から誤りを犯している．一つは οὗτος と οὕτως との混同であり，もう一つは，この命令の意図に関する神学的考察の欠如である．

5．上述の論証に基づくとき──（cf. nn. ①，②，③，④）──，レビ的祭司と最後の晩餐のイエスの間の連続性は支持できない．（cf. nn. ③，④，⑤，⑥，⑦，⑧，⑨，⑩）．

6．最後の晩餐のイエスとエウカリスチアの司式者との間にはつながりはあるのか．まず，次の事柄を確認しよう．
(i) レビ的祭司と最後の晩餐におけるイエスの間には直接のつながりはない．
(ii) ヘブライ人への手紙の著者の視野では，キリスト・イエスのみが唯一のユニークな司祭であって，古の祭司を成就したと言える．言い換えれば，旧約聖書の出来事のすべて，イエスの言行のすべてが志向する過越の犠牲の成就の中にこそ，司祭としてのイエスの側面を把握することが

できるのであって，それはレビ的祭司の風貌ではない．
(iii) 新約聖書の中ではエウカリスチアの司式者について何ら明白なものは見つからない（cf. nn. ①, ②, ⑩, ⑬, ⑭, ⑯, ⑰）．したがって，最後の晩餐におけるイエスとエウカリスチアの司式者との間の連続性を聖書の中では証明することはできない．
(iv) 司祭の「新約的」意味（Ⅰペト2・5, 9；黙1・6；5・10；20・6；cf. 出19・6, 23・22；イザ61・6）は，個人としてのある人に個別的にではなく（ヘブライ人への手紙の視点による唯一の司祭「キリスト」を除いて），本来の共同体（教会）にあてはめられるものである．エウカリスチアの司式者はこの司祭的共同体のために存在する（cf. nn. ⑮, ⑱, ⑲, ⑳）．
(v) 実際には，エウカリスチアの司式者は「司祭」（sacerdos）と呼ばれているが，これは必ずしも，この名称が司祭イエス・キリストから由来することを意味しない．エウカリスチアの司式者が「司祭」と呼ばれうるのは，次の事柄に根拠を置く限りにおいてである．
  1．この司祭が，既述のような司祭としてのイエスの風貌にあずかる者である限りにおいて．
  2．この司祭は，「司祭的」共同体の奉仕にあずかる者としてである限りにおいて．
  二つを一つに結ぶイエスの言葉はこうである．「人の子は仕えられるためではなく，仕えるために，また，多くの人の身代金（$λύτρον$）として自分の命を献げるためにきたのである．」（マコ10・45）

上述の論証〔(i)－(v)〕に基づくとき，最後の晩餐におけるイエスとエウカリスチアの司式者の間の明確な連続性を支持するのは適当ではない．確かに，エウカリスチアの司式者は最後の晩餐における主の言葉と動作を繰り返すが，しかし，最後の晩餐におけるイエスはエウカリスチアの司式者を制定することを望んだというよりも，むしろその深い意図はこうである．「これ（「パン割きの儀式」と「杯の祝福の儀式」）を行いなさい．過越の出来事の私のsacrificiumを想い起こし，あなたたちの共同体が唯一のユニークな司祭を通して「司祭的」になるように」．したがって最後の晩餐におけるイエスとエ

ウカリスチアの司式者との間に意図的な連続性が存在するというよりも，むしろエウカリスチアの司式者は，エウカリスチアの生じる過程にあって現れ出るのは避けがたいことであったと考えるのが妥当であろう．エウカリスチアの始まりに関して一つの仮説を立ててみよう．

- この世におけるイエスとの日常の食事
  ↓
- 最後の晩餐＝過越しの食事
  ↓
- この世におけるイエスとの日常の食事の繰り返し
  ＋
  イエスの死と復活，父なる神の勝利の「告知」←ユダヤの tôdah
  ＋
  最後の晩餐の「記憶」
  ↓
- イエスとの日常の食事の性格の削除
  ↓
- Ⅰコリ11・17-34における食事（初代教会における主の食卓）
  ↓
  エウカリスチアの司式者
  ↓
  奉仕職の司祭化

ここまでにおいて，我々は少なくとも次の点を確認することができる．
(1)レビ的祭司と最後の晩餐におけるイエスの間の直接の連続性を支持するのは適当ではない．(2)最後の晩餐におけるイエスとエウカリスチアの司式者（司祭）の直接の連続性を支持するのは適当でない．

7．今度は，第七の問題について考察しよう．すなわち，レビ的祭司とエウカリスチアの司式者（司祭）の間に連続性はあるか．

レビの祭司 ─╫→ 最後の晩餐におけるイエス ─╫→ エウカリスチアの司式者
　　　　　　　　　　　　　　⟨?⟩

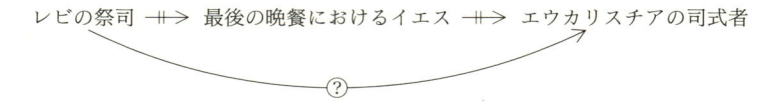

奉仕職の司祭化をどのように説明できるか．確かに聖書においては，レビ的祭司とエウカリスチアの司式者との間の連続性は見出せない．
旧約聖書 ──→ 新約聖書 ──→ ディダケー ──→ アンティオキアのイグナチオ ──→
　　　　　　　　　　　　　　　　　　　　　　　(35-107)
──→ ＊テルトゥリアヌス ──→ ヒッポリュトスの使徒伝承 ──→ オリゲネス ──→ ……
　　　　(160-225)　　　　　　　(170-236)　　　　　　　　(185-254)
　　＊語彙の変化（$ἱερεύς$, cf. n. ⑭）

クルーゼもティヤールも，レビ的祭司とエウカリスチアの司式者の間の何らかの関係を否定していない．しかし，重要なのは，両者の間に（旧・新）の祭司を結びつける要因が異なっていることである．そして他でもなく，この要因に基づいて，クルーゼとティヤールによる繰り返し命令についての解釈が異なってくるのである．我々は，ティヤールのテキストを引用した後，両者の解釈の違いを要約することにする．

　　神は，大祭司の務めがその本質自体の中に含む事柄を，成就されることを望んだが，それはキリストにおいてのみ如実に実現することは疑いの余地はない．人は，神の計画の一貫性を意識しているので，このことから，律法の祭司は，イエスにおいて実現されるであろうことを預言的に準備していると考えられた．イエスは「聖書に書かれたことを成就した」．したがって，自分を志向していた制度を超えるが，これに反するものではない．したがって，レビ的務めの司祭的価値を認める理由はあるが，その相対性と，それに真正な意味を与える方による，その目的全体を考慮に入れておかなければならない[46]．

ティヤールはレビ的務めの祭司的価値をイエス・キリストにおける祭司職

---

46) J. M. R. Tillard, La "Qualité sacerdotale" du ministère chrétien, pp. 511s.

の成就のうちに把握した．しかし，これは，制度のこの成就が最後の晩餐で行われたことを意味しない．それは，レビ的祭司が，その相対性を考慮に入れて，ヘブライ人の手紙の著者が理解したような唯一の司祭キリストにおいて実現されたことを意味するのである．

さて，最後の晩餐における繰り返し命令に関するクルーゼの解釈とティヤールの解釈を要約しよう．その時，ⓐ，ⓑ，ⓒ，の記号を用いることにする．すなわち，

　ⓐ　レビ的祭司
　ⓑ　最後の晩餐におけるイエス
　ⓒ　エウカリスチアの司式者（司祭）

クルーゼの解釈
1) 「これを行いなさい」の部分を重視し，その結果，主の食卓の制定を強調するに至る．
2) 繰り返し命令（ⓑ）はレビ的祭司ⓐとエウカリスチアの司式者ⓒを結びつけるのに役立つ．すなわち，イエスの意図はエウカリスチアの司式者ⓒに，レビ的祭司ⓐがしたような，指示（azukarâ，神の側の想起を呼び起こすこと）の役割を与えることにある．
3) 最後の晩餐におけるイエスⓑの行為は，ためらうことなくエウカリスチアの司式者ⓒに，レビ的祭司ⓐと関連させて祭司の称号を与えることに役立つ．

ティヤールの解釈
1) 「私の記念として」の部分を重視し，その結果，その行為に与える新しい意味を強調する．
2) 繰り返し命令（ⓑ）はレビ的祭司ⓐとエウカリスチアの司式者ⓒを結びつけるのに役立たない．イエスの意図は，寓意的な行為をとおして zikkaron（$\alpha\nu\alpha\mu\nu\eta\sigma\iota\varsigma$）に新しい意味を与え，神の民に神の勝利を告知するよう促し，共同体を回心（$\mu\varepsilon\tau\alpha\nu o\iota\alpha$）に招きつつ，過越の sa-crificium を想起させながら「司祭的なもの」とすることにある．
3) 最後の晩餐のイエスⓑの行為はエウカリスチアの司式者ⓒに，レ

ビ的祭司のであれ，唯一の司祭キリストのであれ，司祭の称号を与えることには役立たない．聖書の中には，エウカリスチアの司式者に祭司（$\iota\varepsilon\rho\varepsilon\upsilon\varsigma$）の称号をあてがう根拠は見出されない．それは，初代教会における"司祭化"を待たねばならない．ティヤールによれば，レビ的祭司とエウカリスチアの司式者ⓒの結びつきは，(イ)一方では，「唯一の祭司」イエス・キリスト，(ロ)他方では"tôdah"（食事の中での神の救いの業の告知）である．以下の文章における(イ)(ロ)の記号は上記の(イ)(ロ)に対応する．

(イ)〔イエスの司祭的行為の一回性に直面して，もしキリスト者の司祭職が，イエスに本質的にかかわる，我々が以前指摘した役割を持つならば，その職はイエスを準備するためではなく，伝え広めるためにあるから，司祭職の性質は，古い制度のそれと全くもはや縁のないものであるとは思えない．〕司祭職は，すでに来たキリストとの関係のなかで見られた新しい契約のためであり，それは古い制度がやがてやって来るキリストへの関係のなかで古い契約のためであったのと類比的である．二つの契約——「準備」の契約と「展開」の契約——の間の本質的相違と，(イ)〔また，イエスが両方の間に付けた深い結びつきを考慮に入れれば，二つの司祭職は何らかの一貫性をもって現れる．〕聖書の独自の解釈によれば，キリストの一回性において成就されたものとして考えられたレビ的祭司の中に，教会の奉仕職が十字架以来果たしてきた事柄の歴史的係留点を見ることさえできるのである．また，(ロ)〔このことは，レビ的務めの非犠牲的任務のあるもの——たとえば，神の計画の宣告と説明（イザ14・41-42；申33・10）——が，まだ新興の教会の中でも役割を果たされていただけに，なおさらそうである．〕(イ)〔ただし，それらは，唯一の祭司であるイエスとの関係に由来する新しい意味を伴ってであるが[47]．〕

---

47) Ibid., p. 512. 番号は筆者による．

III 犠牲の想起

したがって，レビ的祭司とエウカリスチアの司式者（司祭）との間の結合を解明するために重要な二つの要因がある．第一の要因は唯一の祭司キリスト．この点に関しては，ティヤールの説得力のある主張を十分に検討してきた．第二の要因，すなわち，tôdah に関しては，ティヤールの主張を更に詳しく検証しよう．なぜなら，この観点は זכר 及びその派生語の概念と関連して，極めて重要だからである．ティヤールは以下のように述べている．

> 初子をレビの sacrificium にする供え物についてのくだりは我々には重要な要素に思われる．……これ（讃美のレビ的務め）によって，民は常に神の前で sacrificium laudis の状態を保つ．これが，（動物の血を流す犠牲を維持しながらも），少なくとも兄弟殺しに関する点で，まず最初にいけにえをささげる意味から離れた，犠牲の輪郭線である．初子をいけにえにする暴力は，神の讃美，tôdah への務めと変わった[48]．

フォン・ラドの以下のくだりも[49]讃美のレビ的務めの重要性を裏付けている．

> ―ソロモンの時代に，幕屋はまだギブオンに築かれてあって，そこで祭司たちが犠牲の務めを果たしていた（代上21・38s；代下1・1‐6）．その頃，契約の櫃はすでにエルサレムに置かれていた．こうして契約の櫃を運ぶレビの役目は終わっていたのである．その時，ダビデは契約の櫃の前でレビの務めを正式に変え，ヤーウェを讃美する役目を彼らにゆだねた（代上6・16；16・1ss）．レビのこの讃美の務めは，歴代誌家の祭儀神学全体に特徴的痕跡を与えている．それは本質的に喜びと感謝に当てられているからである（p. 304）．
> ―確かなことは，祭司はヤーウェの口の資格で，"placet" を宣告する

---

48) Id., *Eucharistie et Histoire Humaine*, p. 59.
49) G. Von Rad, *Théologie de l' Ancien Testament. théologie des traditions historique d' Israêl*. ティヤール自身，その著 *Eucharistie et Histoire Humaine*, pp. 59s. で G. Von Rad から幾分かを引用している．

かあるいは拒絶していたことである．意図していた事柄を，物的行為によって，その仲介を通して，ヤーウェとその民の間の救いの現実的行為としていたのは，ほかでもなくヤーウェの言葉なのである．祭司の宣言によって，聖なる行為はほんとうに神の救いの行為となった．……（p. 230）

以上，第7の質問に対して，我々は，クルーゼとティヤールの解釈に基づく，レビ的祭司とエウカリスチアの司式者を結びつける要因の相違を検証してきた．クルーゼによれば，二つの祭司を結びつける要因は，まさに「最後の晩餐におけるイエスの繰り返し命令」である．ところが，ティヤールに従えば，二つの祭司を結びつける要因は「唯一の祭司，イエス・キリスト」と「ユダヤの tôdah」にある．以下にその図式化を試みよう．

クルーゼ
・レビ的祭司 ──→ 最後の晩餐のイエス ──→ エウカリスチアの司式者

ティヤール
・レビ的祭司 ─╫→ 最後の晩餐の晩餐のイエス ─╫→ エウカリスチアの司式者

$\tau\epsilon\lambda\epsilon\acute{\iota}\omega\sigma\iota\varsigma$
 ・唯一の祭司，キリスト・イエス
 ・Tôdah（食事そのものの中での神の $\kappa\alpha\iota\rho\acute{o}\varsigma$ の出来事の賛美と宣言）

（→：連続性，　─╫→：不連続性）

我々は祭司（司祭）についての解釈の点からクルーゼに対するティヤールの見解の優位性を十分に示すことができたと思う．以上の考察は，$Tο\hat{v}τo\ ποιε\hat{ι}τε\ εἰς\ τὴν\ ἐμὴν\ ἀνάμνησιν$ の解明にとっての本質的な問題に継がる．

IV

アナムネーシス命令に関する想起の主体について

　我々の研究の終わりに，アナムネーシス命令（通常の呼び方に従ってここまでは「繰り返し命令」としてきたが，この名称は必ずしもふさわしくないので，ここからは「アナムネーシス命令」とする）に関する想起の主体の問題を注意深く研究しよう．この問題の解明は非常に困難であって，根底には重大な問題が存する．それは「人間の側の責任と参与」の問題，あるいは神中心かキリスト中心かの問題，さらには「イエスとは誰か」の問題がかかわってくるからである．

　J.エレミアスはイエスのアナムネーシス命令を，「神が私を想い起こされるために，これを行いなさい」と解釈する．ここでは，想起の主体は人間とされていない．以前「主の祈り」の第6の祈願に関する論文[1]の中で，πειρασμός（ペイラスモス，誘惑・試練）の問題について論じた際，ペイラスモスをただ世の終わりの試練に限定するエレミアスの解釈を検証した．彼にとって，καὶ μὴ εἰσενέγκῃς ἡμᾶς εἰς πειραμόν（私たちをペイラスモスに陥らせないで下さい）の願いは，時の終わりのサタンの攻撃による試練だけにかかわるのである．この見解に対して，このペイラスモスは単に終末的試練だけでなく，日常の誘惑も含む事実を，以下の事柄を根拠として示した．a）ギリシア語における冠詞の不在，b）接続法アオリストの使用，c）使役動詞の前に置かれた否定詞 μή，d）「ペイラスモスに関するゲッセマネで

---

1) A.米田 "Πειρασμός－La sixième demande du Pater" 修士論文，Collège dominicain, Ottawa, 1987. 参照．

のイエスの言葉と主の祈り第6祈願との関連」．今回はまた，同じように，アナムネーシスの命令が単に神の側の想起だけではなく，人間の側の想起に関連している事実を示しながら，想起の主体を神の側にだけ限るエレミアスの見解に反論していくことにしよう．さらに，Τοῦτο ποιεῖτε εἰς τὴν ἐμὴν ἀνάμνησιν は想起の主体として共同体がかかわっている事実を明確に示すことにしよう．

最初に我々の研究に基づいて，図式1－4を示す．
  図式1－出エジプトと詩編における זָכַר とその派生語
  図式2－新約聖書における μιμνήσκομαι とその派生語
  図式3－契約（בְּרִית, διαθήκη）の想起
  図式4－ לְזִכָּרוֹן, εἰς ἀνάμνησιν などの使用

図式1 出エジプト記と詩編における זָכַר とその派生語

主体	神				人			
出	2・24	**3・15	6・5	*17・14b	**3・15	12・14	13・3	13・9
	20・24	28・12a	28・12b	28・29	17・14a	17・14b	20・8	*20・24
	30・16	32・13	39・7	(11回)	23・13			(9回)
詩	8・5	9・7	9・13	20・4	6・6	*9・7	22・28	**30・5
	25・6	25・7a	25・7b	**30・5	*34・17	*38・1	42・5	42・7
	*34・17	*38・1	*70・1	74・2	45・18	63・7	*70・1	71・16
	74・18	74・22	78・39	79・8	77・4	77・7	77・12a	77・12b
	83・5	*87・4	88・6	89・48	78・35	78・42	*87・4	**97・12
	89・51	**97・12	98・3	**102・13	**102・13	103・18	105・5	106・7
	103・14	105・8	105・42	106・4	*109・15	109・16	**111・4	*112・6
	106・45	109・14	*109・15	**111・4	119・52	119・55	**135・13	137・1
	111・5	*112・6	115・12	119・49	137・6	143・5	**145・7	(35回)
	132・1	**135・13	136・23	137・7				
	**145・7			(41回)				

 * 神と人間の間の相互の想起，しかし主に人間
 * 対象：人間
 ** 対象：神
 * hi. (hiphil)

 （補） 以後頻繁に出てくるヘブライ語 זָכַר とその派生語に関し，一括してそれぞれの発音を表記しておこう（ヘブライ語は各単語も文章も右から左に読む）．
   זָכַר (zakhar) זִכָּרוֹן (zikhkārôn) לְזִכָּרוֹן (lᵉzikhkārôn) אַזְכָּרָה ('azᵉkārâ)
   זֵכֶר (zēkher)   הַזְכִּיר (hkzᵉkîr) לְהַזְכִּיר (lᵉhazᵉkîr)

IV アナムネーシス命令に関する想起の主体について

図式 2 新約聖書における $\mu\iota\mu\nu\acute{\eta}\sigma\kappa o\mu\alpha\iota$ とその派生語

主語：　　　　神	人　　間
ルカ　1・54；1・72 使　　10・4；10・31 黙　　16・19；18・5　　　　　　（6回）	**イエスの acta et dicta の想起** マタ　16・9；26・75；27・63 マコ　8・18；11・21；14・72 ルカ　22・61；24・6；24・8 使　　11・16；20・35 ヨハ　2・17；2・22；12・16；14・26；15・20； 　　　16・4 IIテモ　2・8 IIテサ　2・5 IIペト　3・1；3・2；3・3 ユダ　17節 黙　　3・3 **その他の想起** マタ　5・23 ルカ　16・25；17・32 使　　20・31 ヨハ　16・21 ロマ　1・9；15・15 Iコリ　4・17；11・2 IIコリ　7・15 ガラ　2・10 エフ　1・16；2・11 フィリ　1・3 コロ　4・18 Iテサ　1・2；1・3；2・9；3・6 IIテサ　1・3；1・4；1・5；1・6；2・14 テト　3・1 フィレ　4節 ヘブ　10・3 IIペト　1・12；1・13；1・15 IIIヨハ　10節 ユダ　5節 黙　　2・5　　　　　　　　　　　（57回）

イエス（主語として）：ルカ23・42（1回）
問題の箇所：ルカ22・19；Iコリ11・24, 25；マコ14・9（並マタ26・13）
旧約聖書の引用：ヘブ2・6；8・12；10・17

図式3　契約（בְּרִית, διαθήκη）の想起

主語	神	人間
旧約聖書 （בְּרִית）	創 9・15；9・16 出 2・24；6・5 レビ 26・42；26・45 Ⅰマカ 4・10（διαθήκη） Ⅱマカ 1・2（διαθήκη） 詩 105・8；106・45；111・5 エレ 14・21 エゼ 16・60 （13回）	代上 16・15 シラ 28・7（διαθήκη） （2回）
新約聖書 （διαθήκη）	ルカ 1・72 （1回）	（0）

最後の晩餐に関して：ルカ22・20；Ⅰコリ11・25（マコ14・24；マタ26・28 参照）
想起と関係のある他の箇所：エフ2・12；ヘブ8・10；10・16

図式4　לְזִכָּרוֹן　εἰς ἀνάμνησιν などの使用

箇所	主語	ヘブライ語	ギリシア語
レビ 24・7	神	לְאַזְכָּרָה	εἰς ἀνάμνησιν
民 10・10	神	לְזִכָּרוֹן	ἀνάμνησιν
詩 38 (37)・1	人と神	לְהַזְכִּיר	εἰς ἀνάμνησιν
70 (69)・1			εἰς ἀνάμνησιν
知 16・6	人と神	———	εἰς ἀνάμνησιν
出 12・14	人	לְזִכָּרוֹן	μνημόσυνον
13・9	人	לְזִכָּרוֹן	μνημόσυνον
17・14a	人	זִכָּרוֹן	εἰς μνημόσυνον
28・12b	神	לְזִכָּרוֹן	μνημόσυνον
29	神	לְזִכָּרוֹן	μνημόσυνον
30・16	神	לְזִכָּרוֹן	μνημόσυνον
ヨシュ 4・7	人	לְזִכָּרוֹן	μνημόσυνον
詩 112 (111)・6	人と神	לְזֵכֶר	εἰς μνημόσυνον
シラ 45・9	神	לְזִכָּרוֹן	εἰς μνημόσυνον
11	神	לְזִכָּרוֹן	εἰς μνημόσυνον
16	神	אַזְכָּרָה	εἰς μνημόσυνον
50・16	神	לְהַזְכִּיר	εἰς μνημόσυνον
イザ 66・3	人と神	מַזְכִּיר	εἰς μνημόσυνον
ゼカ 6・14	神	לְזִכָּרוֹן	……
ルカ 22・19	問題の箇所	לְזִכָּרוֹן	εἰς ἀνάμνησιν
Ⅰコリ 24, 25	問題の箇所	לְזִכָּרוֹן	εἰς ἀνάμνησιν
マコ 14・9 （並マタ 26・13）	問題の箇所	לְזִכָּרוֹן	εἰς μνημόσυνον
使 10・4	神	לְזִכָּרוֹן	εἰς μνημόσυνον
cf. 使 10・31	神	לְזִכָּרוֹן	μιμνήσκομαι
ヘブ 10・3	人	זִכָּרוֹן	ἀνάμνησις

Ⅳ アナムネーシス命令に関する想起の主体について

最後の晩餐におけるイエスのアナムネーシス命令に関する我々の解釈を「神学大全」のトマス・アクィナスの方法に従って明確にしよう．

提題：最後の晩餐におけるイエスのアナムネーシス命令 "$Τοῦτο\ ποιεῖτε\ εἰς\ τὴν\ ἐμὴν\ ἀνάμνησιν$"において，$εἰς\ ἀνάμνησιν$ の使用は，人間を想起の主語としているか．

スコラ的図式に従って以下の順序で論を進めよう．
 提題に対する反対論拠（異論）　　1節
 反対論拠に対立する見解　　　　　2節
 我々の回答（主文）　　　　　　　3節
 各異論に対する答　　　　　　　　4節

1 提題に対する反対論拠（異論）

イエスのアナムネーシス命令の中で，$εἰς\ ἀνάμνησιν$ は人間ではなく，神だけを主語としているように思われる．これには三つの主な理由がある．
(1) 記念の定型表現 לְזִכָּרוֹן は，ほとんど常に神を主語としている．
(2) 神は「一人」，特に「一人」の犠牲を想起して多くの者を救う．
(3) 契約の想起（בְּרִית berit, $διαθήκη$ ディアテーケー）は神を主語とする．

以上の諸点の各々について詳しく説明しよう．
(1) エレミアスは，לְזִכָּרוֹן，$εἰς\ ἀνάμνησιν$ の定型表現は常に神を主語としていると主張し，次の二点を強調する．
 a) パレスチナの記念の定型表現は神を主語とする．例えば，出12・14；13・9；28・12a；28・29；30・16；39・7，レビ24・7，民10・10，詩38・1；70・1；112・6，箴10・7，シラ45・9, 11, 16；50・16，ゼカ6・14，エノク99・3等である．[2]
 b) 新約聖書では，二つの箇所（マコ14・9，使10・4）が $εἰς$

$\mu\nu\eta\mu\acute{o}\sigma\nu\nu o\nu$ の表現を含んでいる．二つの箇所ともただ神を主語にしている．

　a）とb）に従えば，$\varepsilon\iota\varsigma$ $\dot{a}\nu\acute{a}\mu\nu\eta\sigma\iota\nu$ の記念の定型表現を含む最後の晩餐におけるアナムネーシス命令（ルカ22・19，Ⅰコリ11・24，25）は神だけを主語とする．

(2) 神は一人を通して多くの者を救う意図を持つ．この一人は，時には太祖アブラハムであり，時にはイサクのいけにえ，時にはモーセ，そしてダビデである．神はこの一人を想い起こして，救いの歴史を続け，神の民に恵みを与える．民もまた，一人の故にイスラエルを想い起こされるよう神に願う．たとえば，

―創世記19・29

　こうして，ロトの住んでいた低地の町々は滅ぼされたが，神はアブラハムを御心に留め（זָכַר），ロトを破滅のただ中から救い出された．

―出エジプト記32・11-14

　モーセは主なる神をなだめて言った．「……どうか，あなたの僕であるアブラハム，イサク，イスラエルを想い起こしてください（זָכַר）．」……主は御自分の民にくだす，と告げられた災いを思い直された．

―申命記9・27

　あなたの僕，アブラハム，イサク，ヤコブを想い起こし（זָכַר），この民のかたくなさと逆らいと罪に御顔を向けないでください．

―詩編132・1, 10

　主よ，そのすべての労苦の故にダビデを想い起こしてください（זָכַר）……あなたの僕ダビデの故に，あなたのメシアから御顔をそむけないでください．（王上11・12, 13, 32, 34；15・4，王下8・19；19・34，20・6参照）

―ダニエル3・35

　あなたの友，アブラハムの愛故に，あなたの恵みを私たちから取り上げ

---

2) Cf. J. Jeremias, *La Dernière Cêne*, pp. 291-297.

ないでください……（ネヘ5・19；13・14, 22, 31, 王下20・23；イザ 38・2-3, 代下6・42, エレ2・1-2；18・20参照)

聖書以外の他の例を見てみよう．神がイサクのいけにえを想い起こす箇所では，ZKR（ヘブライ語），DKR（アラム語）がごく自然に用いられている．
— ……Erit autem <u>memoria</u> tua in conspectu meo in sempiternum, et erit nomen tuum et hujus (＝Isaac) in generationem generationem.[3]
— その後一頭の小羊が選ばれた．それは正しい人（字義的にただ一人）の功を想い起こしていただくためであった．彼はある山で祭壇の上に焼き尽くすいけにえの小羊のように縛られたが，（神が）憐れみと慈しみをもって，彼を解き放たれた．その子孫たちが，苦悩のときこう祈りこう語る時が（来るであろう）．「今，私たちの祈りを聞き入れてください．私たちの祈りの声を聞き，私たちの父祖イサクの縄しばりを考慮して想い起こしてください．」[4]
— このことについてこう言われている．アブラハムが祭壇でその息子イサクを縛ったとき，神は掟を公布された．その掟は，朝一頭の小羊を，夕の祈りの間には他の一頭をささげることを命じている．これは，イスラエル人が祭壇で毎日の犠牲をささげ，「真夜中の方に，永遠のお方の前で」の節を唱える度に，神がイサクのいけにえを想い起こされるためである．私は天と地にかけて証しするが，非ユダヤ人であれユダヤ人であれ，男であれ女であれ，奴隷であれはしためであれ，これらの言葉を唱えるとき，神はイサクのいけにえを想い起こされる．[5]
— 世界の主よ，あなたが私の独り子を取るよう命じられたとき，私はこう答

---

3) *Le Talmud de Jéresalem* Gn22・14. (Cf. G. Vermès, *Scripture and Tradition in Judaisme*, p. 200.) これは Pseudo-Philon による *Liber Antiquitatum Biblicarum*, 32, 2-4 に見いだすことができる．また，cf. Levi, "Le sacrifice d' Issac et la mort de Jésus", p. 163. 「イサクの子孫が危険に遭い，自分らのために執り成す者が誰もいない時，どうかあなたは彼らの擁護者となってくださいますように．イサクのいけにえを想い起こしてください．彼らにあなたの憐れみを注いでください」(*Le Talmud de Jérusalem*, Taanit, 65d.)「イサクの子孫が危険に遭うとき，イサクのいけにえを考慮して，彼らの先祖を想い起こし，あらゆる危険から救ってください．」(*Le Tarqoum palestinien*)

4) *Codex Neofiti I*, LV. 22・27. Cf. R. Le Déaut, *La nuit pascale*, pp. 171s.

えることができたかもしれません。「昨日，あなたは私の子孫はイサクによって伝えられるとおおせになりました。」(創21・12) ところが，今日は，彼をいけにえとして屠ることを求めておられます。しかし，このように行動するどころか，私はあなたのみ旨を果たすために自分の愛情を押し殺しました。ああ，私の神よ，イサクの子孫が違反と悪行によって咎めを受ける時は，あなたの恵みの故に，この犠牲を想い起こし，憐れみを注いでください。[6]

― 私たちの神と私たちの先祖の神，私たちを好ましく想い起こされ，天の高き所から私たちを思われ，救いと憐れみを注いでください。ああ，永遠なる方，私たちの神，あなたがモリアの山で私たちの太祖アブラハムに誓われた契約と好意と約束を私たちのために想い起こしてください。犠牲 (Akéda) の情景をお考えください。その時，アブラハムは心からあなたのみ旨を果たすため，自分の愛情を押し殺して，祭壇上でその息子イサクを縛りました。同様にあなたの憐れみが私たちに対する激しい怒りを押し殺し，あなたの無量の慈しみによって，あなたの怒りがあなたの民，あなたの都市，あなたの遺産から離れますように。永遠のお方，私たちの神よ，あなたがあなたの律法の中で私たちに行われた約束を私たちのために果たしてください。あなたはあなたの僕モーセを介してこうおおせになりました。「私は，永遠の私が，彼らの神となるために，国々の前でエジプトの地から解放した彼らの先祖たちと行った契約を想い起こそう。」あなたは忘却の闇に葬られるすべての事柄をいつでも想い起こされます。あなたの栄光の玉座の前では忘却はないからです。今日，イサクの犠牲をその子孫のために想い起こしてください。永遠なる方，契約を想い起こされるあなたは賛美されますように。[7]

---

5) *Leviticus Rabbah*, 2・11. cf. I. Léve, *op. cit.* p. 165. G. Vermès, *op. sit.* p. 209. Le Dèaut, *op. cit.* p. 169.

6) *Bereschift Rabba*, 56. Yahanan Rabbi, rabbin palestinien du 3e siècle, はイサクのいけにえについて語っている。cf. I. Lévi, op. cit., p. 163.

7) Musaf Rosch-ha-Schanah 5: 19. Le Rituel de Rosh Haschana (ou Noucel An). Cf. I. Lévi, *op. cit.*, p. 162. G. Vermes, *op. cit.*, p. 212.

IV　アナムネーシス命令に関する想起の主体について　　　111

　以上の例から，神は一人，特に一つのいけにえを想い起こされることが明
確にされる．ましてや，神は交わりの成就のsacrificiumであるその独り子
を想い起こされるのである．その結果，過越の出来事のsacrificiumの先取
りであったイエスのアナムネーシス命令は，独り子のsacrificiumについて
の神の想起を呼び起こすのである．

　(3)　図式3（本書106頁）で示したように，契約（בְּרִית）の想起はほとん
ど常に神を主語としている．シラ28・7のギリシア語 $\delta\iota\alpha\theta\eta\kappa\eta$ がヘブライ
語の（בְּרִית）[8]に合致するかどうかは明確ではないが，合致するとすると，
想起にかかわる15箇所のうち人間が主語になっているのは2回だけである．
新約聖書に関しては，契約の想起に密接にかかわる箇所は一つであるが，そ
の箇所は神を主語としている．救いの歴史を続けるために，神自身が契約を
想い起こされるといっても過言ではあるまい．旧約聖書の全体を通して，神
は人間の絶え間ない反抗にもかかわらず，契約を想い起こすことによって，
その民を守り続けられる．この持続の中で，今や神は新しい契約を想起され
る（$\dot{\eta}\ \kappa\alpha\iota\nu\dot{\eta}\ \delta\iota\alpha\theta\dot{\eta}\kappa\eta$：Ⅰコリ11・25，cf. エレ31・31）．神は愛する独り子
による過越の犠牲を通して結ばれた新しい契約を想い起こされる．この新し
い契約は，預言者エレミアが把えた神の「痛み」（真に象徴的な意味で），十
字架上の独り子に注がれた神の「痛み」に基づくものである．[9] そこには父
である神の二種のまなざし，二つの想起があった．その二つが一つとなった．
J.M.R.ティヤールは名状しがたいこの愛を説明して次のように述べている．
「愛する独り子に対する慈しみとクルパの傷の中に閉じ込められたみじめな
人間に対する憐れみは神にとってはもはや一つのものでしかない」[10]．この
新しい契約は，神の無限の憐れみ（動詞 $\sigma\pi\lambda\alpha\gamma\chi\nu\iota\zeta o\mu\alpha\iota$ スプランクニゾマ
イから派生する名詞 $\sigma\pi\lambda\acute{\alpha}\gamma\chi\nu o\nu$ スプランクノンは，腹わたから込み上げてく

---

8)　Cf. *Ecclesiastico, Testo ebraico con apparato critico e versioni greca, latina e siriaca*, a cura di F. Vattioni, Napoli, Instituto Orientale di Napoli, 1968. Cf. P. C. Beentjes, "Some Misplaced Words in the Hebrew Manuscript C. of the Book of Ben Sira" *Biblica*, 67 (1986).
9)　北森嘉蔵『神の痛みの神学』東京，講談社，1986参照．
10)　J. M. R. Thillard, *Un seul pour le Salut de tous*, p. 31.

る共感，どうしようもない激しい情動を意味し，このギリシア語は新約聖書において，神あるいは譬え話の主人公にのみ適用され，神特有の感情を表す)[11] に基づくものであって，これは私たちの現実，すなわち，抱きしめられる価値のないものを余すところなく抱きしめ，私たちの現実を回心に導く神の「痛み」を土台にしているのである．神の想起は一者に向かい，神はこの一者を通して多くの者を救うことを望まれる．そして，その想起は一人のsacrificiumに集中する．とは言え，神が一者を想起するとき，想起の対象はこの一者よりもむしろほとんど常にその一者を通して結ばれた契約である．例えば，太祖アブラハムに関して書かれてある箇所，創19・29，出2・24；6・5；32・13，レビ26・42, 45，申9・27，詩105・8，42；115・5，Ⅰマカ4・10，Ⅱマカ1・2である．但し，創19・29，出32・13，申9・27は例外で，神は直接に人物を想起される．もっとも創19・29と出32・13では，神は最後にはその契約あるいは約束を想起されているので，申9・27だけが例外となる．神はすべての者のためにただ一人を想起される．神はこの一人を想起されるが，それ以上のことを想起される．すなわち，一人を通して結ばれた契約を想起されるのである．この事実はアナムネーシス命令と密接な関係を持つ．

　　　この杯は私の血による新しい契約（$\dot{\eta}$ $\kappa\alpha\iota\nu\dot{\eta}$ $\delta\iota\alpha\theta\acute{\eta}\kappa\eta$）である；
　　　飲む度に，
　　　これを私の記念として（$\varepsilon\dot{\iota}\varsigma$ $\tau\dot{\eta}\nu$ $\dot{\varepsilon}\mu\dot{\eta}\nu$ $\dot{\alpha}\nu\acute{\alpha}\mu\nu\eta\sigma\iota\nu$）行いなさい．

その意味は，「神が私を通して結ばれた新しい契約を想い起こされるように，想起のしるしとして，これを行いなさい」ということなのである．神は，その新しい契約と，すべての人の救いのための一人のsacrificiumを通して成就されたカイロスの出来事とを想い起こされるのである．

---

11) 米田彰男「神のイメージを変えたイエスの風貌(1)」清泉女子大学キリスト教文化研究所年報，第10巻，(2002) 参照．

2 反対論拠に対立する見解

以上の異論に対し，反対のテーゼを検討しよう．すなわち，イエスのアナムネーシス命令において，人が主語となる可能性である．以下，主な理由を三つあげよう．

(1) J.エレミアスの解釈とは反対に，出12・14（cf.出13・9）では，記念の定型（לְזִכָּרוֹן）の表現が，ほとんどの聖書註解者が解釈しているように，人を主語にしている．この箇所は救いの歴史の観点から特別に重要である．キリスト教にせよ聖書にせよ「エジプト脱出の出来事と過越祭」を考慮に入れずにそれを理解することは不可能である．ド・ヴォの次の二つの論説は，神のカイロスの出来事と「過越祭－最後の晩餐－エウカリスチア」の間の関係を理解するために多くのヒントを与える．

1) 恐らくイスラエル以前に，一つの過越の祝いがあった．多分，カナンからの借用であろうが，真にイスラエルのものとなった除酵祭があった．この二つの祭りは春に行われていた．ある春，神の輝かしい介入があった．エジプトからの解放である．これは，民族としての，神に選ばれた民としてのイスラエルの歴史の発端を示し，約束の地での定着をもって完成する．過越祭と除酵祭は救いの歴史のこの主要な出来事を記念するのに役立った．[12]

2) 過越の犠牲から宗教的価値を引き出すためには，この歴史的発展の全体を考慮しなければならない．定着化以来，過越祭と除酵祭はヤーウェの導きのもとにエジプトから脱出する民の解放を記念していた．過越祭は「記念祭」Zikkaronであって（12・14），除酵祭も同様であった（出13・9）．しかし，典礼は過去のこの想起を現実化し，現在の出来事とする．イスラエル人は息子に過越祭を説明してこう言わなければならなかった．「これは，私がエジプトから脱出したとき，主が私のために行われたことの故である」（出13・8）また，ミシュナは過越祭につい

---

[12] R. de Vaux, *Les Institutions de l'Ancien Testament*, T. 2, Paris, 1960, p. 394.

ての論説の終わりにこの点を次のように発展させている。「それ故, 私たちは, 私たちと私たちの先祖に, これらのすべての驚くべきことをなされ, 私たちを奴隷の状態から自由にされた神に感謝し, 神を敬い, ほめたたえ, 賛美し, 崇める義務がある」(Pes.10・5)

こうして, 過越祭は, 紀元前の最後の頃に強化されたメシア的意味を持つようになっていった. 過去の想起, 現在の救いの確信, そして来るべき救いへの希望を過越祭は表していた. 過越はエジプトでは「主にとって寝ずの番の夜」(出12・42)であったように, 祭りは神の新たな訪れの待望のうちに祝われていた. 神殿の破壊後, ラビ・アキバは次のような過越の祈りを作成した. 「どうか, 私たちの神, 私たちの先祖の神である主が, 私たちとの出会いに達する別の祝祭に, 平和のうちに至らしめて下さいますように」(Pes.10・6)

このようにして, 過越祭は古い契約の一種の秘跡となったが, これは, トマス・アクィナスが秘跡について与える定義, 「過去の出来事を記念し, 現在の効果を表明し, 未来の善を告知するしるしである」に当てはまる. トマスは新しい契約の秘跡について話しているので, 彼はそれらを共通の原因に関係させて定義している. この共通の原因は, 他のすべての秘跡がそれに秩序づけられている秘跡, すなわち, エウカリスチアの中にそのすべての効果を表す. トマスの定義をそのまま引用すればこうである. 「したがって, 秘跡とは, 全く同時に過去の原因, すなわちキリストの受難を想起し, 私たちに対するその受難の効果, すなわち恵みを表明し, また未来の栄光を告知するしるしである」(神学大全, III q. 60 a. 3)[13]

---

13) Id., *Les Sacrifices de l'Ancient Testament*, Paris, J. Gabalda et Cie, 1964, pp. 25-26. Cf. J. M. R. Tillard, "La Triple dimension du signe sacrementel", *Nouvelle Revue Théologique*, 83 (1961), pp. 226-254. *Id*., "La notion de grâce sacramentelle", *Verbum Caro*, 80 (1966), pp. 28-41. H-F. Dondaine, La définition des sacrements dans la "Somme Théologique", *Revue des Sciences et Théologique*, 31 (1947), pp. 213-228. トマス・アクィナスは『神学大全』III q. 73 a. 4の中で次のように書いている. 《……hoc sacramentum habet triplicem significationem. 1》Unam quidem respectu praeteriti, inquantum scilicet est commemorativum Dominicae passionis, quae fuit verum sacrificium…Et secundum hoc nominatur sacrificium. 2) Aliam autem significationem habet respectu rei praesentis,

IV アナムネーシス命令に関する想起の主体について

確かに、ルカ22・19；Ⅰコリ11・24, 25の εἰς ἀνάμνησιν は、最後の晩餐におけるイエスの死と復活という過越の出来事の秘跡化の先取りの表現であって、それはちょうど出12・14の לְזִכָּרוֹן が、過越祭におけるエジプト脱出の秘跡化の先取りの表現であったのと同様である。また、一度限り成就された神のカイロスの出来事のこの秘跡化は、共同体の想起を基礎とし、人間の参与を必要としている。それ故、ミシュナは次のように書いている。救いの感嘆すべき出来事を成就された父である神に「私たちは感謝し、敬い、ほめたたえ、崇める義務がある」(Pes.10・5)

(2) エウカリスチアの最も古い典礼であるヒッポリュトスの使徒伝承（3世紀初頭）は、アナムネーシスを、「したがって (igitur)、私たちはその死と復活を想い起こしながら、あなたにパンと杯をささげ、あなたに感謝して……」[14] と解釈している。ユスチノス（2世紀の初頭）の考えでは、最後の

---

scilicet ecclesiae unitatis, cui homines aggregantur per hoc sacramentum. Et secumdum hoc nomminatur communio vel synaxis… 3) Tertiam significationem habet respectu futuri, inquantum scilicet hoc sacramentum est praefigurativum fruitionis Dei quae erit in patria. Et secumdum hoc dicitur viaticum, quia hic praebet nobis viam illuc perveniendi. Et secundum hoc etiam dicitur Eucharistia ……》

また『神学大全』Ⅲ, q. 73 a. 5：（異論-3）参照。「この秘跡はルカ（22・19）で『これを私の記念として行いなさい』(Hoc facite in meam commemorationem) と言われているように、主の受難の記念と呼ばれている。しかし、記念は過去の出来事に関している。したがって、この秘跡はキリストの受難の前に制定されたはずはなかったであろう。」（回答）：……『キリストは私たちの過越の小羊として屠られた（Ⅰコリ5・7）』。この前表は新約では聖体の秘跡によって代わられた。これは、過越の小羊が将来の受難の前表であったように、過去の受難を記念する。それ故、受難が近づいたときに、最初の秘跡が行われて、新しい秘跡が制定されたのは当然のことであった。」アウグスティヌスの次の言葉は特筆に価する。「救い主は、この神秘の深さをより強く際立たせるため、この神秘を最後に弟子たちの心と記憶の中に刻み込むことを望まれ、その後、みずからは苦しみを受けるために彼らを去ろうとしたのである」(手紙64, 6. PL33, 203). 最後の晩餐での主の言葉に関する大伝承の解釈の中で、我々は共同体の想起の重要性を把えることができる。

14) ヒッポリュトスのアナムネーシスのラテン文はこうである。《Memores igitur mortis et resurrectionis ejus, offerimus tibi panem et calicem, tibi agentes quia nos dignos habuisti adstare coram te et tibi ministrare.》B. Botte によるテキスト、*La Tradition apostolique de saint Hippolyte* (1963), p. 16. cf. G. Dix, *The treatise on the Apostolic Tradition of St Hippolytus of Rome*, 1937, pp. 8s. *La Tradition Apostolique, Sources chrétiennes*, ed. H. de Lubac et J. Daniélou の中で B. Botte が翻訳。

晩餐のイエスのアナムネーシス命令は，共同体がパンとぶどう酒に感謝をしながら，イエスとその死を記憶する時に果たされる．(cf.. Dial 41・1; 70・4; 117・3etc.) これらのテキストは，教会と初代の伝承がアナムネーシス命令を神の民の記憶と見なしていたことを証明する．

Nills A. Dahl はアナムネーシスに関して「初期のキリスト教における記憶と記念」の研究の中で次のように書いている．

> したがって，イエスの死を想い起こすのは共同体であって，共同体がさ
> さげる犠牲によってイエスの死を想い起こすように，神が促されている
> のではない．それ故，この annamnesis は，式の全体と感謝が「神の
> 前」で行われているだけに，「神の前での想起」である．しかし，それ
> は，その民を想い起こすように神を促すことを目的としていた，古い律
> 法の記念の犠牲やその他の儀式のように行われていない．したがって，
> "Εἰς…ἀνάμνησιν" は民10・10やレビ24・7の意味で解釈されるべき
> ではない．[15]

とは言え，ここに重大な問題が存在する．我々は常に最後の晩餐におけるアナムネーシス命令の解釈に取り組んでいる．それ故，最後の晩餐における「イエスのアナムネーシス命令」と，神から呼ばれた人々の集会である ἐκκλησία エクレーシア（通常「教会」と訳されているが，字義を考慮するとき，必ずしもふさわしい訳ではない）が受けとった「エウカリスチアのアナムネーシス」の間に関連性がなければ，我々が指摘したばかりの事柄は意味を持たなくなる．ところで，初期のアナフォラが制定の物語を含んでいないならば，我々は二つの間の関係について論じる根拠を失うのだろうか．これについては肯定と否定の見解がある．E.C.ラトクリフは否定的な見解を示すが，ドン・B・ボットと W.ロルドルフは肯定的見解を示す．[16] E.C.ラト

---

15) Dahl, N. A., "Anamnesis. Mémoire et Commémoration dans le christianisme primitif", *Studia Theologica* (1948), pp. 84s. pp. 69-95. 参照．

16) Cf. E. C. Ratcliff, "The original form of the Anaphora of Addai and Mari", *Journal of Theological Studies*, XXX (1929), pp. 23-32. B. Botte, "Problèm de l' Anamnèse", *The*

IV アナムネーシス命令に関する想起の主体について

クリフが最後の晩餐とエウカリスチアとの関係を否定するのは，初期のアナフォラに制定の物語がないからである．我々はすでに最後の晩餐とエウカリスチアとの間の不連続性については研究したが，それは決して両者の関係の否定を意味するものではない．この問題は極めて重要である．そこで，アナムネーシスの起源に関するドン・B・ボットの見解を紹介しよう．

アナムネーシスの大半は二つの型に要約できる．
1) 第一は，ルカ22・19と I コリ 11・24,25の $\dot{\alpha}\nu\dot{\alpha}\mu\nu\eta\sigma\iota\varsigma$ の語を分詞形あるいは名詞形で踏襲する：$\mu\epsilon\mu\nu\eta\mu\acute{\epsilon}\nu o\iota$, memores. 例えば，ヒッポリュトス，アンブロジウス，Constitutions apostoliques, Testamentum Domini とシリア系のアナフォラ．バジリウス，クリソストモス，ヤコブおよびアルメニア典礼のそれである．
2) 他の型は，$\dot{\alpha}\nu\dot{\alpha}\mu\nu\eta\sigma\iota\varsigma$ の語とはつながらず，I コリ 11・26のパウロの書簡の動詞 $\kappa\alpha\tau\alpha\gamma\gamma\acute{\epsilon}\lambda\lambda\epsilon\tau\epsilon$ と結び付く．これはエジプト系である．

二つの手法で制定記事の末尾を構成する命令を通して，果たされる典礼的行為に意味を与えることが意図されている．アナムネーシスは制定記事と関連して現れ，従ってアナムネーシスはその発展である．それ故，一つのアナフォラが，制定記事を持たずにアナムネーシスを持つことは不可能である．ところで，東方シリア典礼に見られる極めて古いアナフォラは制定記事を含まず，それ故なおさらのことアナムネーシスを持っていない．従って，これはアナフォラの初期の構造に属していなかったことになろう．この事実から，エウカリスチアの起源の歴史に関して引き出すことのできたすべての事柄が認められる．最後の晩餐と何の関係も見られず，むしろ，エマオの食事に結び付くようなエウカリスチアの

Journal of Ecclesiastical History, 5 (1954), pp. 16-24. *Id*., "Problème de l'Anaphore Syrienne des Apôtres Addaï et Mari" *L' Orient Syrien*, 10 (1965), pp. 89-106. *Id*. "L' Anaphore chaldéenne des Apôtres", *Orientalia christiana per iodica*, 15 (1949), pp. 262-263. W. Rordorf, "Le sacrifice eucharistique", *Theologische Zeitschrift*, pp. 335-353.

形についてさえ語られている．

　しかし，この論理には説得力が乏しく，また容易に覆せることを認めるには，わずかな良識があれば十分である．制定記事のないアナフォラがアナムネーシスを持てないことが真であるならば，また，アナムネーシスを持つアナフォラが制定記事を持たなければならないこと，あるいは少なくとも持っていたというのも真である．ところで，これがまさに問題のアナフォラ，ネストリウス派，カルデアの信徒およびマラバルのキリスト信者のもとで用いられていた，使徒アダイとマリのアナフォラの場合である．[17]

ドン・B・ボットの論理は極めて明白である．確かに，我々は「使徒アダイとマリのアナフォラ」の中に次の一例を見出す．

　主よ，脆くて，弱く，体の不自由なあなたの僕である私たちもまた，あなたの御名で集まり，今，あなたの前に立ち，伝承に基づいてあなたからの模範を受け，喜びながら，崇めながら，たたえながら，私たちの主，救い主イエス・キリストの受難，死，埋葬，そして復活の偉大で，恐るべき，聖なる，命を与える神聖な神秘を記念し，祝います．[18]

これらの例，すなわち，「ヒッポリュトスの使徒伝承」，「ユスチノスのテキスト」および「使徒アダイとマリのアナフォラ」から，次のことが導き出される．
1) 最後の晩餐におけるイエスのアナムネーシス命令と教会のアナムネーシスとは切り離せない．
2) 非常に古いアナフォラの中にアナムネーシスがある．
3) したがって，初代教会のアナフォラの中のアナムネーシスの解釈は，イエスのアナムネーシス命令の意味を解明するうえで，非常に重要であ

---

17) B. Botte, "Problème de l' Anamnèse", pp. 16s.
18) B. Botte による翻訳，cf.. "Problèmes de l' Anaphore Syrienne des Apôtres Addäi et Mari" p. 92.

る．"igitur"の語に注意．[19]

4）　これらの古いテキストは，アナムネーシスが人間（共同体）を主語にしていることを示している．

(3)　アナムネーシス命令を人間の側の想起と考える第三の理由は，語源ZKRが含む現在化に基づく．その点に対し，次の四人の著者，(i) J. Perdersen, (ii) Nils A. Dahl, (iii) Brevard S. Childs, (iv) F. J. Leenhardt の説明を見てみよう．

(i)　J. Perdersen

イスラエル的思考法は私たちのものとは異なる．私たちが客観的，すなわち非活動的で，他の事柄と関連のない論理的思考と呼ぶものは，イスラエル人の場合には存在しない……イスラエル人に関して固有なことは，記憶がよみがえる時には，必ず，同時に，それが，自分の人格と方向に対する何らかの影響を考えずにはいられない．それ故，Zakharは時として，一つの活動を始めること，実際に何かを成就するという行為に身を投じることである．[20]

(ii)　Nils A. Dahl

アリストテレスによれば，$\mu\nu\eta\mu o\nu\varepsilon\acute{\upsilon}\varepsilon\iota\nu$（思い出す）の語は過去の事柄に

---

[19]　W. Rordorf は次のように書いている．「Memores igitur mortis et resurrectionis eius……」"igitur"は祈りを先行する文 quand hoc facitis meam commemorationem facitis に結び付けている．したがって，アナムネーシスは，Ⅰコリ11・24, 25とルカ22・19が伝えているようなエウカリスチアを執り行うようにとのキリストの明白な命令の後に続くのである．ギリシア語原語 poieite は直説法とも命令法とも取れるので，ドン・ボットが，ラテン語文が直説法であるにもかかわらず，「これを行う時に，これを私の記念として行いなさい」と訳したのは，確かに一理ある．このように，アナムネーシスの祈りが，「したがって，私たちはその死と復活を想い起こし……」と言いながら，キリストの命令に従っているのである．東方典礼は，同じようにⅠコリ11・26を思い出させながら，キリストの命令と教会のアナムネーシスの間のつながりを更に強くし，そして—— その特徴であるが ——, この言葉を，「あなたたちがこのパンを食べ，この杯を飲む度に，あなたがたは私が再び来る時まで，私の死（また，場合によって，私の復活）を告げ知らせる」というキリストの言葉に変えている．その後すぐ，アナムネーシスはこの命令の内容に戻り，「したがって私たちは想い起こしながら」，あるいはエジプト典礼が述べているように，「したがってあなたの死と復活を告げ知らせながら」と言っている（"Le sacrifice eucharistique", pp. 336s.）．

[20]　J. Perdersen, *Israel, Its Life and Culture*, Copenhague, 1940, Ⅰ-Ⅱ, pp. 106-107.

しか当てはまらず,現在のあるいは未来の事柄には当てはまらない。新約聖書では,現在あるいは未来の事柄をも対象として持つことができる……新約聖書での「想い起こす」は,ほとんど常に,一つの事柄を思い出すこと,あるいは,それについて,語るほどに,あるいはその事柄が態度または活動の形をとるほどに考えることを意味する。ここで言われているのは,「記憶に残るイメージ」ではなく,語の本来の意味での「記憶すること」である。……

それ故,記念は信者の魂の中に,彼らの主観的な記憶の中に重大なこととして起こる何かではない。儀式の挙行それ自体(すなわち,感謝,犠牲,秘跡－ギリシア語でmysterion－)が記念であり,イエスの死とその復活のアナムネーシスであり,その中で,救いの歴史が秘跡的記念によって再現されるものとなった。……

ここでもまた,「想い起こす」は,生気のない観念を記憶の中に留めることを言うのではなく,イエスの言葉を想い起こし,これに生きることを意味するのである……[21]

(iii) Brevard S. Childs

想い起こすという行為は,かつての出来事を現在に移したい人々のために過去を現在化することに役立つ。そうすることによって,人々は贖いの偉大な業に親密に接することができるのである。想い起こすことは参加するのと同じである。……

現在化とは,過去の出来事が,原初の出来事から時と場所において遠く隔たった時代のために現代化されるプロセスである。後のイスラエルがみずからの記憶を通して伝承の継続的な命令に応えたとき,歴史的時代のその時もまたエジプト脱出の追体験となった。後のイスラエルが再び紅海を渡ったという意味ではない。それは,不可逆的で,一度限りの出来事であった。むしろイスラエルはエジプト脱出の時代と同じ贖いの現実に入ったといえる。原初の出来事から時と場所において遠く隔たってはいるが,なお時と場所の中

---

[21] N. A. Dahl, "Anamnesis: Mémoire et Commémoraison dans le christianisme primitif", pp. 70, 71, 82s, 89.

Ⅳ アナムネーシス命令に関する想起の主体について　　121

にあって、その伝承の中に、みずからの歴史を贖いの歴史に変える手段を見出した。何故なら、時の質が同じであり、年代的な距離の障壁は克服されたからである。[22]

(ⅳ) F. J. Leenhardt

それ故、最後の晩餐は、神に、恵みを与える義務があることを、そして新たな恵みを与えることを「思い出させる」犠牲ではない。また、すでにはるかな過去に行われた犠牲の記念でもない。聖パウロが、「これを私の記念として行いなさい」という言葉を救い主の口にのせながら、みずからの救い主の意図を伝えることができるのは、彼はイスラエル人であったので、「記憶」の語に、その聖書に関する教養に従って、私たちとは異なる意味を与えていたからである。記憶は聖パウロにとって、思い出とか呼び起こす思いではなかった。記念は聖パウロにとって、過ぎ去った時に起こったある状況の復元であった。想起するとは、現在化し再現することである。この「記憶」のおかげで、時は、それを構成する時期のそれぞれを取り消すことができないように重ねながら、**直線的**に経過するのではない。過去と現在は混合する。過去の再・現在化は可能となる。出12・14は過越の祭式について、それはZikkaronとして、すなわち、「想い起こすために」制定されたと述べているが、その過越の祭式は、まさにこの理論に基づいているのである。これは、エジプトからの解放を想い起こしながら、各人は、どの時代に属していようと、自分自身が贖いの行為の対象であることを知らなければならないことを意味する。贖いの歴史について言われるとき、過去は現在なのである。[23]

以下に現在化の構造を次頁のように図式化して示そう。

---

22) B. S. Childs, *Memory and Tradition in Israel*, pp. 56, 85.
23) F. J. Leenhardt, *Ceci est mon corps. Explication de ces paroles de Jésus-Christ*, p. 47. ゴシック体（直線的）の語に関しては、cf. Y. H. Yerushalmi, *Zakhar, Histoire juive et mémoire juive*, Paris, Édition La Découverte, 1984, p. 25, p. 123 (note 7). ヘブライ人の歴史観の「直線的」特徴については、cf. F. J. Leenhardt, *Le Sacrement de la Sainte Cène*, pp. 15-21.

本論　最後の晩餐における言葉

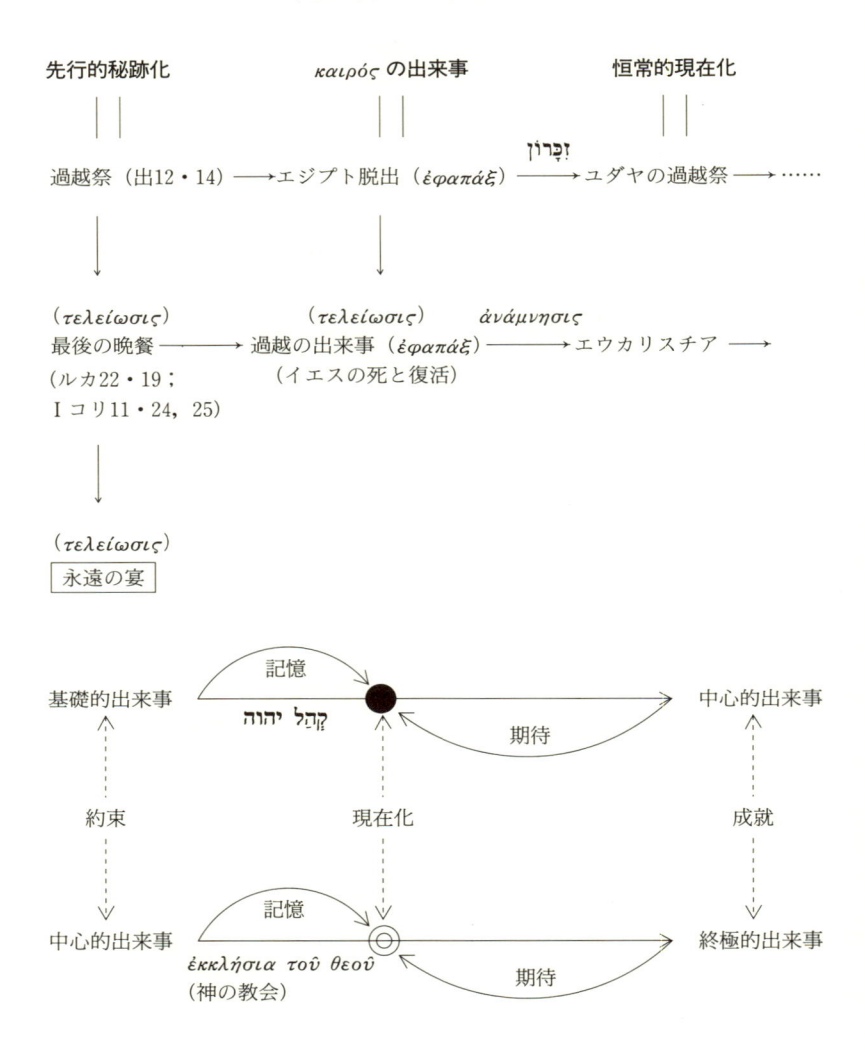

```
 先行的秘跡化          καιρός の出来事          恒常的現在化
    ‖‖                    ‖‖                     ‖‖
                                      זִכָּרוֹן
  過越祭（出12・14）──→ エジプト脱出（ἐφαπάξ）──→ ユダヤの過越祭 ──→ ……
         │                    │
         ↓                    ↓
     (τελείωσις)          (τελείωσις)    ἀνάμνησις
   最後の晩餐 ─────→ 過越の出来事（ἐφαπάξ）────→ エウカリスチア ──→
   （ルカ22・19；          （イエスの死と復活）
    Ⅰコリ11・24,25）
         │
         ↓
     (τελείωσις)
    永遠の宴
```

```
                    記憶
                  ⌒⌒⌒→ ●
  基礎的出来事              ←⌒⌒⌒  中心的出来事
              קְהַל יהוה    期待
        ↕              ↑              ↕
       約束           現在化           成就
        ↕              ↓              ↕
                    記憶
                  ⌒⌒⌒→ ◎
  中心的出来事   ἐκκλησία τοῦ θεοῦ ←⌒⌒⌒  終極的出来事
              （神の教会）   期待
```

　現在化の以上の構造からの帰結として，**לְזִכָּרוֹן**（出12・14）；εἰς ἀνάμνησιν（ルカ22・19；Ⅰコリ11・24,25）の表現の主語は共同体であることが明らかである．

　我々は人間の側の想起の三つの主な理由を指摘してきた．その上，ティヤ

Ⅳ アナムネーシス命令に関する想起の主体について

ールが強調する三つの面，すなわち，(i)歴史における時の法則の面，(ii)救いの歴史における人間の責任の面，(iii)いにしえの todâh の成就の面は，人間の側の想起を支持するための強力な根拠である．特にこれから，ティヤールが指摘する第三面を，すなわち todâh における「告知」の面をアナムネーシス命令に照らして検討する作業が残されている．この側面が 4.3 の我々の回答（主文）に密接に関わる．

3 我々の回答（主文）

我々の解釈を明確化しよう．確かに $Τοῦτο\ ποιεῖτε\ εἰς\ τὴν\ ἐμὴν\ ἀνάμνησιν$ は想起の主体を明確に示してはいない．しかし，通常は人が主語と考えられている．何故なら，一般的な見解に従えば，$τοῦτο\ ποιεῖτε$ と $εἰς\ τὴν\ ἐμὴν\ ἀνάμνησιν$ の主語は同じだからである．けれども，J.エレミアスはこの点について，意表をついた見解を示した．すなわち，彼はこれを「神が私を想い起こすように，これを行いなさい」と訳したのである．前置詞 $εἰς$ と接頭語 $ἀνά$ のダイナミックな側面を考慮するとき，$εἰς\ ἀνάμνησιν$ を訳す際，動詞を用いながら訳すのが適当である．

この問題の複雑さはどこにあるのか．この複雑さは，$ὑπόμνησις$ と同義語である $ἀνάμνησις$ の語の使役的性質にある．この使役的性質によって神と人との間に，相互的想起の可能性が生じる．何故なら，(A)が(B)に(C)について想起させるとき，(A)と(B)はほとんど同時に(C)を想い起こすからである．しかし，(A)が最初に(B)が次にである．

以上の事実は，$ἀνάμνησις$ の語が含む「一度限り」の想起の性質に基づいて主張することができる．エレミアスは $μνημόσυνον$ と $ἀνάμνησις$ を区別しようとしない．しかし，この区別は非常に重要である．図式－4（本書106頁）が示しているように，LXX（70人訳聖書，セプトゥアギンタ）は זִכָּרוֹן の語を大方は $μνημόσυνον$ の語に訳した．לְזִכָּרוֹן について言えば，LXX は，出12・14；13・9；28・12b, 29；30・16，ヨシュ4・7，シラ45・9, 11では $μνημόσυνον$ に，民10・10では例外的に $ἀνάμνησις$ に訳した．$μνημόσυνον$ の語が，記憶，想起，記念，思い出させるもの

(Remider)，覚え書き (Memorandum)，しるし，とかなり広い意味を持つのに対して，$ἀνάμνησις$ の語は単に「呼び戻すこと，想起，記憶」を意味する．すなわち，$μνημόσυνον$ は $ἀνάμνησις$ よりも広く柔軟な性質を持っている．זִכָּרוֹן の語はただ単に心の抽象的な動きを表す想起だけではなく，また具体的に思い出させるものを意味するので，LXX が $μνημόσυνον$ を用いたのは適切である．この語は中性形であり，一つのものを表すために用いることができる．より重要なことは，$εἰς μνημόσυνον$ と $εἰς ἀνάμνησιν$ の間の区別である．$εἰς ἀνάμνησιν$ の表現は，「一度」限りの想起を強調する．すなわち，二つの仕方でそれを強調する．(1)前置詞 $εἰς$ はダイナミックな動きを表し，(2)接頭語 $ἀνά$ は下から上への動きを表し，したがって，想起に関して上昇の動きを強調する．それ故，$εἰς μνημόσυνον$ の表現は，記憶を常に保つ傾向を含み，$εἰς ἀνάμνησιν$ の表現は一度限りの想起の力動性への傾向を強調する．こうして，$εἰς ἀνάμνησιν$ は神と人との間の同時的な相互の想起の可能性を含むのである．

アナムネーシス命令において，想起の主体を神だけに限るエレミアスの解釈に対して，我々は，$εἰς ἀνάμνησιν$ の表現は人を（あるいは共同体を）主語とすること，また同時に，神の側の想起にもかかわるが，しかしそれは，アナムネーシス命令の内部ではなく外部においてかかわることを証明していこう．以下，不明瞭な事柄は放棄してより確実な論証に基づきながら，この点について考察を進める．

まず，アナムネーシスの命令の構造に関する一つの結論を示そう．

過程(I) アナムネーシスの命令の内部
 1．共同体は過越の出来事を神に想い起こさせる
 2．共同体は過越の出来事を神に告げ知らせる
 3．共同体は過越の出来事のために神をたたえる

過程(II) アナムネーシスの命令の結果

神は過程(I)を通して過越の出来事を想い起こし，その恵みを共同体に与える．以上を図式化すると次のようになる．

Ⅳ　アナムネーシス命令に関する想起の主体について

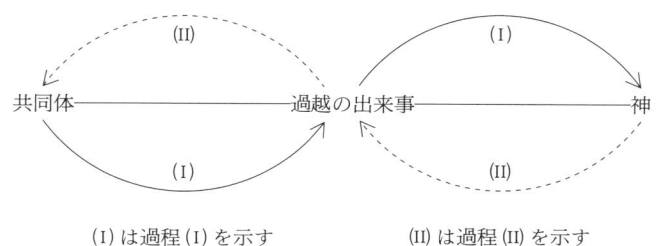

```
     (II)                        (I)
  ╭╌╌╌╌╌╌╮                  ╭╌╌╌╌╌╌╮
 共同体──────過越の出来事──────神
  ╰──────╯                  ╰──────╯
     (I)                        (II)
```

(I)は過程(I)を示す　　　(II)は過程(II)を示す

注意1：זָכַר hi. = הִזְכִּיר　＝　{ 1．想い起こさせる
　　　　hi.＝hiphil（使役形）　　　2．告げ知らせる
　　　　　　　　　　　　　　　　　　3．たたえる

注意2：(A)が(B)に(C)について想い起こさせるとき，あるいは
　　　　(A)が(B)に(C)を告げ知らせるとき，あるいは
　　　　(A)が(B)を(C)のためにたたえるとき，
　　　　第一に(C)を想い起こすのは(A)であり，
　　　　次に，その結果として，(B)が(C)を想い起こす．

したがって，過程(I)なしに過程(II)がないことは明白である．その結果，過程(I)を根拠として，想起の主体を神だけに限るエレミアスの解釈を退けることができる．過程(II)は過程(I)の結果として同時に起こるが，重要なのは，アナムネーシスの命令が過程(I)に限られることである．我々は後に4.1で，過程(I)と過程(II)の間の混同の可能性について言及しよう．

過程(I)に関して明確にしておこう．我々の論証は次の順序に従って進められる．

論証1　$εἰς \ ἀνάμνησιν$ の意味の現実は，「想い起こさせる」（$ὑπομιμνή\text{-}σκω = ἀναμιμνήσκω$ ＝ זָכַר hi. = הִזְכִּיר ＝ 想い起こさせる──→告げ知らせる──→たたえる）．

論証2

神の $καιρός$ の出来事を	想起させる
まず世にではなく，神に	告知する
	賛美をささげる

注意1　ἀνάμνησις = 記憶を呼び起こさせる行為
　　　　　　　　　想い起こさせる働き
　　　　　(cf. X. Léon-Dufour, *Le Partage du pain eucharistique*, p. 131)

注意2　ἀνάμνησις = ὑπόμνησις
　　　　　同義語 (cf. Behm, KTWNT, 1, p. 351)
　　　　　ἀναμιμνήσκω = ὑπομιμνήσκω = 誰かにある事柄を想い起こさせる．

さらに，次の順序で論を進めていこう．

過程(I)：論証 I　論証はזָכַר の hiphil 形の (הִזְכִּיר) を土台として行われる．
　《論証の構造》
　　זָכַר hi. = הִזְכִּיר = 〔想い起こさせる→告げ知らせる→たたえる〕

　　　　　　↓
　　　　┌──────┐   ┌──────┐   ‖
　　　　│ זִכָּרוֹן │┄┄┄┄┄│ תּוֹדָה │ ← יָדָה hi.
　　　　└──────┘   └──────┘
　　　　　　↓

　　　לְזִכָּרוֹן = εἰς ἀνάμνησιν

זָכַר の hiphil 形は，そこから名詞形 תּוֹדָה (todâh) が派生する יָדָה の hiphil 形としばしば併置して出ている．そして，これは単に「思い出させる，想い起こさせる」だけでなく，また「告げ知らせる」という意味を，さらには「たたえる」という意味を持つ．例えば以下の場合である．

　─出20・20
　　　あなたは，私のために土の祭壇を造り，焼き尽くす献げ物，和解の献げ物，羊，牛をその上にささげなさい．私が私の名を思い出させる (זָכַר hi., ἐπονομάζειν 想い起こさせる) すべての場所において，私はあなたに臨み，あなたを祝福する．

　─詩45・18
　　　私はあなたの名を世々に思い出させましょう (זָכַר hi. μιμνήσκεσθαι 告げ知らせる，たたえる)．諸国の民は世々限りなく，あなたを祝うで

Ⅳ　アナムネーシス命令に関する想起の主体について

あろう．(יָדָה hi. ἐξομολογεῖν).

―代上16・4, 8

ダビデはレビ人の幾人かを奉仕者として主の箱の前に立て，イスラエルの神，主を祝い (זָכַר hi. ἀναφωνεῖν)，誉めたたえ (יָדָה hi ἐξομολογεῖν)，賛美し (הָלַל pi, αἰνεῖν)

主に感謝をささげて (יָדָה hi, ἐξομολογεῖν) 御名を叫べ．諸国の民に偉大な御業を告げ知らせよ (יָדַע hi., γνωρίζειν).

―イザ12・3-5

あなたたちは喜びのうちに，救いの泉から水を汲む．

その日には，あなたたちは言うであろう．

「主をたたえ (יָדָה hi, ὑμνεῖν),

その御名を呼び求め，

諸国の民に偉大な御業を告げ知らせ (יָדַע hi., ἀνάγγελλειν)，

その御名の気高さを思い出させ (זָכַר hi., μιμνήσκεσθαι)，

主にほめ歌をうたえ．主は偉大なことを行われたから．」

代上16・4において，זָכַר の hiphil 形 (הַזְכִּיר) の目的語は明確に示されていない．W.ショットロフは，併置された動詞 (יָדָה hi., הָלַל) を支えにして，これを解釈し，レビの祭儀的職務であった「たたえる」の意味を与えている[24]．これは我々の解釈と合致する．לְהַזְכִּיר (זָכַר hi. + לְ) の表現は詩編38・1; 70・1 に出てくる．エレミアスは，レビ24・7を支えにして，これを「神が慈しみをもって想い起こしてくださるように」と解釈する[25]．他方，ショットロフは，それを香のいけにえと結びつける Targum の解釈と，それを εἰς ἀνάμνησιν によって訳した LXX の解釈に基づいて「告げ知らせる，言及する」の意味にとっている．すなわち，彼は，לְהַזְכִּיר (詩38・1; 70・1) の後に，イザ66・3におけるように，「神の御名」が省略されていると考える．そして，それは azkārâ の儀式においては，「神の御名に言及

---

24) Cf. W. Shottroff, *"Gedenken" im Alten Orient und in Alten Testament, Die Wurgel Zakar im semitischen Sprachkreis*, p. 251.

25) J. Jeremias, *La Dernière Cène*, p. 294.

する」ことを意味する[26]．ショットロフとエレミアスの以上の二つの解釈はアナムネーシス命令の構造の中で（本書124頁以下）説明することができる．すなわち，ショットロフの解釈は過程(I)と，エレミアスの解釈は過程(II)と合致するのである．

付け加えて言えば，旧約聖書では，LXX は זָכַר とその派生語を，ギリシア語テキスト（知16・6）を除いて，四度だけ ἀνάμνησις に訳している．すなわち（אַזְכָּרָה レビ24・7），（זִכָּרוֹן 民10・10），（הַזְכִּיר 詩38・1；70・1）である．とは言え，レビ24・7の ἀνάμνησις を信用することはできない．というのは אַזְכָּרָה の語をレビ記では，五度 μνημόσυνον に，一度だけ ἀνάμνησις に訳しているからである．その上，D.ジョーンズが指摘しているように，レビ記には翻訳に関して初歩的な誤りがある．

> LXX翻訳者が慣用語句を理解せず，それをひどい直訳をもって訳し，あべこべの意味にしたことは明らかなようだ．ל はどれも εἰς に訳した．そのうえ，「塩」を「混じりけのない香」とともに読んだようで，それゆえ，וְהָיְתָה を「香」を指す単数女性形としてでなく，「香と塩」を指す集合名詞として訳してしまった[27]．

したがって，レビ24・7の אַזְכָּרָה が ἀνάμνησις ではなく，μνημόσυνον に訳されていても驚くに足りない．とにかく，この箇所に重要性を与える必要は見られない．それ故，ἀνάμνησις を含む三つの箇所だけが注目に値する．

民10・10	……	זִכָּרוֹן	……	ἀνάμνησις
詩38・1	……	הַזְכִּיר	……	ἀνάμνησις
70・1	……	הַזְכִּיר	……	ἀνάμνησις

このことから，決定的な結論を引き出すことはできないであろう．上記の三つの例しかないからである．しかし，論理的には次のことが明らかである．

---

26) Cf. W. Shottroff, *"Gedenken" im Alten Orient*……, p. 336.
27) D. Jones, *ἀνάμνησις, In the LXX and the interpretation of* I *Cor. XI, 25*, p. 184.

Ⅳ アナムネーシス命令に関する想起の主体について

$$\dot{\alpha}\nu\dot{\alpha}\mu\nu\eta\sigma\iota\varsigma = זִכָּרוֹן = הִזְכִּיר$$

ここから，少なくとも זִכָּרוֹן の概念は，「想い起こさせる，告げ知らせる，たたえる」を意味する הִזְכִּיר のそれと関連しているということができる．ところで，ルカ22・19，Ⅰコリ11・24, 25のアナムネーシス命令 εἰς ἀνάμνησιν はヘブライ語の לְזִכָּרוֹן と合致する．例えば，次の三つの聖書が εἰς ἀνάμνησιν を לְזִכָּרוֹן に訳している．

ヘブライ語新約聖書, (1) *The United Bible Societies*, Jersalem,
(2) *Delitzsch's Hebrew New Testament*,
(3) *Trinitarian Bible Society*, London.

〔要 約〕

ルカ22・19
Ⅰコリ11・24, 25 } $\dot{\alpha}\nu\dot{\alpha}\mu\nu\eta\sigma\iota\varsigma$ = זִכָּרוֹן

↑

זָכַר hi. = { 想い起こさせる / 告げ知らせる / たたえる

‖

יָדָה hi. = { 告げ知らせる / 告白する / ほめたたえる

↓

תּוֹדָה

過程(I)：論証 2

論証Ⅰに従い，アナムネーシス命令は次の意味を持つ．

| 想い起こさせる |
| 告げ知らせる | 過越の不思議な出来事（mirabilia Dei）を
| たたえる |

さて，次の作業として，過越の出来事を告げ知らせるとは，まず，神に対してであって，世に告げ知らせることではないことを証明しよう．

(i) 代上16・4,8；イザ12・3-5の中の「告知と賛美」の構造
代上16・4,8；イザ12・3-5については次の記号を付しておこう．
「mirabilia Dei を神に[1]告げ知らせること，まず世[2]にではない」
(番号1と2は以下のテキストの中に見られる番号に合致する．)

－代上16・4，8
ダビデはレビ人の幾人かを奉仕者として主の箱の前に立て，
イスラエルの神，主を[1]祝い，
ほめたたえ
賛美し
主[1]に感謝をささげて
御名を[1]叫べ，
諸国の民に[2]偉大な御業を告げ知らせよ．
－イザ12・3-5
あなたたちは喜びのうちに，救いの泉から水を汲む．
その日には，あなたたちは言うであろう．
「主を[1]たたえ
その御名を[1]呼び求め
諸国の民に[2]偉大な御業を告げ知らせ
その御名の気高さ[2]を思い出させ
主に[1]ほめ歌をうたえ．主は偉大なことを行なわれたから．
全世界に[2]それを宣べ伝えよ．」
上記の構造は，「想い起こさせること，告げ知らせること，たたえることが，第一に神に，次に世界にむけられていること」を明白に示している．

(ii) L. Bouyer の説明
L．ブイエは，*Eucaristie. Théologie et spiritualité de la prière eucharisti-*

IV アナムネーシス命令に関する想起の主体について

que と題した著書の中（特に，pp. 82-91）で，bénédiction の構造を説明している．その中で我々の主張を裏付ける箇所を引用しよう．

> ……反対に，ユダヤ人の berakoth の中で，祝福すること，berak は，常に神だけを対象としていることが見られる．祝福（bénédiction）は神に向けられ，しかも，神が私たちに，その恵みあるいは私たちの利益になるものを贈るためにではなく，神に対してはそれらのものについて感謝するためであり，我々にとっては基本的に利益を眼中におかないで神に自分をゆだねるためである（p. 89）．

ところで，アナムネーシス命令の解釈の難しさは「祈願」と「祝福」を区別する難しさにある．イエスは弟子たちに「願うこと」を命令しているのか，「祝福，感謝，賛美すること」を命令しているのか．通常，二つの語を区別するのは容易である．たとえば，詩106・1, 4 である．

ハレルヤ，恵み深い主に感謝せよ，　　　　　　　：祝福，感謝，賛美
慈しみはとこしえに．
　……………

主よ，……私を想い起こして（זָכַר）ください．　：祈願

アナムネーシス命令に関して「祝福」と「祈願」とを区別することの難しさはどこにあるのか．この難しさは，まさに εἰς ἀνάμνησιν の意味の複雑さから来る．すなわち，εἰς ἀνάμνησιν の表現は זָכַר の qal 形よりも，むしろ hiphil 形の意味を含んでいるということ，そして，זָכַר の hiphil 形，すなわち הִזְכִּיר は「想い起こさせる──告知する──たたえる」というきわめて多様な意味を含んでいるということ，そこに複雑さが存する．

エレミアスがアナムネーシス命令を「神が私を想い起こしてくださるように，これを行いなさい」と訳したとき，彼にとってきわめて重要なテキストは[28]，ディダケー10・5である．「主よ，あなたの教会を想い起こしてください（Μνήσθητι, κύριε, τῆν ἐκκλησίας σου），あなたの教会をすべての悪

---

28) Cf. J. Jeremias, *La Dernière Cēne*, pp. 303s.

から解放し，あなたの愛の中で完全にするように.」
　エレミアスの論拠に対して，J.-P. オデは次の批判を行っている．

> エレミアスはこの言葉に神の恵みを得させる意味を与えて，「神が私を想い起こされるようにこれを行いなさい」としている……そのためにディダケー10・5を引用する．……，事実，これは一つの祈願となっている．しかし，我々は，ここで，εἰς τὴν ἐμὴν ἀνάμνησιν をもって祈願ではなく，「感謝（eucharistie）」あるいは「祝福（bénédiction）」の中にいるのである[29]．

　確かに，最後の晩餐におけるイエスのアナムネーシス命令は祈願ではなく，祝福，感謝，賛美である．とは言え，この命令の中には二つの間に混同の可能性がある．エレミアスはこの混同の罠にはまったといえよう．我々はこの点について，4.1 で詳しく述べることにするが，この複雑さは次の二つの理由から来る．
　1）　εἰς ἀνάμνησιν の意味の複雑さ
　2）　過越の出来事を世にではなく，神に思い出させること

　この問題はしばらく置き，アナムネーシス命令における，人と神との間の「相互の想起」の可能性について幾つかの側面から触れよう．まず，人と神との「相互の想起」の構造を図式化してみよう．

同時的，相互的，一度限りの想起の構造

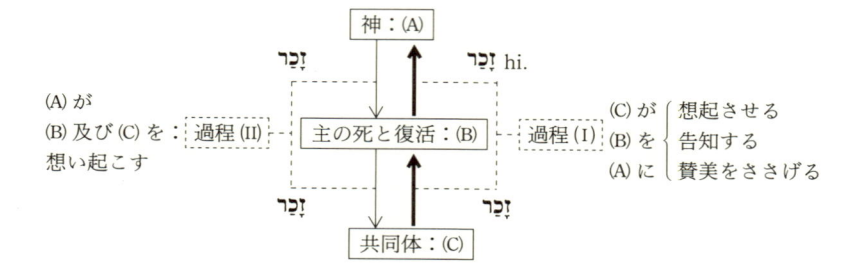

```
                         神：(A)
                  זָכַר    ↑    זָכַר hi.
(A) が                  ┌─────────┐            (C) が  ┌ 想起させる
(B) 及び (C) を： 過程(II) │主の死と復活：(B)│ 過程(I)   (B) を ┤ 告知する
想い起こす              └─────────┘            (A) に  └ 賛美をささげる
                  זָכַר    ↑    זָכַר
                        共同体：(C)
```

IV アナムネーシス命令に関する想起の主体について　　　133

　上掲の図式は，イエスのアナムネーシス命令の中で，想起の主体は共同体であること，また，過程(I)なしには過程(II)が存在しないことを示している．したがって，想起の主体を神だけに限るエレミアスの解釈は受け入れ難いことになる．行為の主体は，まさしく，共同体なのである．すなわち，「頌栄的で神中心的」想起－告知－賛美の行為である．

　けれども，過程(II)の可能性を無視すべきではない．共同体の行為，すなわち，「想起－告知－賛美」は זָכַר の hiphil 形を源にしているからである．語根 ZKR は基本的に想起の相互性を含む．これに関しては，זָכַר の派生語，(i) אַזְכָּרָה と (ii) זֵכֶר が重要な根拠となるが，田辺明子によるショットロフ[30]の研究[31]を参考にしながら，想起の土台は一般に人にあること，同時に，神の側からの想起の可能性もあることを明確にしよう．

(i) אַזְכָּרָה に関する二つの段階
　段階1　人が神の名をあげる．
　　1．אַזְכָּרָה は זָכַר のアラム語の使役形不定詞であるから，旧約聖書においてヘブライ語の hiphil（使役形）の用例にこれに似たものはないかと問われる．
　　2．イザヤ66・3において，זָכַר の hiphil が目的語なしで用いられている．そしてこの箇所には乳香についての言及があることから，この箇所は אַזְכָּרָה の奉献と関係があるのではないかと推量される．
　　3．一般に，זָכַר の hiphil は qal から意味が発展して，「言及する，名をあげる」を意味する．
　　4．旧約聖書における hiphil の用例 32 のうち，10 例は名，特に神の名を目的語としてとり，「名を呼ぶ」の意味である．またアッカド語の zakāru は「供え物の奉献に際して神の名を呼ぶ」という意味に用いられる．
　　5．ここからショットロフはイザ66・3 の זָכַר の hiphil についても，

---

29) J.-P. Audet, *La Didachè Instructions des Apôtres*, pp. 393s.
30) Cf. W. Shottroff, "Gedenken" *im Alten Orient*……p. 330s
31) 田辺明子『聖餐繰り返し命令の「わたしを思い起こして」の解釈』，11頁以下参照．

目的語として「神の名」が補われるべきであり，この箇所の意味は，乳香の奉献に際して「神の名を呼ぶ」であると考える．

6．イザ66・3は azkārâ の儀式のことを言っているのであり，したがって אַזְכָּרָה の語義は「名を呼ぶこと」だと理解される．

段階2　神が人を想い起こす

とは言え，時と共に אַזְכָּרָה の意味は変化した．一握りの小麦粉を焼くとき，香の匂いは祭壇に上る．その結果，神の側の想起を呼び起こし，神が azkārâ の儀式の中での会衆を想い起こされる．このような解釈は，אַזְכָּרָה の語に関する Targum, LXX, ウルガタ訳のうちに現れる．LXX の翻訳者はこの語を，会衆と供え物に神の側の想起を引き寄せるための reminder（思い出させるもの）と見なしている．それ故，この語を μνημόσυνον（レビ2・2, 16；5・12；6・15, 民5・26, シラ45・16）でもって，例外的に ἀνάμνησις（レビ24・7）でもって訳している．

段階1と段階2からの帰結として言えることであるが，אַזְכָּרָה の意味は主に「人が神の名をあげる」であった．すなわち，これは過程(I)（本書124頁以下）と合致し，その後，時と共に，אַזְכָּרָה を神が人々を想い起こすための合図（reminder）と考えるようになった．すなわち，これは過程(II)と合致するのである．

אַזְכָּרָה は多く μνημόσυνον に訳されているように，אַזְכָּרָה は ἀνάμνησις が持つ「ただ一度限り」想起するという意味合いは少ない．けれども אַזְכָּרָה の意味の歴史に過程(I)と過程(II)が現れる事実は，極めて興味深い．זָכַר の派生語は二つの過程を含むことからして，語根 ZKR の概念は，本質的に過程(I)と過程(II)を，すなわち，人と神との間の想起の相互性を含むことが明らかとなる．

(ii)　זֵכֶר に関する二つの段階

　　a) זֵכֶר が人を目的語とする場合

　　　　詩112・6bの解釈は極めて重要である．

B. J. "en memoire (זֵכֶר, μνημόσυνον) eternelle sera juste."
TOB. "on gardera toujours la mémoire du juste."

エレミアスはこれを「神は正しい人を想い起こされる」と解釈し[32]，ショットロフは，「זֵכֶר の場所はこの世である」と述べ，「人は正しい人を想い起こす」と解釈する[33]．

人を目的語とする זֵכֶר の語は旧約聖書で20回出てくる．この20例を検証すると，ショットロフが正しいと確認できる．例えば，

―出17・14
　主はモーセに言われた．「このことを文書に書き残して記念とし（זִכָּרוֹן），またヨシュアに読み聞かせよ．『私は，アマレクの記憶（זֵכֶר）を天の下から完全にぬぐい去る』と」．

―申32・26
　私は言ったであろう．「彼らを跡形もなくし，人々から彼らの記憶（זֵכֶר）を消してしまおう」と．

―詩34・16
　主は悪を行う者に御顔を向け，その名の記憶（זֵכֶר）を地上から絶たれる．

―詩109・15
　彼らの罪と悪は常に主の御前にあり，彼らの記憶（זֵכֶר）は地上から絶たれる．

―シラ10・17
　主は，ある人々を取り除いて打ち滅ぼし，彼らについての記憶（μνημόσυνον）を世から消し去られた．

これらの例から見て，詩112・6b は「神は正しい人を想い起こす」ではなく，「人々は正しい人を想い起こす」を意味している．ショットロフが指摘しているように，זֵכֶר は人を目的語としている場合，想起の場所はこの世で

---

32) J. Jeremias, *La Dernière Cène*, p. 294
33) W. Shottroff, "*Gedenken*" *im Alten Orient*……, p. 289

あり，想起の主語は人である．とは言え，上記の例が示しているように，神はしばしば想起の要因として作用する．ここにも想起の相互性が見られる．いずれにせよ，זָכַר に関しては，人あるいは死者を目的語としている場合，想起の主語は主に人である．

　b）　זָכַר が神を目的語とする場合

ところで，神を目的語とする זָכַר に関して，過程(I)と過程(II)は同時的である．そこには，神と人との相互の想起がある．例えば，出 3・15，詩 30・4；97・12；135・13；145・7，イザ 26・8 で，以下のTOBの説明は正しい．「名が記念（זֵכֶר）と言われるのは，名は人間に神を思い出さしめるからであり，また，その名によって神に懇願する人々の想起を神に促すからである」TOB のこの説明を適用すると，詩 114・4 の זֵכֶר を相互の想起と見なすのは妥当である．このくだりはイスラエルの祭りと祭儀的記念を示していて，エウカリスチアの記念に類似する．

　　詩 114・4
　　主は驚くべき御業を記念（זֵכֶר）するように定められた．
　　主は恵み深く憐れみ深い

以下の考察から，זָכַר の派生語 אַזְכָּרָה と זֵכֶר において過程(I)と過程(II)が存在する．そして，土台は一般的に過程(I)にあり，ついで，過程(II)が過程(I)を経て実現される．

前述の研究を適用しながら，アナムネーシス命令に関する総括的な考えを要約しよう．想起には二重の構造がある．すなわち，過程(I)と過程(II)である．

過程(I)

　1）　過越の出来事を想い起こすのは人（共同体）である．
　2）　εἰς ἀνάμνησιν の表現は זָכַר の hiphil 形（הִזְכִּיר）の意味を持つ．すなわち，想起させる──告知する──賛美する
　3）　ἀνάμνησις の語は「ただ一度」限りの想起のニュアンスを持つ．これに対して μνημόσυνον は持続的な記憶のニュアンスを持つ．こうして，εἰς ἀνάμνησιν の使用はダイナミックで，同時的，相互的および

Ⅳ　アナムネーシス命令に関する想起の主体について

「ただ一度」限りの想起を表す．
4）告知は，世にではなく，まず神へ向けられる．
5）パウロのⅠコリ11・26の解釈の重要性．

過程(Ⅱ)

1）過程(Ⅰ)を経て，ほとんど同時に神の側からの想起がある．何故なら，過程(Ⅰ)は「使役的意味」を伴うから．
2）確かに，最後の晩餐におけるアナムネーシス命令は，結局は，J.-P. オデが主張するように，"bénédiction"（祝福・感謝・賛美）であるが，これを「祈願」と見なす落とし穴が存在する．エレミアスは $εἰς\ ἀνάμνησιν$ の使用の複雑さと語根 ZKR の意味の豊富さに起因するこの落とし穴にかかった．
3）זָכַר の派生語，その名詞 [זֵכֶר, אַזְכָּרָה, הַזְכִּיר, זִכָּרוֹן] はそれぞれの概念の中に過程(Ⅰ)と過程(Ⅱ)を同時に含んでいる．
   (i) $ἀνάμνησις$ (זִכָּרוֹן) は $ὑπόμνησις$ (הַזְכִּיר) と同義語である．そして，הַזְכִּיר は זָכַר の使役（hiphil）の形である．(A)が(C)に(B)について想起させるとき，(A)と(C)はほとんど同時に(B)を想い起こす．
   (ii) אַזְכָּרָה の意味の歴史はこの二つの過程を含む．
   (iii) זָכַר の概念は，過程(Ⅰ)を土台にしつつ，過程(Ⅱ)を含む．

我々は，זָכַר hi. と一緒に出てくる יָדָה hi. に関する幾つかの例をすでに検証した．ところで，zikkārôn は זָכַר から派生し，tôdah は יָדָה から派生する．ここで "תּוֹדָה" と "זִכָּרוֹן" に関して図式化を試みよう．この図式を通して確認されうることは，最後の晩餐におけるイエスのアナムネーシス命令は過程(Ⅰ)に合致することである．すなわち，$εἰς\ ἀνάμνησιν$ の使用は人（あるいは共同体）を主語とし，よってこれを神のみに限るエレミアスの解釈は承認できないことになる．この反論は，神中心的で頌栄的な視野のなかで，また，人間の責任の問題を通して浮き彫りにされる．

本論　最後の晩餐における言葉

zikkārôn (←זָכַר)・(הדה→) tôdah

・旧約の mirabilia Dei を想い起こす (זָכַר)	主をたたえる (ידה hi., ἐξομολογεῖν)
・神の名を告げ知らせる (זָכַר hi.)	
・新約の mirabilia Dei を想い起こす	旧約の tôdah (תּוֹדָה*¹)：(食事自体の中での神の καιρός の出来事の賛美と告知) καταγγέλλειν の語：(LXX)：「神の力を宣べ伝える」(IIマカ 9・17；IIマカ 8・36参照)
・神の福音を宣べ伝える (זָכַר hi.)：「イスラエルの全家は、はっきり知らなければなりません。あなたがたが十字架につけて殺したイエスを神は主とし、またメシアとなさったのです」(使2・36)	

(זָכַר→) zikkārôn ←　ユダヤ人の過越祭　→ haggada (←נגד hi.)

出13・9	出13・8
あなたは、この言葉を自分の腕と額に付けて記憶 (לְזִכָּרוֹן) のしるしとし……	あなたはこの日、自分の子どもに告げなければならない (הִגִּיד, ἀναγγέλλειν)。「これは、私がエジプトから出たとき、主が私のために行なわれたことの故である」と.

↓

最後の晩餐
(ルカ22・19；Iコリ11・24, 25)

Τοῦτο ποιεῖτε εἰς τὴν ἐμὴν ἀνάμνησιν (לְזִכָּרוֹן)

あなたがたは、このパンを食べ、この杯を飲むごとに、主が来られるときまで、主の死を告げ知らせるのです (καταγγέλλειν……)

ユダヤの tôdah

τελείωσις……　……Philon d' Alexandrie*²
(A.D. 50年頃死去)

↓

キリスト者の感謝の祭儀 (エウカリスチア)

フィリ2・9-11：「このため、神はキリストを高く上げ、あらゆる名にまさる名をお与えになりました。こうして……すべての舌が、「イエス・キリストは主である」と公に宣べて (ἐξομολογεῖν, ידה)、父である神をたたえるのです。」！

*1) תּוֹדָה の語：賛美, 詩26・7；42・5；69・31；95・2；147・7, ヨシュ7・19, エズ10・11, ネヘ12・27, イザ51・3, エレ30・19, ヨナ2・10. 感謝の犠牲, 詩50・14, 23；56・13；100・1；107・22, レビ7・12,13,15；22・29, 代下29・31（2度)；33・16, エレ17・26；33・11, アモ4・5. 合唱隊, ネヘ12・31,38,41.

*2)　ユダヤ人の tôdah ──τελείωσις──＞キリスト者のエウカリスチア Cf. H. Cazelles, "l'Anaphore et l'Ancien Testament", pp. 16-17. Id., "Eucharistie, Benediction et Sacrifice dans l'Ancien Testament", Maison-Dieu, 123 (1975), pp. 22-24. J. Laporte, La doctrine eucharistique chez Philon d'Alexandrie, Coll. "Théologie historique," 16, Paris, 1972.

IV アナムネーシス命令に関する想起の主体について

アナムネーシス命令に関して，パウロの解釈は特別に注目する必要がある．これについては，4.3 で言及する．しかし，目下，一つの点を明らかにしておこう．パウロにとって，「神に告げ知らせる」のか「世に告げ知らせる」のかという点である．パウロは καταγγέλλειν の間接目的語を明確に示さない．これを「神に告げ知らせる」と解釈しているならば，それは，アナムネーシス命令に関する我々の解釈と一致する．したがって，Ｉコリ 11・23-26 を再検討しよう．〔　〕内は我々が加えた部分である．

(i) 私が主から受けたこと（'Εγὼ γὰρ παρέλαβον ἀπὸ τοῦ κυρίου）また，私があなたがたに伝えること（ὃ καὶ παρέδωκα ὑμῖν）はこうです．

(ii) 主イエスは，引き渡される夜，パンを取り，感謝の祈りをささげてそれを裂き，「これはあなたがたのための私のからだである．私の記念としてこれを行いなさい（τοῦτο ποιεῖτε εἰς τὴν ἐμὴν ἀνάμνησιν）」と言われました．また食事の後で，杯も同じようにして，「この杯は，私の血によって立てられる新しい契約である．飲む度に，私の記念としてこれを行いなさい（εἰς τὴν ἐμὴν ἀνάμνησιν）」と言われました．

(iii) だから，あなたがたは，このパンを食べこの杯を飲むごとに，主が来られるまで，主の死を〔神にあるいは世に，あるいはあなたがたの共同体に〕告げ知らせるのです．（τὸν θάνατον τοῦ κυρίου καταγγέλλετε, ἄχρις οὗ ἔλθῃ）

(i) については，すでに検討した．J.エレミアスが語っているように，「パウロは，Ｉコリ 11・23 において，前置詞 ἀπό を支えにして，自らが伝承によるものとして引用した最後の晩餐の言葉は，イエス自身に遡ることを指摘する[34]．」パウロが用いた「受ける」（παραλαμβάνειν）と「伝える」（παραδιδόναι）の語の重要性を再度確認しておこう．

(ii) について，このくだりは，パウロによる最後の晩餐の再現である．

---

34) J. Jeremias, *La Dernière Cène*, p. 240

(iii)について，このくだりは，アナムネーシス命令に関するパウロの解釈である．この解釈は，最も古い層に属する故，極めて重要である．
　ところで，パウロは「神に告げ知らせる」のか「世に告げ知らせる」のか「共同体に告げ知らせる」のか，これらのどれを言おうとしていたのか．確かに，パウロにとって，宣教は重大である．「私たちはこの方により，その御名を広めてすべての異邦人を信仰による従順へ導くために，恵みを受けて使徒とされました」（ロマ1・5）．それ故，καταγγέλλειν の語を持つパウロ書簡のくだりは，Ⅰコリ11・26を除いて，「神に告げ知らせる」のでもなく「共同体に告げ知らせる」のでもなく，「世に告げ知らせる」ことをはっきり示している：使3・24；4・2；13・5，38；15・36；16・17, 21；17・3, 13, 23；26・23；ロマ1・8；Ⅰコリ2・1；9・14；フィリ1・17,18；コロ1・28．けれども，我々は以下に掲げる三つの理由から，これは「神に告げ知らせる」ことを意味することを支持する．
　1）　Ⅰコリ11・26での καταγγέλλειν の使用は他の箇所と異なり，祭儀の領域でなされている．それ故，G.フォン・ラドは次のように指摘している．「旧約聖書の中の祭儀用語において，祭儀がイスラエル人のために持っていた意味に合致する一般的定式を探すならば，それはイスラエル人に神が想い起こしてくださることを促すのに役立っていたと言えよう[35]」したがって，パウロ自身，当時の慣習に従って，καταγγέλλειν の間接目的語，すなわち，「神を」を削除したと判断することができる．
　2）　主の祈りと主の晩餐（エウカリスチア）は受洗者たちだけに知らされていた，いわば奥義の要素に属した[36]．それ故，非受洗者は主の晩餐にあずかる権利を持っていなかった[37]．すなわち，主の食卓に加わる人たちは，すでに主の死の意味を知り，かつまた，主の死を告げ知らされるべき人々は主の食卓に参列していなかった．したがって，この告知がエウカリスチアの

---

35)　G. von Rad, *Théologie des Alten Testaments*, Die Theologie des geschichtlichen Überlieferungen Israel, I, München, Chr. Kaiser Verlag, 1957. p. 241.
36)　Cf. T. W. Manson, "The Lord's Prayer", *Bulletin of the John Rylands Library* 38 (1955/56), pp. 99-113.
37)　Cf. Justin, *Apologie*, I, 66, 1. cf. J. Jeremias, *La Dernière Cène*, pp. 142-159.

Ⅳ アナムネーシス命令に関する想起の主体について

後の宣教を意味するのではないとすると，イエスの死の告知は出席していない人々への告知となり，次の言葉は意味を失う。「あなたがたは，このパンを食べこの杯を飲むごとに，主が来られるときまで，主の死を告げ知らせるのです。」Ⅰコリ11・26。

3）τὸν θάνατον τοῦ κυρίου καταγγέλλετε は，「エウカリスチアの後，宣教のため世に告げ知らせる」ことを意味しない。「ただ一度」限りの想起を表す εἰς ἀνάμνησιν という表現がこの主張を支える。すなわち，パン裂きと杯の祝福の儀式の中でのアナムネーシスは，このエウカリスチアの内部で，一度限り成就される〔「想い起こさせる」，「告げ知らせる」，「たたえる」〕行為なのである。これは極めて重要である。εἰς ἀνάμνησιν と εἰς μνημόσυνον とは明白に区別しなければならない。もしパウロが εἰς μνημόσυνον の語を用いたとすれば，それを「エウカリスチアの実りとしての宣教において，世に告げ知らせる」とも解釈できよう。何故なら，εἰς μνημόσυνον の語は記憶の持続を強調するからである。したがって，アナムネーシス命令（ルカ22・19，Ⅰコリ11・24, 25：εἰς ἀνάμνησιν）を，マコ14・9（並行マタ26・13）の εἰς μνημόσυνον と区別して解釈すべきである。Ⅰコリ11・24, 25における想起は一度限りのダイナミックな要素を強調しており，一方マコ14・9では，記憶が永久に持続されることを強調する。

> はっきり言っておく。世界中どこでも，福音が宣べ伝えられる（κη-ρυχθῇ）所では，この人のしたことも記念として（εἰς μνημόσυνον αὐτῆς）語り伝えられるであろう（λαληθήσεται）（マコ14・9）。

ここには対照的構造がみられる．
- 福音が　　　　　　宣べ伝えられる　　　　世界中で
- この人のしたことも　語り伝えられる　　　　持続的な記憶の中で
- 人は　　　　　　　世界中に福音を　　　　告げ知らせるであろう
- 人は　　　　　　　持続的な記憶の中で　　語るであろう
　　　　　　　　　　彼女のしたことを

ここで，זָכַר の hiphil 形（הִזְכִּיר＝告げ知らせる，言及する）と זָכַר の niphal（受身）形（נִזְכָּר＝言及される）が思い浮かぶ．

その上，εἰς μνημόσυνον の表現を考慮しながら，すなわち，これに，マコ14・9において持続的記憶のニュアンスが加えられる時，それは，過越の出来事に関するカイロスの光の中で，一度限り行われたこの女性の行為が記憶され続け，告げ知らされ続け，たたえられ続けることを意味する．

それ故，マコ14・9の εἰς μνημόσυνον を I コリ11・24, 25の εἰς ἀνάμνησις と同一視することは避けなければならない．すなわち，I コリ11・26の「世に告げ知らせる」の解釈については，マコ14・9と比較しながら結論を引き出すことはできないのである．パウロは εἰς ἀνάμνησιν を I コリ11・24, 25において祭儀的領域で用いている．「ただ一度」限りのこの想起は，この儀式，この主の晩餐（エウカリスチア）の中で終わり，この祭儀の外，すなわち，宣教の場にまで延長されることができない．その結果，I コリ11・26の καταγγέλλειν は，「世にではなく，神に告げ知らせる（あるいは言及する）」ことを意味する．L.ブイエの解釈は我々の解釈を裏付ける．

> 聖パウロが言うであろうように，彼らは，これを挙式するごとに，主の死を，まず世にではなく，神に「告げ知らせるであろう」．その死の「想起」は神自身にとって，彼らを救うみずからの忠実さの保証なのである[38]．

最後に I コリ11・25, 26の構造を見よう．そこには真に興味深い構造が見られる．

> 「この杯は，私の血によって立てられる新しい契約である．
> 飲む度ごとに（ὁσάκις），
> 私の記念として（εἰς τὴν ἐμὴν ἀνάμνησιν）これを行いなさい」(25節)
> だから（γάρ），
> あなたがたは，このパンを食べこの杯を飲むごとに（ὁσάκις），

---

38) L. Bouyer, *Eucharistie*……, p. 108.

Ⅳ　アナムネーシス命令に関する想起の主体について　　　　　　143

主が来られる時まで，主の死を告げ知らせるのです．（26節）

ここで，γάρ は意味深長である．TOB はこの語を「何故なら」と，BJ は「事実」と訳している．エレミアスは次のような説明をしている．

　我々はまず，26節と典礼式文の間の関係を明らかにしなければならない．osakis の繰り返しと，何よりまず gar が用いられているのは，26節が直前の節に，したがって，繰り返し命令に関係していることを示す．主は繰り返しを eis anamnèsin（記念として）制定された．事実，あなた方はこの命令を実行している．というのは，主の晩餐を行う度に，イエスの死を告げるからである．したがって，繰り返し命令は，主の晩餐の時に，イエスの死を告げ知らせることによって遂行されるのである[39]．

　その上，Ⅰコリ11・26の γάρ をルカ18・32におけるのと同じ意味を与えて解釈すると，この語は「すなわち（「聞かせたばかりのことを説明するため」）[40]」を意味する．したがって，Ⅰコリ11・26は，まさに，パウロによるアナムネーシス命令の解釈に合致する．パウロによれば，εἰς τὴν ἐμὴν ἀνάμνησιν は一つの具体的行為，すなわち，「主が来られる時まで，共同体によって主の死を告げ知らせること」を意味する．

　この解釈は我々の解釈と一致する．行為の主体，すなわち，「想起－告知－賛美」の主体は共同体である．我々の解釈は以下のとおりである．

共同体が，今日，神に，「主の死」を $\begin{cases} 想起させる \\ 告知する \\ 賛美する \end{cases}$

ところで，「主の死」とは何か．我々はすでにこの問題について触れてきた[41]．例えば，ὡς と καθώς の問題の中で，復活あるいは sacrificium の問題の中でである．一見，これらの問題は本題から離れた印象を与える．しか

---

39) J. Jeremias, *La Dernière Cène*, pp. 301s.
40) *Dictionnarie Grec-Français* (*I*), M. A. Bailly, Paris, Hachette, 1895.

し，これらの問題はアナムネーシス命令の解釈にとって，抜き差しならぬ重要性を与える．果たして，「私のアナムネーシス」の意味の現実は何か．パウロにとって，それは「主の死」である．我々にとって，それは次の事柄を含む．

   主の死
    ↓
   主の死と復活
    ↓
   イエス・キリストという交わり（communio）の sacrificium
    ↓
   神が「一度限り」成し遂げられた過越の出来事
    ↓
   人間の culpa に対する神の misericordia の勝利

したがって，zikkaron は，父である神が具体的な歴史の中で，「一度限り」成し遂げられた過越のカイロスの出来事の記憶・想起・記念を意味する．

4 各異論に対する回答

4.1 異論1に関して

לְזִכָּרוֹן, εἰς ἀνάμνησιν などの記念定型はほとんど常に神を主語としている．この異論に対し，我々は次のように答えなければならない．

まず，J.エレミアスが挙げている神を主語とする例を一つ一つ検討すべきである[42]．

A．旧約聖書において：パレスチナの記念定型文

エレミアスが挙げている例のうち，次の二つの例は取り上げないことにする．すなわち，出39・7（36・14）(זִכָּרוֹן, μνημόσυνον); 箴10・7 (זֵכֶר,

---

41) A. 米田, ZIKKARON《τοῦτο ποιεῖτε εἰς τὴν ἐμὴν ἀνάμνησιν》, 博士論文, Collège dominicain, Ottawa, 1990 参照. ὡς と καθώς については, pp. 148-157, 219-220, 255-257.
42) Cf. J. Jeremias, *La Dernière Cène*, pp. 291-297.

IV アナムネーシス命令に関する想起の主体について 145

μνήμη)である．何故なら，二つとも記念定型表現 לְזִכָּרוֹן，εἰς ἀνάμνησιν 等を含んでいないからである．

　我々は，出28・12b, 29；30・16，民10・10，エノク99・3に関しては，エレミアスと同見解である．確かに，これらの例は神を主語にしている．シラ45・9, 11, 16；50・16の場合も，エレミアスの見解のごとく，神を主語とするものと考える．ゼカ6・14の場合は，幾つかの見解があるが，我々の解釈は，ショットロフ[43]と一致し，それは，エレミアスが解釈するように，神を主語としている．したがって，上記の諸例に関しては問題はない．

　問題は次の箇所に関連する．すなわち(i)出12・14；13・9，(ii)詩38・1；70・1，(iii)詩112・6である．(ii)詩38・1；70・1の場合，詩編の表題に関して，D.ジョーンズが指摘するように[44]，解釈の困難さが存在する．とは言え，我々はこれを，ショットロフと同じように解釈する．すなわち，לְהַזְכִּיר の後に「神の名」が省略されており，それは azukāra の儀式の際に「神の名を言うこと」を意味する．それ故，想起の主体は主に人であるが，人間の側の「想起－告知－賛美」(זכר hi.) を通して，ほとんど同時に神の側の想起が行われる．それ故，我々の見解では，そこには神と人との相互の想起が存在する．(iii)詩112・6の場合，すでに見てきたように，זָכַר は人を目的語にしている場合，想起の場はこの世であり，想起の主体は人である．その理由の故に，エレミアスの解釈は退けられるが，זָכַר は人を目的語としている場合，神はしばしば想起の要因として働き，その結果，ここでも神と人との想起の相互性が見られる．זָכַר が神を目的語とする場合はなおさらのことである．以上により，(ii)詩38・1；70・1と(iii)詩112・6に関しては，想起の主体を神だけに限定するエレミアスの解釈は受け入れ難いということになる．

　エレミアスの解釈の無理は，(i)出12・14；13・9で明白に現れているように思われる．彼はこれらのくだりで想起の主体を神だけに限っているが，この解釈は容認できない．アナムネーシス命令を考慮に入れて，今この問題

---

[43] W. Shottroff, *"Gedenken" im Alten Orient* ……, pp. 306s.
[44] D. Jones, "ἀνάμνησις in the LXX and the Interpretation of I Cor. XI, 25", p. 187.

について次の順序で考察しよう.
- ① 出12・12-14, 出13・8-9, ヨシュ4・5-7のBJの翻訳
- ② Zikkārônの定義
- ③ ルカ22・19, Iコリ11・24, 25と出12・14との比較
- ④ Iコリ11・24-26と出13・8-9, ヨシュ4・5-7との比較

① BJの翻訳
(三つの箇所の間の共通語に注目しよう)
出12・12-14
Cette nuit-là je parcourrai l'Egypte et je frapperai tous les premiers-nés dans le pays d'Egypte, tant hommes que bêtes, et de tous les dieux d'Egyptes. Je ferai justice, moi Yahvé. Le sang sera pour vous un **signe** (אוֹת, σημεῖον) sur les maisons où vous vous tenez. En voyant **ce signe** (אוֹת, σημεῖον), je passerai outre et vous échapperez au fléau destructeur lorsque je frapperai le pays d'Egypte. Ce jour-là, vous en ferez **mémoire** (לְזִכָּרוֹן, μνημόσυνον) et vous le fêterez comme une fête pour Yahvé, dans vos générations vous la fêterez, c'est un décret perpétuel.

出13・8-9
Ce jour-là, tu parleras (ἀνάμνησις, נָגַד hi. = הִגִּיד → Haggada) ainsi à ton fils: 《C'est à cause de ce que Yahvé a fait pour moi lors de ma sortie d'Egypte.》 Ce sera pour toi un **signe** (אוֹת, σημεῖον) sur ta main, un **mémorial** (לְזִכָּרוֹן, μνημόσυνον) sur ton front, afïin que la loi de Yahvé soi toujours dans ta bouche, car c'est à main forte que Yahve t'a fait sortir d'Egypte.

ヨシュ4・5-7
Et Josué leur dit: 〈Passez devant l'arche de Yahvé votre Dieu, jusqu'au milieu du Jourdain, et que chacun de vous prenne sur son épaule une pierre, selon le nombre de tribus israélites, pour en faire un **signe** (אוֹת, σημεῖον) au milieu de vous; et quand, demain, vos fils vous demanderont: 《ces pierres, que sont-elles pour vous?》 alors vous leur direz (אָמַר,

λέγειν)《C' est que les eaux du Jourdain se sont séparées devant l' arche de l' alliance de Yahvé: lorsq' elle traversa le Jourdain, les eaux du Jourdain se sont separeés. Ces pieres sont un **mémorial** (לְזִכָּרוֹן, μνημόσυ-νον) pour les Israélites, pour toujours!》

② Zikkārôn の定義

上記の三つの箇所には，"memoire, memorial (זִכָּרוֹן, μνημόσυννον)" と "signe (אוֹת, σημεῖον)" の併置が見られる．したがって zikkārôn (זִכָּרוֹן) は「想起のしるし」に関連する．一般に le-zikkārôn (לְזִכָּרוֹן) は「想起の中で（あるいは想起に向かって，あるいは想起のために）」ないし「ある事をある人に思い出させるために」を意味する．出12・14；13・9，ヨシュ4・7では，それは「想起のしるしのため」を意味する．ショットロフによれば，zikkārôn の語尾 "ôn" は，この名詞が ZKR の抽象名詞であることを示す[45]．それ故，この語のもともとの意味は「想起」(Erinnerung) であって，これはまさにギリシア語の ἀνάμνησις に相当する．けれども，旧約聖書が示すところでは，この「想起」の奥にはある現実が隠されている．すなわち，神の側あるいは人間の側の「想起」は，記憶を呼び覚ます事柄がある時にのみ，また，抽象名詞 זִכָּרוֹן の背後に，常に具体的な事柄（思い出させる事柄）が存在する時にのみ，呼び起こされるのである．それ故に，LXX 翻訳者たちが ἀνάμνησις の語よりも μνημόσυννον の語を用いたのは，後者が持続的な記憶を強調するのに対して，前者は一度限りの想起を表すからであると思われる．要するに，名詞 "zikkārôn" は現実内容として，次の二つの要素を持つ．a) 心と精神の働きを表す「想起」．(これは μνημόσυννον よりも ἀνάμνησις に合致する)；b) 想起を呼び起こす「具体的な事柄 (reminder)」．(これは ἀνάμνησις よりも μνημόσυννον に合致する．) この二つの要素は，zikkārôn の語に関する具体的な文脈のなかで，異なるニュアンスを持って同時に現れる．すなわち，時に最初の要素が強調され，時に第二の要素が強調されるのである．ショットロフは זִכָּרוֹן を一般に Gedäch-

---

45) W. Shottoroff, *"Gedenken" im Alten Orient*..., p. 66.

tnis に訳しているが，この語は「抽象的な想起（あるいは記憶）と具体的な記念（あるいは，reminder）」を表すことができる．まさに出12・14；13・9，ヨシュ4・7では，zikkārôn は神の民にカイロスの出来事を思い出させる「記念（あるいは reminder）」を意味する．そして，この zikkārôn は ôth (אוֹת, しるし) の語に類似する．「記念のしるし」または「しるしとしての行為」はこの「しるし」に対する問いを生ぜしめ，次に，この問いに対して「神のカイロスの出来事」を告知する（出13・8 הִגִּיד；ヨシュ4・7 אָמַר）．この告知をとおして，一度限り成し遂げられた救いの出来事が，今日，現在化され，同時に，共同体の「想起－告知－賛美」が神の側の想起を呼び起こすのである．最後の晩餐におけるイエスのアナムネーシス命令は，交わり（communio, κοινωνία）の sacrificium である「主の死と復活」の，共同体による「想起－告知－賛美」（語根 ZKR の豊かな意味に由来する）にほかならない．「パン裂き」と「ぶどう酒の祝福」の儀式を執り行うとき，まさにそこには，新しき創造（καινὴ κτίσις）である，想起（ἀνάμνησις, zikkārôn）の新しい交わり（καινὴ κοινωνία）がある．それはまさに，今ここに（hic et nunc）実現される，神の救いの出来事の現在化である．またそこには，一回限り成就された，神のカイロスの出来事の「永久化」である記念（memorial）も存する．したがって，zikkārôn は，「共同体と神との一度限りで，ダイナミックな相互的想起（ἀνάμνησις）」と「一度限りに成し遂げられた神のカイロスの出来事の永久化である記念（μνημόσυνον）」とを同時に意味する．

③　ルカ22・19，Ⅰコリ11・24, 25と出12・14との比較
a)　共通の要素
　出12・14（過越祭）
　この日は，あなたたちにとって記念すべき (α)（לְזִכָּרוֹן）となる，(β) これを祝わねばならない……
　ルカ22・19，Ⅰコリ11・24, 25（最後の晩餐）
　記念として (α)（εἰς ἀνάμνησιν, לְזִכָּרוֹן），(β) これを行いなさい．
　　[(α)：לְזִכָּרוֹן　(β)：命令形]

Ⅳ　アナムネーシス命令に関する想起の主体について

b）　異なる要素

出12・14：$\mu\nu\eta\mu\acute{o}\sigma\upsilon\nu o\nu$

最後の晩餐：$\mathring{a}\nu\acute{a}\mu\nu\eta\sigma\iota\varsigma$

過越祭においても，最後の晩餐においても，想起にかかわる命令によって行なわれる行為に，少なくとも人間の側の参与があることは明白である．

④　Ⅰコリ11・24-26と出13・8-9；ヨシュ4・5-7との比較

a）　共通の要素：「神のカイロスの出来事」を告げ知らせよ．

出：これは，あなたにとって，あなたの額に付けて記念 (לְזִכָּרוֹן) のしるしとし，主の掟を常に口ずさまなければならない．

ヨシュ：これらの石は，永久にイスラエルの人々 (קְהַל יהוה) にとって記念 (לְזִכָּרוֹן) となる．

最後の晩餐：これは，キリスト者たち ($\dot{\epsilon}\kappa\kappa\lambda\eta\sigma\acute{\iota}\alpha\ \tau o\hat{\upsilon}\ \theta\epsilon o\hat{\upsilon}$) にとって，主が来られる時まで，記念 (לְזִכָּרוֹן) となる．（我々の解釈に従って）．

b）　異なる要素：「神の出来事」を，

自分の子どもたちに……（出，ヨシュ）　　　　　　　　　　　　　　　　　　　　　告げ知らせよ．
神に……（最後の晩餐で）：（我々の解釈による）

いずれの箇所も，なんらかの意味で，人間の側の想起・記憶・記念にかかわっていることは明白である．以上①―④の全体的考察を通して，想起の主体を神のみに限定するエレミアスの解釈には無理があると結論づけざるをえない．

B．新約聖書において

新約聖書には לְזִכָּרוֹן にかかわる表現が6度でてくる．

$\epsilon\mathring{\iota}\varsigma\ \mathring{a}\nu\acute{a}\mu\nu\eta\sigma\iota\nu$　　　　ルカ22・19，Ⅰコリ11・24, 25

$\epsilon\mathring{\iota}\varsigma\ \mu\nu\eta\mu\acute{o}\sigma\upsilon\nu o\nu$　　　マコ14・9（並行マタ26・13），使10・4

エレミアスは，アナムネーシス命令についてのその解釈を支えるために二つの根拠を上げる．(1)パレスチナの記念定型文，(2)マコ14・9と使10・4である．第二の根拠については，彼の論証はこうである：マコ14・9と使

10・4では，$εἰς μνημόσυνον$ の想起は神を主語としている．それ故，ルカ22・19；Iコリ11・24, 25における $εἰς ἀνάμνησιν$ もまた神を主語とする[46]．使10・4では，「神の前」($ἔμπροσθεν τοῦ θεοῦ$) と明確にしめされているので，このくだりは，神を主語としていることはほとんど間違いない．TOB の注の説明は次のようである．

>記念：記念建造物あるいは記念祭のようなもの（ヨシュ4・7, 出12・14). また，より特別に神の側の「記憶」を呼び起こすための犠牲（レビ2・2), 祈り（トビ12・12）を考えることもできよう．とにかく，意味は明確である．コルネリウスの施し……と祈りは神の思いの中に呈示されたのである (p.387).

ところで，問題は，マコ14・9の解釈である．エレミアスはマコ14・9に関して二つの面を強調する．(i) $εἰς μνημόσυνον$ の使用は神を主語にしている．(ii) 終末論的意味の重要性．彼は結局これを「神が最後の審判のときに，憐れみをもって彼女を想い起こしてくださるように」と解釈する．しかしながら，我々はこれを，主の死と復活の出来事の視点に立って解釈する．この視点に立ってこそ，この香油はしかるべき意味を持つのである．過越の出来事がなければ，この女の行動は神の側の「想起」のしるし，あるいは人の側の「想起」のしるしとならない．ところで，我々にとって，マコ14・9の想起の主体は人である．その理由はこうである．マコ14・9の $εἰς μνημόσυνον$ の表現は，詩112・6の表現に非常に類似している．人を目的語とする זָכַר に関しては，想起の主体はほとんど常に人である．我々はマコ14・9をエレミアスと異なり，次のように解釈する：[全世界において福音が宣べ伝えられる所ではどこでも，彼女がしたことも語り伝えられ，また，人々の間で，主の死と復活の出来事とのかかわりにおいて，彼女は永続的に記憶され続ける.]マコ14・9は，イエスの死と復活の出来事の重要性を無視しては解釈できない．エレミアスの解釈は「中心的出来事」に対する人間

---

46) Cf. J. Jeremias, La *Dernière Cène*, pp. 300.

Ⅳ　アナムネーシス命令に関する想起の主体について　　　151

のかかわりについての考察が欠如している．

　C．エレミアスの解釈の誤りについての解明

　以上の研究に基づき，イエスのアナムネーシス命令に関するエレミアスの解釈の誤りを具体化し，明確にしよう．一言で言えば，その誤りは"לְזִכָּרוֹן, εἰς ἀνάμνησιν"の構造の複雑さと，ἀνάμνησις と μνημόσυννον との区別の欠如に由来する．極めて多くの神学者と聖書学者が，最後の晩餐におけるアナムネーシス命令を解釈しようと試みた．（本書38頁注4参照）とは言え，エレミアスがその卓越した解釈を明示して以来，従来，想起の主語は人で
・・・・
あるとうのみにされていたものが，ある者は神，ある者は人と考え始めた．見解の相違の理由は，εἰς ἀνάμνησιν の微妙なニュアンスにあるが，誰も εἰς ἀνάμνησιν の表現の解明に対し十分成功しなかったように思われる．我々の研究はここにその真価を発揮するであろう．つまり，εἰς ἀνάμνησιν の表現の構造を解明し，エレミアスがどの点で勇み足をしたかを指摘しよう．

　まず，エレミアスの解釈と我々の解釈の間には一つの共通点があることを認めなければならない．すなわち，彼もまた，Ⅰコリ11・26を「共同体または世にではなく，神に告げ知らせる」と解釈する．すなわち，「晩餐で主の死が告げ知らされる度に……救いの歴史の完成はまだ待望の的であることを神に想い起こさせる」[47]と．我々は，エレミアスのこの極めて重要な解釈をこの論文の最終段階で再び取り上げよう．問題はマコ14・9である．エレミアスはこの箇所もまた，「神に告げ知らせる」と解釈している．しかし，我々はこれを「世に告げ知らせる」と解釈する．この相違に関して，我々は，マコ14・9を解釈しながら，次の三つの点を強調する．1）マコ14・9と過越の出来事の間の密接な関係の重要性．2）εἰς ἀνάμνησιν（ルカ22・19, Ⅰコリ11・24, 25）と εἰς μνημόσονον（マコ14・9）との差異：εἰς μνημόσυννον は記憶の持続を強調するのに対して，εἰς ἀνάμνησιν は一度限
・・・・
りの想起のニュアンスを含む．3）εἰς μνημόσονον に関するマコ14・9と

---

47) *Ibid.*, p. 302.

詩112・6 の間の類似性．

　確かに，我々はＩコリ11・26（パウロのこの解釈はまさにアナムネーシス命令の具体的現実である）を，エレミアスあるいは L. ブイエと同じように，「「主の死」を神に告げ知らせる」と解釈する．けれども，エレミアスは想起の主体を神と見なし，我々は人（共同体）と見なす．この相違はどこから来るのか．我々の研究の中で非常に重要なのは，まさにこの相違の解明である．この相違は極めて微妙である．しかし，このニュアンスの中には，神学に関しての根本的な見方の相違がある．そこには，ティヤールが $ἀντί$ と $ὑπέρ$ の弁証法として説明する「人間の責任」の問題，あるいは「人なしに人を創りし神なれど，救い給わじ人なしに人を」と言うアウグスチヌスの言葉の真正な理解が潜む．

　さて，この微妙な相違はどこから生まれるのか？

　それは，זָכַר の語にかかわって，「祈願」と「祝福・感謝・賛美」（bénédiction）が，聖書の中で密接に関連して出てくることの中に存する（例えば，詩106・1－5）．「祈願」と「祝福」の関係について，J.P.オデは次の説明を行っている．

　　確かに，昔の「祝福」（bénédiction）は，……，かなり頻繁に真の祈りの前後に行われている．ディダケー9・4と10・5の場合がそうである．しかし，「祝福」の文体から「懇願」の文体への移行は一般に容易に気づくことができる．と言うことは，両方のジャンルは混同されてはならないということである．「祝福」のアナムネーシスは，相関的に，神に見返りとして「想い起こして」いただくことを願う祈りを招くことができる．しかし，それらは極めて異なる二つの事柄である[48]．

　さて問題は，イエスのアナムネーシス命令において，その意図は「祈願」にあるのか，それとも「祝福」にあるのか．これについての回答は，パン裂きとぶどう酒の祝福の儀式の時，「主の死と復活」の想起の主体は誰か，神

---

48) J.-P. Audet, *La Didachè*, Instructions des Apôtres, p. 394.

Ⅳ　アナムネーシス命令に関する想起の主体について

か，それとも人（共同体）かという質問にかかっている．エレミアスの考えでは，イエスは弟子たちに，「神が私を想い起こされるように」，「救いの共同体として食事の儀式によって集まることを続け，こうして，毎日，神が祈りを受けて，再臨における成就を早めてくださるように」，神に「願うこと」を命じたのである[49]．ここにエレミアスの解釈の誤りがある．イエスが弟子たちに命じたのは，ほかならぬ，「祝福・感謝・賛美」であって，「願い」ではない．アナムネーシス命令を「願い」(demande) にあると考える時，想起の主要な主体は神であるが，これに対して，この命令を「祝福」(bénédiction) にあると考える時，主の死を想い起こすのは主に人（共同体）である．事実，アナムネーシス命令は，人間のメタノイアが深くしみこんだ「感謝」あるいは「賛美」の命令である．とは言え，複雑なことに，それは直接的「感謝」ではなく，言わば，語源的意味での使役的「感謝」である．

そこで，最後の晩餐におけるアナムネーシス命令に関する"bénédiction"の構造を明確にしていこう．我々はすでに לְזִכָּרוֹן の意味を זָכַר の hiphil 形，すなわち הִזְכִּיר と比較して検証した．ここで，"אַזְכָּרָה, הִזְכִּיר, זִכָּרוֹן" の使用の頻度について，LXX における ἀνάμνησις 及び μνημόσυνον と比較した表を示そう．我々の主な意図は זִכָּרוֹן と הִזְכִּיר の間の意味の類似性を確証することにある．ところで，אַזְכָּרָה は語根 ZKR のアラム語使役形（'Aph'el）の不定法である．シラ書に関しては，ヘブライ語で存在する箇所を含める．

ヘブライ語	LXX：ἀνάμνησις	LXX：μνημόσυνον
זִכָּרוֹן	1	19
הִזְכִּיר	2	2
אַזְכָּרָה	1	8

この表から明らかなように，少なくとも，זִכָּרוֹן の語は，単に qal 形の意味だけではなく，זָכַר の hiphil 形の意味も持っていると言うことができる．このことは，次の事実からも確証される．すなわち ἀνάμνησις の語は，

---

49) J. Jeremias, *La Dernière Cène*, p. 304.

「誰かにある事柄を想い起こさせる」を意味する動詞 ὑπομιμνῄσκω から派生する ὑπόμνησις と同義語である.

上述の事実に基づいて, εἰς と ἀνά のダイナミックな性格を考慮に入れながら, したがって, 名詞ではなく動詞を用いながら, εἰς ἀνάμνησιν の具体的な現実を示そう. そこには, זכר の hiphil 形から来る意味の三つの段階がある.

〔I〕　　　　　　　〔II〕　　　　　　　〔III〕
想起させる ……＞ 宣言する ……＞ 賛美する
　　　　　　　　告知する
　　　　　　　　表明する
「祈願」のニュアンスから ………………＞「感謝・賛美」のニュアンスへ

語根 ZKR の非常に豊かな意味に合致して, זִכָּרוֹן (→ εἰς μνημόσυνον, εἰς ἀνάμνησιν) もまた, 極めて広い意味範囲を持つ. これはセミ語の, 特に動詞から派生する名詞の密度の濃さから来る. これに対して, 近代語の名詞は意味範囲が限られている. ショットロフによれば, 語根 ZKR は次の意味範囲を持つ.

〔I〕　　　　　　　〔II〕　　　　　　　〔III〕
想い起こす ……＞ 明らかにする, 告げ知らせる ……＞ 名を言う
(sich erinnern)　　(kundtun)　　　　　　　(nennen)

セミ語の名詞は, ある場合には, qal 形の意味だけでなく, また hiphil 形の意味も含む. 特に zikkārôn のような抽象名詞に関してそうである. これらの語の意味の豊富さはもはや近代語のそれと比べようもない.

ところで, ἀνάμνησις (ルカ22・19, Ⅰコリ11・24, 25) は, ヘブライ語現代聖書では, זִכָּרוֹן に訳される. これは適切である. 何故なら, זִכָּרוֹן は次の二つの意味を持つからである. (i) 心の「抽象的」働きである想起, 実際は, J. Pedersen が言っているように, この想起はダイナミックであり, 「魂が何かを思い出す時, それは, 魂が, ある事柄あるいはある出来事の客

Ⅳ　アナムネーシス命令に関する想起の主体について　　155

観的な映像を記憶に持っていることではなく，この像が魂の中に躍動的に呼び起こされて，魂がその方向，その行動を決定するよう助けることを意味する50)．」(ii) 思い出させる具体的なもの (reminder)．ところで，zikkārôn の語尾の "ôn" は抽象的名詞を示すので，この語の本来の意味は，上記の第一の意味(i)に合致し，その意味は想起 (Erinnerung) である．一方，$\dot{\alpha}\nu\acute{\alpha}\mu\nu\eta\sigma\iota\varsigma$ は(ii)よりも(i)に合致する．このニュアンスを考慮に入れて，近代ヘブライ語は $\dot{\alpha}\nu\acute{\alpha}\mu\nu\eta\sigma\iota\varsigma$ を זִכָּרוֹן に訳した．他方，ルカもパウロも記念定型の לְזִכָּרוֹן を $\varepsilon\iota\varsigma\ \dot{\alpha}\nu\acute{\alpha}\mu\nu\eta\sigma\iota\nu$ というギリシア語で訳したのは意味深長である．何故なら，彼らは他の可能な形，すなわち，$\varepsilon\iota\varsigma\ \mu\nu\eta\mu\acute{o}\sigma\upsilon\nu\sigma\nu$ を使うこともできたからだ．ちなみに LXX はこの表現を $\varepsilon\iota\varsigma\ \dot{\alpha}\nu\acute{\alpha}\mu\nu\eta\sigma\iota\nu$ よりも好んで用いている．この事実は我々の研究にとって貴重である．繰り返しになるが，$\varepsilon\iota\varsigma\ \mu\nu\eta\mu\acute{o}\sigma\upsilon\nu\sigma\nu$ と $\varepsilon\iota\varsigma\ \dot{\alpha}\nu\acute{\alpha}\mu\nu\eta\sigma\iota\nu$ の微妙なニュアンス，すなわち，マコ14・9における $\varepsilon\iota\varsigma\ \mu\nu\eta\mu\acute{o}\sigma\upsilon\nu\sigma\nu$ は記憶の持続の響きを強調するのに対して，ルカ22・19，Ⅰコリ11・24, 25における $\varepsilon\iota\varsigma\ \dot{\alpha}\nu\acute{\alpha}\mu\nu\eta\sigma\iota\nu$ は一度限りのダイナミックな想起の響きを強調する．したがって，パウロとルカが $\varepsilon\iota\varsigma\ \dot{\alpha}\nu\acute{\alpha}\mu\nu\eta\sigma\iota\nu$ の語を用いたことは，我々の解釈にとって決定的な意味を持つ．ところで，前置詞 $\varepsilon\iota\varsigma$（〜に向かって，〜の中へ，〜のために）と接頭語 $\dot{\alpha}\nu\acute{\alpha}$（下から上へ）に由来する一度限りのダイナミックなこの想起を動詞なしに翻訳することは非常に難しい．翻訳として現在用いられている「記念」の語の使用も，レオン・デュフールが指摘するように，必ずしも満足のゆくものではない．

　　アナムネーシス：記憶に呼び戻す行為，想い起こさせる働き．したがって，行われつつある行為ではなく，すでに行われた行為を意味する「記念」(mémorial) の語をエウカリスチアには用いるべきではない……51)

いずれにせよ，זִכָּרוֹן の語は上記の意味(i)と(ii)を持っている．しかも(i)

---

50) J. Pedersen, *Israel, its life and Culture*, Ⅰ-Ⅱ, p. 106.
51) X. Léon-Dufour, *Le Partage du Pain eucharistique*, p. 131.

は ἀνάμνησις に, (ii) は μνημόσυνον に合致するが, 二つの語は相互に代用されることができる. したがって, 最後の晩餐の ἀνάμνησις は, 旧約聖書の中で, μνημόσυνον (例えば LXX., 出12・14) の語によって表される「しるしー秘跡ー記念ー永続」の意味を「奥深く」持っているのである. 二つの語は, 秘跡的しるしの三つの次元, 過去・現在・未来にかかわる. そして, μνημόσυνον は, 言わば, 持続的記憶を通して「永続的な記念」を表すのに対して, ἀνάμνησις は一度限りのダイナミックな想起を通して, やはり「永続的な記念」を表す. それ故, τοῦτο ποιεῖτε εἰς τὴν ἐμὴν ἀνάμνησιν を動詞を用いずに翻訳するならば, L.ブイエが指摘するように[52],「私の記念 (mémorial) としてこれを行いなさい」と訳すのも一方において妥当である. しかしながら, εἰς ἀνάμνησιν の語が持つ, 一度限りのダイナミックな想起の現在化を動詞なしに表すのは極度に困難である. したがって, 結局は, 動詞を用いる必然性が生じる. こうして, 我々は語根 ZKR, 特にזָכַר の hiphil 形から派生する諸動詞の三つの段階を考えるのである.

 段階〔I〕 想起させる
 段階〔II〕 宣言する, 告知する, 表明する
 段階〔III〕 賛美する

ところで, εἰς τὴν ἐμὴν ἀνάμνησιν における想起の主体は誰か. この主体は, 疑いもなく, τοῦτο ποιεῖτε の主体と同一である. この観点からも, エレミアスの解釈は適切でない. 何故なら, 彼にとって, τοῦτο ποιεῖτε の行為の主体は共同体で, εἰς τὴν ἐμὴν ἀνάμνησιν の主語は神だからである. H.コスマラは, 主語を分離させるエレミアスのこの見解をはっきりと退けている[53].

我々の解釈は, 以下の点において明白である.
 "εἰς τὴν ἐμὴν ἀνάμνησιν":

---

52) L. Bouyer, *Eucharistie*, p. 107.
53) H. Kosmala "Das tut zu meinem Gedächtnis" pp. 82s. 参照.

Ⅳ　アナムネーシス命令に関する想起の主体について

- 行為の主な主体：パン裂きとぶどう酒の祝福の儀式を行なう共同体
- この行為の現実：動作と告知を伴う，パン裂きとぶどう酒の儀式；「このパン」（復活させられたキリストの体）を食べ，「この杯」（復活させられたキリストの血）を飲む行為；主の死と復活の記憶の中に入っていく行為
- 想起の主体：共同体
- 想起の対象：主の死（「主」の語は復活を含む）
- この行為あるいはこの想起は誰に向けられるか：父である神

以上を踏まえて，アナムネーシス命令を，語根 ZKR，特に זָכַר の hiphil 形に由来する前述の動詞の三つの段階を用いながら訳してみよう：

- 第1段階〔Ⅰ〕　神に私を想起させるためにこれを行いなさい．
- 第2段階〔Ⅱ〕　あなたがたが　⎧宣言するために⎫
　　　　　　　　主の死を神に　⎨告知するために⎬　これを行いなさい．
　　　　　　　　　　　　　　　⎩表明するために⎭
- 第3段階〔Ⅲ〕　"mirabilia Dei"（神の驚くべき不思議なわざ）の成就である過越の出来事を賛美するためにこれを行いなさい．

ところで，すでに見てきたように，上記の行為を通して，同時に，使役動詞に由来する，神の側の共同体への想起が在る．しかし，重要なのは，アナムネーシス命令自体は人間の側の想起に限られていることである．もちろん，神の記憶・想起は，時空を越えて永遠であるが，ここで言う神の想起とは，人間の自由な応答に対する実効ある恵みとしての想起について語っていることは言うまでもない．いずれにせよ，その命令の周辺には，二つの想起が存在する．すなわち，アナムネーシス命令の内部（以下の表：＿＿＿）とアナムネーシス命令の外部（以下の表：＿＿＿）である．上記の動詞の三つの段階は＿＿＿の部分ではなく，＿＿＿の部分に合致する．確かに，共同体の想起の後，ほとんど同時に行なわれる神の側の想起は，イエスのアナムネーシス命令外であり，この命令の実行の実りとしてもたらされる．

これまでに提示した論証に基づいて，今度は，エレミアスの解釈の問題点を具体的に解明しよう．

アナムネーシス命令の構造

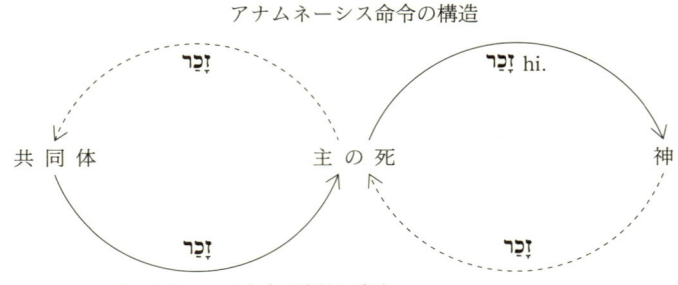

```
        זָכַר                          זָכַר hi.
       ↙                              ↙
   共同体        主 の 死            神
                ↗   ↖
        זָכַר                          זָכַר
```

──── ：アナムネーシス命令の直接の内容
‥‥‥：この命令の実行の効果

第一の点は，使役動詞にある：段階〔Ⅰ〕(想起させる)．この場合，神の側の想起を呼び起こすのは共同体であるが，想起の主体は神である．それ故，一見，アナムネーシス命令を，神を主語として解することができる．ここに落とし穴があり，エレミアスはこの罠にかかったのである．こうして，彼は神を主語とすることによって，これを「祈願」のように訳し，「神がメシアを想い起こしてくださるように」とした．彼は共同体を主語とする使役動詞が持つ意味の幅と深さを十分に考察することを怠ったと言えよう．すなわち，次の二つの文章は，構文論的見地からは，代用できるにしても，同じ現実ではないことを見逃したのである．

段階〔Ⅰ〕	これを行いなさい	あなたがたが神に私を想い起こさせるように．
	(a)	(b)
エレミアス	これを行いなさい	神が私を想い起こすように．
	(c)	(d)

まず，行為(a)は行為(b)と一致すること，それらは異なる二つの行為でなく，同一の行為であることを認めなければならない．エレミアスによれば，行為(c)は，結局は，パン裂きとぶどう酒の祝福の儀式の中心部である「食卓の祈り」(Tischgebet)を表す．したがって，彼にとって行為(c)は行為(d)と同一ではない．行為(d)，すなわち，神の側の想起は，行為(c)の結果として，行為(c)の後に起こるのである．我々の見解を示そう．

要するに，(a)と(b)の行為は同じ一つの現実である．

・行為(a)

Ⅳ アナムネーシス命令に関する想起の主体について

パン裂きとぶどう酒の祝福の儀式
- 行為(b)

段階〔Ⅰ〕 神に「主の死」を想起させる

段階〔Ⅱ〕 神に「主の死」を ┧ 宣言する / 告知する / 表明する

段階〔Ⅲ〕 神のカイロスの出来事を賛美する

したがって，アナムネーシス命令の内部においては，神の側の想起はなく，共同体の הִזְכִּיר の行為，すなわち，共同体の側の「想起－告知－賛美」でしかない．ところが，エレミアスはこれを解釈するに当たって，次のように述べている．「したがって，繰り返し命令は，神が私を想い起こすように，これを行いなさい，すなわち，メシアが再臨し，み国を出現させるために，神がメシアを想起してくださるように，と理解することができよう[54]」．この解釈では，想起に関して前面に出るのは神の行為であって，人間の行為は神の側の想起の背後に隠れてしまう．結局，エレミアスは想起の第一の過程を第二の過程（本書124頁以下参照）と混同したと言えよう．明確にしておかねばならないことは，主のアナムネーシス命令は，想起の第一の過程のみを含むということ，すなわち，人（共同体）の側の想起のみを対象にしているということである．

```
                    זָכַר hi.
           ⌢⌢⌢⌢⌢⌢⌢⌢⌢⌢⌢⌢⌢⌢⌢⌢↘
  共同体           過越の出来事              神
           ⌣⌣⌣⌣⌣⌣⌣⌣
               זָכַר

        "イエスのアナムネーシス命令の直接の内容"
```

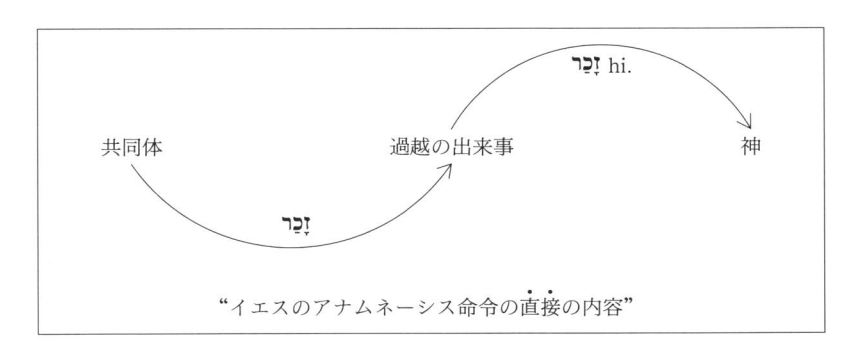

---

54) J. Jeremias, *La Dernière Cène*, p. 301.

この命令は神の側の恵み深い想起を「直接に」は含まず,「暗黙のうちに」含んでいる. 何故なら, 動詞の三つの段階(想起させる－告知する－賛美する)のうちで,「想起させる」は神の側の想起に言語的に密接にかかわるからである. とは言え, 実際には, 神の側の想起はこの命令外である. エレミアスが想起の主体として共同体の代わりに神を立て, 使役形の代わりに直接形を用いたとき, 想起 ($ἀνάμνησις$) に関するあるがままの現実を見失った.

共同体がこのパンを食べこの杯を飲むごとに, すなわち, 共同体がパン裂きとぶどう酒の祝福の儀式を動作と言葉をもって執り行うたびに, この具体的な行為は, 迂回なしに, 段階〔Ⅰ〕の行為(想起させる), 段階〔Ⅱ〕の行為(宣言する, 告知する, 表明する), 段階〔Ⅲ〕の行為(賛美する)なのである. これはまさにエウカリスチアへの共同体の積極的な参与の行為, すなわち, 想起－告知－賛美を示している. 神に「想い起こさせる」具体的な行為は, 共同体自体が神の前で, 一度限り成し遂げられた神のカイロスの出来事を「想い起こし」, 主の死を「告げ知らせ」, mirabilia Dei をたたえることを意味する. この「想起－告知－賛美」を通して, 神の側の想起がほとんど同時に行われるが, これはイエスのアナムネーシス命令の直接の内容ではなく, それは結果としての現実である:

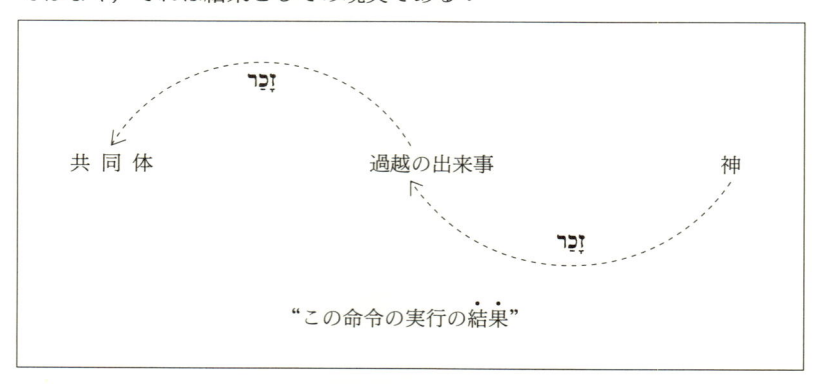

```
                    זָכַר
                    ↙
  共同体         過越の出来事              神
                    ↖
                    זָכַר

        "この命令の実行の結果"
```

したがって, エレミアスの「最後の晩餐で, 主の死が告げ知らされるたびに……救いの歴史の完成はまだ待望のうちにあることを神に思い出させる」という注目すべき言葉は, 我々の解釈に基づいて次のように修正されるべきである.

Ⅳ アナムネーシス命令に関する想起の主体について

1. 我々の解釈によれば,「告げ知らせる」と「思い出させる」は異なる二つの行為ではない．したがって，同じ語源（זכר の hiphil 形）に由来する「告げ知らせる－思い出させる」の動詞は，同じ目的語を持つべきであるが，エレミアスはそれらに異なる二つの目的語を与えている．我々の考えでは，神に主の死を告げ知らせる行為と，神に主の死を思い出させる行為は同じ現実を表す．エレミアスは,「救いの時の始まりである主の死を神に告げ知らせる」行為と,「救いの歴史の完成であるメシアの再臨を神に思い出させる」行為を一つに結びつける意図を持っているのである[55]．しかし，この無理な解釈は次の三つの事柄に関する先入観に由来する．a) $εἰς\ ἀνάμνησιν$ は神を主語とする，b) 終末論的解釈（マコ14・9参照），c) メシアについての神の側の想起．

2. 我々の解釈によれば,「主の死を神に思い出させ－告げ知らせる」ことは，まさに「共同体」が主の死を想起し，救いの中心的出来事であるイエスの死と復活の出来事のアナムネーシスに入ることを意味するが，エレミアスによれば,「主の死を告げ知らせること」は，まさに神がメシアを想起し，救いの最終的出来事であるメシアの再臨の出来事のアナムネーシスに入ることを意味する．

　要するに，我々の見解は，イエスのアナムネーシス命令に関して，zikkārôn の主語は,「共同体」であり，zikkārôn の目的語は「主の死」，すなわち，父なる神が，復活を通して，クロノスからカイロスの出来事に変貌せしめた「主の死」である．

最後にもう一度整理しておこう．
　Τοῦτο ποιεῖτε εἰς τὴν ἐμὴν ἀνάμνησιν：
　これを行いなさい＝パン裂きとぶどう酒の祝福の儀式：
　「あなたがたは，このパンを食べこの杯を飲む」（Ⅰコリ11・26参照）

---

[55] Cf. *Ibid.*, pp. 300-305.

段階〔I〕＝ あなたがたは神に「主の死」を	想起させる
段階〔II〕＝	告知する
段階〔III〕＝	賛美する ↑ זָכַר hi. ↑ 語根 ZKR

以上のことから，我々は異論1に対して，アナムネーシス命令に関して，"לְזִכָּרוֹן, εἰς ἀνάμνησιν, etc." の記念定型に従って，想起の主語を神だけに限る J. エレミアスの解釈は適切とは言えず，この記念定型は必ずしも常に神を主語とするのではなく，人にもかかわる事柄であることを主張する．

4.2 異論2に関して

神はただ一人，特に一人の犠牲を想い起こして多くの人々を救う意図を持つ．まして神は交わり（communio）の成就の sacrificium であるその独り子を想い起こされる．これについて，我々は次のように答える．

確かに，旧約において，神はただ一人の人物とその契約を通して多くの人々を救う意図を持っている．特に神は救いの歴史を，一人の犠牲（聖書的意味）への慈悲に満ちた想起を通して継続する．神の民もまた，一人の義人と一人の犠牲故にその民を想い起こしてくださるよう神に願う．そして今や，新約の時代には，神は世を救うためにその独り子の sacrificium を想い起こされる．しかし，過越の出来事を成し遂げた後は，この過越の sacrificium の想起は神の側だけでなく，人の側にもかかわる．キリスト・イエスの過越の sacrificium は単に古い犠牲の継続ではなく，「新しい」[56]（καινός）犠牲である．

過越の sacrificium の人の側の想起の重要性に関して，次の三つの点，(i) ἀντί と ὑπέρ (ii) μετάνοια (iii) ὑπομιμνῄσκω から説明が可能である．これは，

---

56) この「新しい」の意味については，A. 米田，ZIKKARON《Τοῦτο ποιεῖτε εἰς τὴν ἐμὴν ἀνάμνησιν》第 I 章 1.2 及び第 II 章 2.2 を参照．

Ⅳ アナムネーシス命令に関する想起の主体について

人間の責任にかかわる問題である．ところで，人間の責任は旧約の民よりもはるかに新約の民に関係している．何故なら，新約の民はイエスの死と復活を知っているからである．実際，神の側と人間の側の想起に関する図式－1，2（本書104頁以下）が示すように，その比率は新約と旧約とでは異なる．たとえば זָכַר の qal 形に関して，旧約聖書では約70例は神を，100例は人を主語としているのに対して，新約聖書では，ほとんどすべての場合が人を主語としている．次の図式は上記の事実を明瞭に示している．

聖書における神の側の想起と人の側の想起の割合

	神	人
旧約聖書 זָכַר (qal)	7	10
新約聖書	1	10

ところで，割合のこの変化は新約聖書における人間の責任の増大を示す．上記の三つの観点に基づいて，この増大の理由の説明を試みよう．すなわち，

(i) $\dot{\alpha}\nu\tau\acute{\iota}$ と $\dot{\upsilon}\pi\acute{\epsilon}\rho$ の弁証法

(ii) 過越の sacrificium に関する $\mu\epsilon\tau\acute{\alpha}\nu o\iota\alpha$

(iii) 聖霊の役割：$\dot{\upsilon}\pi o\mu\iota\mu\nu\acute{\eta}\sigma\kappa\omega$

(ii) と (iii) については，拙論「ZIKKARON」においてすでに考察した[57]．ここでは，第一の面だけを取り上げよう．

アナムネーシス命令に関する解明の鍵は $\dot{\alpha}\nu\tau\acute{\iota}$（アンチ）と $\dot{\upsilon}\pi\acute{\epsilon}\rho$（ヒュペル）の間の微妙なニュアンスのうちに隠されている．すでに述べたように，想起の第一の過程なしには，第二の過程はありえない．すなわち，共同体の側の想起なしには，父なる神の側の想起はありえない．この二つの想起はほとんど同時的であるが，「このパンを食べこの杯を飲む」（Ⅰコリ11・25参照）共同体の側の想起が先に来る．共同体の想起は，まさしく，父なる神が，その愛する独り子によってただ一度限り成し遂げた，神の不思議なわざの成就である「復活の出来事」の記念である．旧約においては，神の側の想起が

---

[57] Cf. *Ibid.* (ii) については，第Ⅰ章1.2及び第Ⅱ章2.2を，(iii) については，ヨハネ福音書における $\mu\iota\mu\nu\acute{\eta}\sigma\kappa o\mu\alpha\iota$ とその派生語の検証，pp.132-145参照．

行われる前に，祭儀的 zikkaron の中で神の側の想起を呼び起こすため，指示（azkārâ）としての人間的行為がほとんど常に存在する．ましてや，新約では，人間の参与の行為が神の慈悲深き行為に先立つ．これは，$ἀντί$ と $ὑπέρ$ の間の微妙なニュアンスのうちにより明確に理解される．ところで，ティヤールはこの点について，明晰な考察を行っている．

> もちろん，ルターが考えたように，絶対的な「代替」ではない．つまり，いったん，多くの者のために一人によってこの行為が成し遂げられれば，他の者たちはもはや何もする必要がなく，なんら責任を持たされなくなると言っているのではない．
> ………………
> それぞれの個人そのものに取って代わったのではなく，少なくとも，それぞれの行動，仕事，義務の何らかの領域において，彼らに代わっているのである．個人個人の責任を一切取り去ったのではなく，彼らが自分では果たし得なかった鍵となる決定的行為を（イエスは）成し遂げ，そのおかげで，彼らの責任は，以後，このように開かれた視野の中で行使されることが可能になる……このようにして，前置詞 hyper は，みずからのうちに何らかの anti を含んでいるのである．イエスは人間の多数の代わりを全面的にするのではなく，彼らと「連帯している」のであって，その連帯は「神の似姿」としての本性そのものから求められるすべての分野を，人間の自由と責任にゆだねる行為を成就するほどである……この役割は，人間の歴史全体にあって，すべての罪，すべての憎しみで覆われた pharmakos と同じく，他の者たちのすべてのドラマをみずからの上に担うものである．そこには，我々が究明した anti の次元がある．イエスは「みずからの上に担う」．もとより，アンセルムスがほのめかしたような仕方，すなわち他の場所からやって来る英雄とは程遠い．イエスは人間の悲劇の中にいる．（この悲劇の法則そのものに忠実で），救いのために（hyper），culpa（義人アベル以来の世の罪）を，代わって（anti）「みずからの上に担う」役者のようである．イエスは「一人に対立するすべての者」の pharmakos であるが，しかしそれは

IV アナムネーシス命令に関する想起の主体について

「すべての者のための (hyper) 一人」となる pharmakos の役割を果たすためである[58]。

ところで，アナムネーシス命令に関連して，前置詞 ὑπέρ を見出す。ここで，次の三つの語，ὑπέρ, ἀνάμνησις, διαθήκη に注目しながら一つの表を示すことにする。

ルカ 22・19			
τὸ σῶμά μου══════════		ὑπὲρ ὑμῶν────	ἐμός ἀνάμνησις
私のからだ		あなたがたのため	私の記念
Ⅰコリ 11・24			
τὸ σῶμά μου══════════		ὑπὲρ ὑμῶν────	ἐμός ἀνάμνησις
私のからだ		あなたがたのため	私の記念
マコ 14・24			
τὸ αἷμά μου══	ἡ διαθήκη══	ὑπέρ πολλῶν	
私の血	契約	多くの人のため	
ルカ 22・20			
τὸ ποτήριον══	ἡ καινὴ διαθήκη══	ὑπέρ ὑμῶν	
杯	新しい契約	あなたがたのため	
Ⅰコリ 11・25			
τὸ ποτήριον══	ἡ καινὴ διαθήκη────────		ἐμός ἀνάμνησις
杯	新しい契約		私の記念

══：同じ文章　　────：同じ節

「これは，あなたがたのために (ὑπέρ) 与えられる私のからだである」(ルカ22・19)。「これは，多くの人のために (ὑπέρ) 流される私の血，契約の血である」(マコ14・24)。「この杯は，私の血による新しい (καινός) 契約である」(ルカ22・20，Ⅰコリ11・25)。パン裂きとぶどう酒の祝福の儀式を私の記念 (ἀνάμνησις) として行いなさい。

ὑπέρ の代わりに ἀντί を用いていたとしたら，この文章の意味はどう変

---

58) J. M. R. Tillard, *Un seul pour le salut de tous*, pp. 24s. 27, また, pp.21-34.

わったであろうか。「これは，あなたがたの代わりに（ἀντί）与えられる私のからだである．これは，あなたがたの代わりに（ἀντί）流される私の血である．私はあなたがたの代わりに（ἀντί）なる．神はこの目的のために私を世に遣わされた．私はあなたがたに代わって（ἀντί）すべてを成し遂げた．したがって，あなたがたは私の父の恵みを「無償で」受けることができる．私はすべてを「一掃し」，すべてを新たにする．この杯は私の血による新しい（νέος）[59] 契約である．神はこの契約を想い起こされる．神の想起を呼び起こすために，パンとぶどう酒の儀式を行いなさい．その時，神は，あなたがたに代わって（ἀντί）自分をいけにえとしてささげた私を想い起こされ，その後，新しい（νέος）契約とあなたがたの共同体を想い起こされる．これを，積極的な参加なしに機械的に繰り返しなさい．そうすれば，あなたがたは私の父の恵みを自動的に受けることができる．私の命令に従って，私の記念のためエウカリスチアを繰り返しなさい．それで十分である．」ということになろう．

　ところで，ὑπέρ にすれば，上述の解釈とは違ったものが得られる．このニュアンスは極めて重要である．「これは，あなたがたのために（ὑπέρ）与えられる私のからだである．これは，多くの人のために（ὑπέρ）流される私の血である．あなたがたの culpa の傷は私を死に至らしめる．私はあなたがたの悲惨（misère），あなたがたの欲望（désir）を知っている．私は自分を最後まであなたがたの自由な決定にゆだねる．父である神は，あなたがたの自由な選択に基づいて，救いの歴史を完成させることを望まれる．私は神と人との間の「交わり」と「和解」の道具として死ぬ．私の死の原因は人間の culpa である．culpa の根は底知れぬ無明である．すなわち，真理に関する無知と無意識に由来する，幻想の狂気である．だから，私は『父よ，彼らをお赦しください．彼らは自分が何をしているのか知らないのですから』（ルカ23・34）と祈る．私の十字架はクロノスである．闇から闇に葬り去られる暗黒の時である．『木にかけられた死体は，神に呪われたものだからで

---

59) この場合は，持続の中での新しさを示す καινός よりもむしろ 0 から一変する新しさ νέος が適切．

Ⅳ アナムネーシス命令に関する想起の主体について

ある』（申21・23）。私は『死刑に当たる罪を犯した人』（申21・22）として死ぬ。これは全くクロノスであった。けれども、私の父は私を復活させてくださった。私の父は、あなたがたが十字架につけたこの私を主としキリストとされた（使2・36参照）。その時、私の死はクロノスからカイロスに変貌する。だから、あなたがたは目覚めて祈りなさい。あなたがたは私の死と復活を告げ知らせる時、私のactaとdictaを想い起こし、私の死の真の意味を悟り、真のメタノイアに入る。私が約束した霊はあなたがたの想起を助け、主の死の意味を知らしめる（ヨハ14・26：$\hupomimn\bar{e}sk\bar{o}$, 2・17, 22；12・16；15・20；16・4, 21参照）。私が来る時まで、復活した私のからだであるこのパンを食べ、復活した私の血であるこのぶどう酒を飲み続けなさい。「パン裂きとぶどう酒の祝福」の儀式を執り行うあなたがたの「動作と言葉」はまさに"zikkaron"——主の死の想起と告知、父なる神への賛美の告白——である。このzikkaronは、"mirabilia Dei"のテレイオーシス（成就）であり、あなたがたの救いのために（*ὑπέρ*）一度限りで成し遂げられた神のカイロスの出来事である過越の出来事（イエスの死と復活）の「永久化」である。そこには、新しき創造（*καινὴ κτίσις*, Ⅱコリ5・17, ガラ6・15参照）とエクレーシアなる「キリストのからだ」の建設が見られる。私の父と私もまた、*ἐκκλησία τοῦ θεοῦ*（神の教会）を創造し続ける。『私の父は今もなお働いておられる。だから、私も働くのだ』（ヨハ5・17）。「復活したキリストのからだ」（聖体）を受けながら、「みずからをキリストのからだ」とすることによって、「教会というキリストのからだ」の創造にかかわりなさい。約束の霊である生ける神の息吹に助けられて、祭儀的"zikkaron"（想起・告知・賛美）を通したあなたがたの「参与と責任」を土台にして、父は、最終的出来事の日まで、昔も今も、交わりの"sacrificium"である私を想起され、あるがままのあなたがたの共同体を慈しみ深く想起される。」これぞまさに、《*Τοῦτο ποιεῖτε εἰς τὴν ἐμὴν ἀνάμησιν*》の具体的内容である。

4.3 異論 3 に関して

契約（בְּרִית berit, διαθήκη ディアテーケー）の想起に関しては，主語はほとんど常に神である．したがって，神は新しい契約（Ⅰコリ11・25）を想起される．よって，"εἰς ἀνάμνησιν" の表現（Ⅰコリ11・24,25）は神を主語とする．これについては，次のように答えよう．

次の三つの面を提起しながら，簡潔かつ入念に分析しよう．

(i) 旧約聖書において，人の側の契約についての想起が二例見られる．代上16・15，シラ28・7

(ii) A.シェンケルの見解に従って

(iii) アナムネーシス命令（ルカ22・19，Ⅰコリ11・24, 25）と新しい契約（ルカ22・20，Ⅰコリ11・25）との比較

(i) 確かに，旧約聖書において，זָכַר と בְּרִית の間の直接的結合に関して言えば，15例（シラ28・7：διαθήκη を入れて）の内，13例は神を主語としている．しかし，人の側の想起の二つの例は看過されるべきではない．特に，代上16・15は極めて重要である．何故なら，この文は段階Ⅰ（想い起こさせる）と段階Ⅱ（告知する）と段階Ⅲ（賛美する）の動詞を含んでいるからである．動詞のこの三段階は זָכַר, יָדָה, יָדַע, それぞれの hiphil 形で出てくる．この文は「想起」と「告知と賛美」の間の密接な関係を明らかにする．これが代上16・4，8，12，15，16の「賛辞的告白」である．

> ダビデはレビ人たちを奉仕者として主の箱の前に立て，イスラエルの神，主を祝い（זָכַר hi.），ほめたたえ（יָדָה hi.），賛美するように命じた……主に感謝をささげて（יָדָה hi.），御名を呼べ．諸国の民に偉大な御業を告げ知らせよ（יָדַע hi.）．
>
> …………
>
> 主の成し遂げられた驚くべき御業と奇跡を，主の口から出る裁きを想い起こせ（זָכַר）．
>
> …………

Ⅳ　アナムネーシス命令に関する想起の主体について

とこしえに主の契約（בְּרִית）を想い起こせ（זָכַר）．
世々に至るまで布告された御言葉を，
アブラハムと結ばれた契約，イサクに対する誓いを．

(ii)　契約の概念は בְּרִית の語だけに限られず，これを他の面からも考察すべきであろう．その時，A.シェンケルが主張するごとく，契約の概念の中には，人間の参与と，神と人との間の相互の義務の面が見いだされる．

> 事実，契約というものは，当事者間の約束であって，それぞれが他方に対して明確な義務を持つ……それが出24・3-8の意味でもある．すなわち，祝いの法的側面（掟の布告，民の承認，布告された言葉の「記録」）は明確な義務を含むのに対して，その典礼的側面（祭壇の設置，石柱の建立，犠牲，民に血を振りかけること）は神の前での参与，すなわち，行った約束の保証人となる神を巻き込む儀式を表す．したがって，儀式は民と神を同時に拘束する一つ誓約の意味を持つのである．
> 神とイスラエルの間に結ばれた「契約」は，beritの語で表現されない．この語は義務を意味するが，それも民に対する神の側の義務である．しかし，それは神とその民の間の相互の義務を果たす誓約の儀式である．その上，この誓約は一つの願である．何故なら，それは神から生じるものとして聖なる義務を承認する約束だからである．出24・3-8が私たちに示すのは，集団的願いの典礼的執行である[60]．

(iii)　アナムネーシス命令（ルカ22・19，Ⅰコリ11・24,25）と「新しい契約」（ἡ καινὴ διαθήκη：ルカ22・20，Ⅰコリ11・25）の間にはどのようなつながりがあるか．この問いの解明が我々の最後の研究であり，しかも，この問題は極めて微妙で困難である．

---

60)　A. Schenker, "L'origine de l'idée d'une alliance entre Dieu et Israel dans l'Ancien Testament" *Revue Biblique* (1988), T95-2, pp. 184-194. 参照.

前述の解決 [(i)(ii)] は十分に説得的ではない。(i)に関して言えば、確かに、代上16・15（シラ28・7参照）は人を主語としているが、これは全く例外的で、他のすべての場合は、神を主語としている。(ii)に関して言えば、「相互の義務と人間の参与」を契約の概念の中に見ることができるとしても、我々の主な関心事は、זָכַר 及びその派生語との結びつきを探求することにある。そして、ヘブライ語で契約の概念を表す語の間では בְּרִית だけが זָכַר と密接に結びついており、その他の語、例えば、誓約 (שְׁבֻעָה, ὅρκος) は זָכַר と密接な関係を持っていない。しかも、"בְּרִית と זָכַר" の語を含む文章は、旧約聖書では、ほとんど常に神を主語としている。よって、契約にかかわる בְּרִית 以外の語の中に、神と人との相互性を指摘する A. シェンケルの見解は我々の研究には直接役立たない。

それ故、ルカ22・20（並行Ⅰコリ11・25）の διαθήκη は בְּרִית の語に合致するかどうか尋ねる必要がある。そうでなければ、前述の論証を用いることはできない。LXX に関しては、διαθήκη は בְּרִית だけでなく、תּוֹרָה（ダニ9・13), דָּבָר（申9・5）また、עֵדוּת（出27・21；31・7；39・35）等にも符号する。しかし、大部分の約300箇所（シラ書も含め）において、διαθήκη は、旧約聖書では、בְּרִית に合致する。重要なのは、旧約聖書で一度だけ出てくる「新しい契約」という表現（διαθήκη καινή：エレ31・31）は בְּרִית に合致する事実である[61]。したがって、ルカ22・20（並行Ⅰコリ11・25）の「新しい契約」(καινή διαθήκη) も、בְּרִית に合致すると考えるのが妥当である。事実、現代ヘブライ語訳は、ルカ22・20の διαθήκη を בְּרִית に訳している。以上のことから、新約聖書の中の "διαθήκη に対する μιμνήσκομαι" の関係は、旧約聖書における "בְּרִית に対する זָכַר" の関係に基づきながら解釈されることができる。したがって、ルカ22・20（並行Ⅰコリ11・25）の διαθήκη に対するルカ22・19（並行Ⅰコリ11・24, 25）の ἀνάμνησις の関係は "בְּרִית に対する זָכַר" の関係に基づいて解釈できる。

結局、解決(i)と解決(ii)は当面の問題にとって、それほど説得的ではない。それ故、今度は、解決(iii)に取り組もう。この解決(iii)が説得的でないならば、

---

61) A.米田, ZIKKARON, τοῦτο ποιεῖτε……, pp.100-103参照。

Ⅳ　アナムネーシス命令に関する想起の主体について

異論(iii)はアナムネーシス命令の解釈の切り札となり，遂には，我々の解釈は異論(iii)によって退けられる．それ故，注意深く，最後の論戦に移ることにする．

まず，我々が異論(iii)で提示したアナムネーシス命令の解釈を思い出してみよう．

神はすべての人のために（ὑπέρ）ただ一人を想い起こされる．神はこの「一人」を想い起こされ，さらに，それ以上のことを想い起こされる．すなわち，神は，その民のために（ὑπέρ）一人を通して結ばれたご自分の契約（בְּרִית，διαθήκη）を想い起こさせるのである．

> この杯は，私の血によって立てられる新しい契約（καινὴ διαθήκη）である．飲む度に，私の記念として（εἰς τὴν ἐμὴν ἀνάμνησιν）これを行いなさい．（Ⅰコリ11・25）．

これは，「神が私を通して結ばれた新しい契約を想い起こされるために，「想起のしるし」としてこれを行いなさい」という意味である．神は，新しい契約と，すべての人の救いのために（ὑπέρ）一人のsacrificiumを通して成し遂げられたカイロスの出来事を想起される．

異論(iii)に対して残された応答として，次の二つの観点から考察しよう．
（ⅰ）「アナムネーシス命令とぶどう酒の祝福の儀式」との結びつきに対する，「アナムネーシス命令とパン裂きの儀式」との結びつき
（ⅱ）「アナムネーシス命令」の構造

（ⅰ）「アナムネーシス命令とぶどう酒の祝福の儀式」との結びつきに対する，「アナムネーシス命令とパン裂きの儀式」との結びつき
　アナムネーシス命令は，ルカ22・19とⅠコリ11・24では，パン裂きの儀式に関連して，また，Ⅰコリ11・25では，ぶどう酒の祝福の儀式に関連して現れる．すなわち，ルカはアナムネーシス命令を杯の儀式に関連させてい

ない．もし，アナムネーシス命令が，その重要さの故に新しい契約との密接な関係に関して与えられたのであるならば，ルカがこの命令を杯の儀式に関連させて述べなかったとは考えられない．すなわち，ルカは決して削除しなかったはずである．したがって，この命令はパン裂きの儀式あるいは二つの儀式に関連させて解釈するのが適当である．少なくとも，杯の儀式だけと関連させて解釈することは避けるべきである．したがって，「アナムネーシス命令」を杯の儀式にのみ出てくる新しい契約に直接結びつけながら解釈するのは適切ではない．エレミアスの指摘を思い出してみよう．

> ……それが杯に関して，（ルカではなく，パウロにのみ）出てくる事実は，パラレリスムへの傾向の新たな証拠である[62]．
> ……それはパウロでは二度言われている．すなわち，パンについての言葉の後にも，杯についての言葉の後にも言われている．これに対して，ルカでは，パンについての言葉の後に一度だけ出てくる（ルカ22・19）．ルカ（ルカだけ）が ὑπέρ の語を二度述べているので，ルカが自分で二度目の繰り返し命令を省略したとは考えられない．命令をただパンについての言葉と結びつけて伝えることによって，ルカはおそらく，伝承のより古い段階を反映している[63]．

したがって，この命令を，杯の儀式にだけ属する新しい契約との密接な結びつきのうちに解釈する異論3は説得的ではない．つまり，旧約聖書においても新約聖書（ルカ1・72）においても契約（בְּרִית, διαθήκη）に関する想起の主語は，神であるから，アナムネーシスの命令における想起も当然神を主語とするという論理は説得力を持たない．

(ii) アナムネーシス命令の構造

すでに，アナムネーシス命令に関して，「想起の二つの過程」を示した．

---

62) J. Jeremias, *La Dernière Cène*, p. 203.
63) *Ibid.*, p. 298.

IV アナムネーシス命令に関する想起の主体について   173

本研究の終わりに，もう一度この構造を掘り下げてみよう．そして，以下に示す構造の中で，特に「契約（$διαθήκη$）の想起」の位置を解明しよう．

ルカ22・20（並行Ⅰコリ11・25）の新しい契約の想起はどこに位置づけられるのか．表の(I)aか，(I)bか，(II)aか，(II)bか．この点を解決するために，過程(I)と過程(II)の具体的内容を最終的に調べよう．

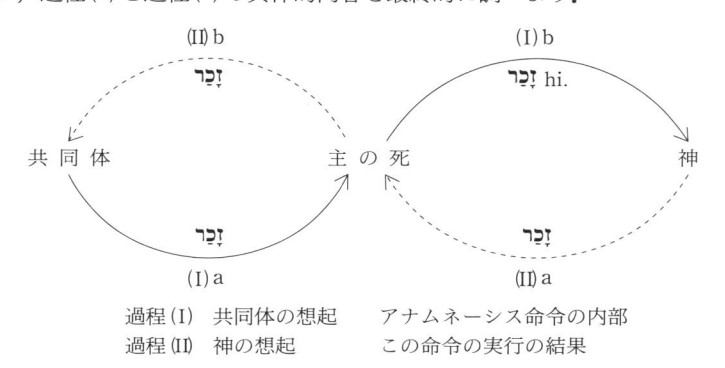

```
        (II) b                          (I) b
         זָכַר                           זָכַר hi.
   共同体 ←------ 主の死 ←------ 神
         זָכַר                           זָכַר
         (I) a                          (II) a
```

過程(I)　共同体の想起　　アナムネーシス命令の内部
過程(II)　神の想起　　　　この命令の実行の結果

・過程(I)　共同体の想起

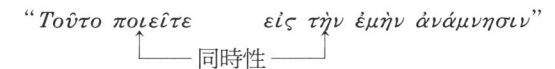

"$Τοῦτο\ ποιεῖτε\quad εἰς\ τὴν\ ἐμὴν\ ἀνάμνησιν$"
└──── 同時性 ────┘

これを－行いなさい　＝　パン裂きとぶどう酒の祝福の儀式
　　　　　　　　　　＝　共同体は，交わりのsacrificiumであるキリスト・イエスの記憶の中に入りつつ，神にそれを想起させ（段階〔Ⅰ〕），主の死を告知し，（段階〔Ⅱ〕）"mirabilia Dei"の成就である過越の出来事を賛美する（段階〔Ⅲ〕）．

共同体はこのパンを食べる
　あなたがたのために（$ὑπέρ$）与えられるキリストのからだ
　復活させられたキリストのからだ
共同体はこの杯を飲む
　あなたがたのために（$ὑπέρ$）流されるキリストの血
　復活させられたキリストの血
　新しい契約（$καινὴ\ διαθήχη$）

共同体は	たたえる (段階〔III〕) ↑	「過越の出来事」(mirabilia Dei の成就) を神に向かって
	告げ知らせる (段階〔II〕) ↑	「主の死」を神に(真の $μετάνοια$ に入り ながら)
	想い起こさせる (段階〔I〕) ↑ זָכַר hi. ↑ 語根 ZKR	「キリスト・イエス」(communio の "sa- crifisium") を神に

したがって，過程(I)の想起は全く共同体の行為に属する．そこには，神の側からの想起の場はない．アナムネーシスのこの具体的な現実は，共同体が，心から回心（メタノイア）しながら，御子によってただ一度限り成し遂げられた，父なる神のカイロスの出来事をたたえることを意味する．この命令は全く「頌栄的・神中心的」構造を持つ．

ここで，我々は一つの問題に突き当たる．すなわち，パウロが「あなたがたは主の死を告げ知らせる」（Ⅰコリ11・26）と言うとき，「告げ知らせる」という動詞をどのように解釈するのか．パウロやエレミアスと同じように，我々も，「アナムネーシス命令は主の死の告知によって行われる[64]」と考える．けれども，この告知の現実は，エレミアスと我々の間では同じではない．エレミアスはⅠコリ11・26の $καταγγέλλειν$ の語を次のように解釈する．

> 先に出ている $γάρ$ の故に，$καταγγέλλειν$ は，一般的見解によれば，直説法にとるべきである．動詞は《告げ知らせる》ことを意味し，また，《成し遂げられた出来事の宣言，告知》を示す．$καταγγέλλειν$ の言語学的用法は口頭による宣言であることを示唆している[65]．

---

64) *Ibid*., p. 302.

IV アナムネーシス命令に関する想起の主体について

したがって，エレミアスは $καταγγέλλειν$ の内容を《口頭の宣言》と考えているが，我々はそれを，《זכר の hiphil 形によって表される意味を持つ行為》と考える．それ故，我々の解釈に従えば，動詞 $καταγγέλλειν$ は語根 ZKR に由来する「想起（メタノイアを含む）－宣言－賛美」の全体の中で把握されるべきものである．宣言（proclamation）は，我々にとって，表明（manifestation）と告白（confession）と同義語である．それは，口頭の行為だけではなく，また事柄を意味し，日本語における「こと」が言と事を意味するのと同様である．

したがって，$καταγγέλλειν$ についての我々の解釈の論拠は次のようである．
1) 《$εἰς\ ἀνάμνησιν$ ＝ לְזִכָּרוֹן》の表現は語根 ZKR，特に זָכַר の hiphil 形に由来する．
2) 動詞《告知する，宣言する，表明する》は語根 ZKR，特に זָכַר の hiphil 形に由来する．
3) Ⅰコリ11・24, 25の命令の内容は，Ⅰコリ11・26に合致する．
4) $εἰς\ ἀνάμνησιν$（Ⅰコリ11・24, 25）と動詞 $καταγγέλλειν$（Ⅰコリ11・26）は，同じ語根 ZKR，特に זָכַר の hiphil 形に由来する．

ところで，パウロにとって，$καταγγέλλειν$ は何を意味するのか．パウロがギリシア語の $καταγγέλλειν$ を用いたとき，彼はヘブライ語またはアラム語のどの言語を頭に入れていたのか．幾つかの可能性がある．例えば נָגַד hi.（$ἀναγγέλλειν,\ ἀπαγγέλλειν$），זָכַר hi.（$ὑπομιμνῄσκειν$），יָדָה hi.（$ἐξομολογεῖν$），קָרָא（$κηρύσσειν$）である．

二つの仮説を示そう．
(i) Ⅰコリ11・26のギリシア語 $καταγγέλλειν$ は，Haggada הַגָּדָה の語根であるヘブライ語 הִגִּיד（נָגַד の hiphil 形）に合致する．
(ii) Ⅰコリ11・26のギリシア語 $καταγγέλλειν$ は，語根 ZKR から派生するヘブライ語（זָכַר の hiphil 形）הִזְכִּיר に合致する．

---

65) *Ibid*., p. 121, p. 302 も参照．

仮説(i) נָגַד hi. = הִגִּיד → καταγγέλλειν

　G.H.ボックス，D.ジョーンズ，J.エレミアス等はこの仮説を支持する[66]。しかし，LXX では異なる。LXX は הִגִּיד を ἀναγγέλλειν（163回）と ἀπαγγέλλειν（166回）に訳している。LXX は הִגִּיד を καταγγέλλειν に訳さない。καταγγέλλειν の語は，IIマカ 8・36；9・17 に出てくるだけである。しかも，マカバイ記はギリシア語で書かれている故，καταγγέλλειν に相当するヘブライ語を我々は知ることができない。しかし，興味深いことに，Haggada の語は動詞 הִגִּיד から派生している。また，この仮説を「出12・14；13・3，8，9とIコリ11・24-26」に関連させて考えるとき，次の事実が明らかになる。

　　この日は，あなたたちにとって記念 (לְזִכָּרוֹן, μνημόσυνον) すべき日となる。あなたたちは，この日を主の祭りとして祝い，代々にわたって守るべき不変の定めとして祝わねばならない（出12・14）。
　　モーセは民に言った．「あなたたちは，奴隷の家，エジプトから出たこの日を記念しなさい (זְכֹר, μνημονεύειν)。主が力強い御手をもって，あなたたちをそこから導きだされたからである。酵母入りのパンを食べてはならない」。（出13・3）。
　　あなたはこの日，自分の子どもに話さなければならない (הִגִּיד, ἀναγγέλλειν)。「これは，私がエジプトから出たとき，主が私のために行われたことの故である」と（出13・8）。
　　あなたは，この言葉を自分の腕に付けて記憶 (לְזִכָּרוֹן, μνημόσυνον) のしるしとし，主の教えを口ずさまなければならない。主が力強い御手を持って，あなたをエジプトから導き出されたからである（出13・9）。

---

66) 以下参照．G. H. Box, "The Jewish Antecedents of the Eucharist", *JThSt*, 3 (1901/02), p. 365, note 1. D. Jones, "ἀνάμνησις in the LXX and the interpretation of *1Cor*. XI. 25" pp. 188s. J. Jeremias, *La Dernière Cène*, pp. 188s.

IV アナムネーシス命令に関する想起の主体について

類似の語

出 12・4；13・3, 8, 9	Ⅰコリ11・24－26
לְזִכָּרוֹן (12・14；13・9)	εἰς ἀνάμνησιν (11・24, 25)
出エジプト (13・3, 8, 9)	主の死 (11・26)
酵母入りのパンを食べてはならない (13・3)	このパンを食べなさい (11・26)
話す (הִגִּיד, ἀναγγέλλειν) (13・8)	告げ知らせる (καταγγέλλειν) (11・26)

以上のことから，Ⅰコリ11・26の καταγγέλλειν はヘブライ語の הִגִּיד に合致するという結論もあながち不自然ではない．事実，過越祭に関しての Haggada の語（父によって語られる，祭りの起源と常に現在的で効果的な意味についての説教）は，まさに動詞 הִגִּיד から来る．

けれども，過越祭における Haggada とエウカリスチアにおけるアナムネーシス命令に関して，両者は必ずしも同じ状況のもとにない．過越祭の Haggada においては，それは一般に父親の息子への説明の形をとる．息子の質問に対して，父親は三つの主要な要素を説明しながら答える．すなわち，「過越の小羊」「種なしパン（マッツァー）」「苦菜」である．こうして，エジプトからの解放という神のカイロスの出来事が現在化される．一方，エウカリスチアにおけるアナムネーシス命令では，救いの出来事を現在化する方法は，Haggada のそれと同じではない．エウカリスチアにおけるアナムネーシス命令では，イエスの死と復活という出来事の現在化は，パン裂きとぶどう酒の儀式と言葉によって行われる．神のカイロスの出来事を告げ知らせるのは，まさにこの動作と言葉である．誰に語るのか．息子にでも，会衆にでも，主の死を知らない人々にでもない．何故なら，既に述べたように，主の出来事の意味を理解せずにエウカリスチアに参加することはできなかったからである．実際，洗礼志願者たちでさえ，エウカリスチアにあずかることができなかった．エウカリスチアを行っていた者たちはイエスの死と復活の意味を十分に理解していた．また，アナムネーシス命令は，エウカリスチアの

後で，主の死を世に告げ知らせることを意味しない。「あなたがたは，このパンを食べ，この杯を飲むごとに，主が来られるまで，主の死を告げ知らせるのです」（Ⅰコリ11・26）。この告知はパンと杯の儀式の内で終わる。その上，$\varepsilon\iota\varsigma$ $\dot{\alpha}\nu\dot{\alpha}\mu\nu\eta\sigma\iota\nu$ の使用は，ただ一度限りのダイナミックな想起を表す。この想起はエウカリスチアの内で終わり，このアナムネーシスをエウカリスチアの外に移すことはできない。$\varepsilon\iota\varsigma$ $\dot{\alpha}\nu\dot{\alpha}\mu\nu\eta\sigma\iota\nu$ の表現は，持続的な記憶を強調する $\varepsilon\iota\varsigma$ $\mu\nu\eta\mu\acute{o}\sigma\nu\nu o\nu$（マコ14・9参照）の表現と区別されなければならない。そこで，またしても質問が起こる。誰に告げ知らせるのか。パン裂きとぶどう酒の儀式の中での「動作と言葉」によって主の死を誰に表明するのか。もちろん，父なる神に語るのである！　神に表明する事柄は，神の不思議なわざの成就である過越の出来事に対する「想起（メタノイアを含む）－告知－賛美」にほかならない。

以上のことから，「過越祭の Haggada」と「エウカリスチアのアナムネーシス命令」の間の状況は同じでないことがわかる。すなわち，(1)カイロスの出来事を現在化する方法が異なる。(2)告知の間接目的語が異なる。すなわち，Haggada では息子であり，アナムネーシス命令では，神である。したがって，仮説(i)は十分な説得力を持たない。

仮説(ii)　語根 ZKR → זָכַר hi. = הִזְכִּיר → $\kappa\alpha\tau\alpha\gamma\gamma\acute{\varepsilon}\lambda\lambda\varepsilon\iota\nu$

我々は，語根 ZKR の意味の豊かさに基づいて，「アナムネーシス命令の頌栄的・神中心的構造」を説明してきた。今，当論文の最終段階にあたり，一つの可能性を示そう。すなわち，Ⅰコリ11・26の $\kappa\alpha\tau\alpha\gamma\gamma\acute{\varepsilon}\lambda\lambda\varepsilon\iota\nu$ も語根 ZKR から来る，という可能性を。

我々はすでにⅠコリ11・26の $\gamma\acute{\alpha}\rho$ について言及した。この $\gamma\acute{\alpha}\rho$ は，Ⅰコリ11・24, 25のアナムネーシス命令の内容を具体的に説明する役割を果たしている。すなわち，アナムネーシス命令とⅠコリ11・26は同じ現実について語っている。とすれば，Ⅰコリ11・26の "$\varepsilon\iota\varsigma$ $\dot{\alpha}\nu\dot{\alpha}\mu\nu\eta\sigma\iota\nu$"（記憶，想起に向かって）と "$\kappa\alpha\tau\alpha\gamma\gamma\acute{\varepsilon}\lambda\lambda\varepsilon\iota\nu$"（告げ知らせる）の結びつきを説明する論拠として，両者は，同じ語根 ZKR に基づいているという仮説は妥当である。ショットロフの説に従って，すでに示したように，語根 ZKR は意味の上で

Ⅳ アナムネーシス命令に関する想起の主体について　　　179

次の外延を持つ．

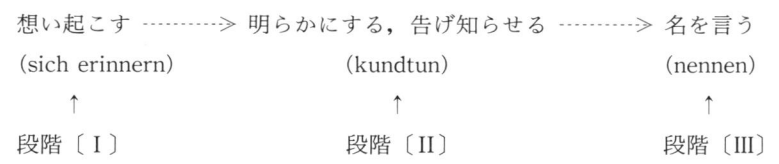

　　想い起こす ･････････> 明らかにする，告げ知らせる ･････････> 名を言う
　　(sich erinnern)　　　　　(kundtun)　　　　　　　　　　(nennen)
　　　　↑　　　　　　　　　　　↑　　　　　　　　　　　　　　　↑
　　段階〔Ⅰ〕　　　　　　　段階〔Ⅱ〕　　　　　　　　　　　段階〔Ⅲ〕

　καταγγέλλειν の語は，「告知する，宣言する，表明する」を意味する段階〔Ⅱ〕に相当する．

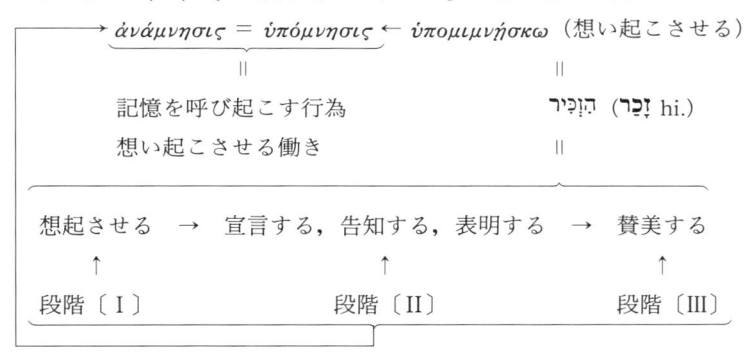

　他方，ἀνάμνησις は語源的に זָכַר の hiphil 形の意味を含む：

　　→ ἀνάμνησις ＝ ὑπόμνησις ← ὑπομιμνήσκω （想い起こさせる）
　　　　　　‖　　　　　　　　　　　　　‖
　　　記憶を呼び起こす行為　　　　　הַזְכִּיר （זָכַר hi.）
　　　想い起こさせる働き　　　　　　　　‖

　　想起させる　→　宣言する，告知する，表明する　→　賛美する
　　　　↑　　　　　　　　　↑　　　　　　　　　　　　　　↑
　　段階〔Ⅰ〕　　　　　　段階〔Ⅱ〕　　　　　　　　　　段階〔Ⅲ〕

　καταγγέλλειν の語は新約聖書に18回出てくる．18例のうち，Ⅰコリ11・26の動詞 καταγγέλλειν だけが祭儀的分野で用いられているが，その意味は יָדָה の hiphil 形に合致する ἐξομολογεῖν（マタ11・25，ルカ10・21，ロマ14・11；15・9，フィリ2・11参照）の意味に類似する．我々は，「キリスト教のエウカリスチアとユダヤ教の tôdah」との関連の中で，アナムネーシス命令をすでに研究した．この תּוֹדָה はまさに יָדָה から来るものである．その上，代上16・4，8とイザ12・3-5で示したように，יָדָה の hiphil 形と זָכַר のそれとは類似の概念を持っている．他方，καταγγέλλειν の語（LXX：Ⅱマカ8・36；9・17：「神の全能を告げ知らせる」）もまた，H.カゼルが指摘するように，tôdah の面から把握されるべきである．

　それ故，パウロは，Ⅰコリ11・26のギリシア語 καταγγέλλειν に合致するヘブライ語として語根 ZKR を念頭に置いていたと推定できる．何故なら，

パウロは，旧約聖書の中の הַגִּיד を翻訳するためにそれぞれ約165回用いられていた ἀναγγέλλειν も ἀπαγγέλλειν も用いず，アナムネーシス命令について，祭儀的分野の中で καταγγέλλειν を用いたからである．以上の推論により，我々の仮説(ii)は仮説(i)よりも可能性が高いと考えざるをえない．

とにかく，過程(I)の想起は全く共同体に属し，そこには神の側の想起の場はない．そして，最後の晩餐におけるイエスのアナムネーシス命令は，まさに過程(I)の中にある．過程(I)においては，想起は頌栄的・神中心的構造を持ち，この構造に従って，共同体は，mirabilia Dei の成就である過越の出来事，すなわち，父なる神が，交わりの sacrificium である愛する独り子によってただ一度限り成し遂げられた出来事を，「心を尽くし，知恵を尽くし，力を尽くして」（マコ12・33）たたえるのである．

ところで，共同体は新しい契約（καινή διαθήκη）を想い起こすのだろうか．この場合は「然り」である．διαθήκη の語は，זָכַר に密接に結ばれたヘブライ語 בְּרִית に合致する．また，旧約において，契約にかかわる想起は，総じて神を主語とする．しかし，新約において今度は，神の側の想起だけではなく，人の側の想起も含む．何故なら，共同体がこのパンを食べ，「新しい契約であるこの杯」（ルカ22・20，Ⅰコリ11・25）を飲む行為は，それ自体，まさに，アナムネーシス命令の現実そのものを意味するからである．したがって，この杯を飲む時，共同体はこの新しい契約を想い起こし，同時に，主の死を告げ知らせ，さらに同時に，神にこの契約を思い出させるのである（Ⅰマカ4・10，Ⅱマカ1・2，エレ14・21参照）．こうして，次の図式が考えられる．

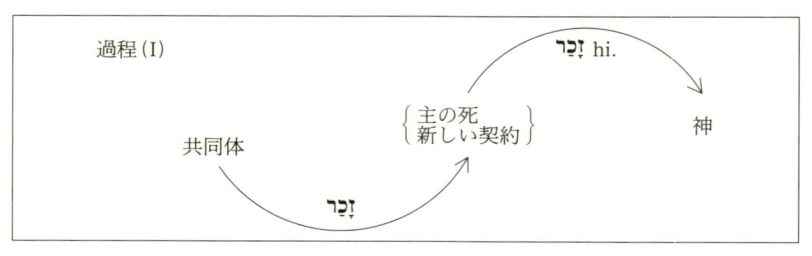

```
過程(I)
                              זָכַר hi.
              ┌ 主の死    ┐
              │ 新しい契約 │              神
    共同体    └          ┘
                  זָכַר
```

・過程(II) 神の想起
　過程(I)の記憶は過程(II)の記憶を引き起こす．何故なら，過程(I)の想起

IV アナムネーシス命令に関する想起の主体について

は，三つの段階を持つからである．段階〔I〕は「想起させる」に合致する．段階〔I〕は一見段階〔II〕（宣言する，告知する，表明する）と段階〔III〕（賛美する）の中に隠れているが，段階〔I〕は常に生きている．$ἀνάμνησις$ の語は $ὑπόμνησις$ と同義語である．それ故，$ἀνάμνησις$ は「想起」だけでなく，語源的に，とりわけ「想起させる行為」を意味するのである．過程(II)の場合，主役を演じるのは，まさに想起させられた対象，すなわち神である．言い換えれば，共同体の「想起−告知−賛美」を通して，神の想起が促され，神は $(α)(β)(γ)(δ)$ を想起する．$(α)(β)(γ)(δ)$ は何を意味するのか．父なる神の想起は $(α)$ 交わり（communio, $κοινωνία$）の sacrificium であった愛する独り子イエスに，$(β)$ 神ご自身がただ一度限り成就された過越の出来事（イエスの死と復活）に，$(γ)$ そしてまた，主の死を通して結ばれた新しい契約に向けられる．その後，以上の想起を通して，すなわち，過程(I)a，過程(I)b，および過程(II)a を通して，最後に $(δ)$ 神の民（$ἐκκλησία\ τοῦ\ θεοῦ$）への神の恵み深い想起がある．したがって，神は確かに，culpa の傷に由来する人間の謀反にもかかわらず救いの歴史を続けるため，かつてその契約（בְּרִית）を想い起こされたように，今や新しい契約を想い起こされる．

　過程(I)−過程(II)において，そこには，神と神の民の間の想起の密接な通い（communio）が存在する．共同体は，神の misericordia と人間の miseria を「想い起こし」ながら，真のメタノイアに入りながら，救いの出来事を「告げ知らせ」ながら，神を「たたえる」．それに対し，神は，みずからの独り子イエス，その死と復活および新しい契約を「想い起こし」ながら，あるがままの共同体を慈悲深く想い起こされる．人の側の記憶は神への賛美であり，神の側の記憶は人々への恵みである．神と人との相互的想起のこの密接な通いを一方において明確にすると共に，我々は，主のアナムネーシス命令自体は，神の側の想起を含まず，人の側の想起に限られていることを断固主張するものである．

　結論として，異論3に対して次のように答えよう．新しい契約の想起は，過程(I)の中と過程(II)の中に含まれている．すなわち，共同体は，アナムネーシス命令の内部自体において新しい契約を想い起こし，神は，アナムネー

シス命令の外で，新しい契約を想い起こされる．したがって，確かに，神は新しい契約を想い起こされるが，この想起はアナムネーシス命令の内には入らない．その結果，旧約聖書と新約聖書で裏付けられる契約（בְּרִית，$\delta\iota\alpha\theta\acute{\eta}\kappa\eta$）についての神の側の想起は，アナムネーシス命令についての解釈の切り札とはならない．結局，最後の晩餐におけるイエスのアナムネーシス命令の構造は次のようである．

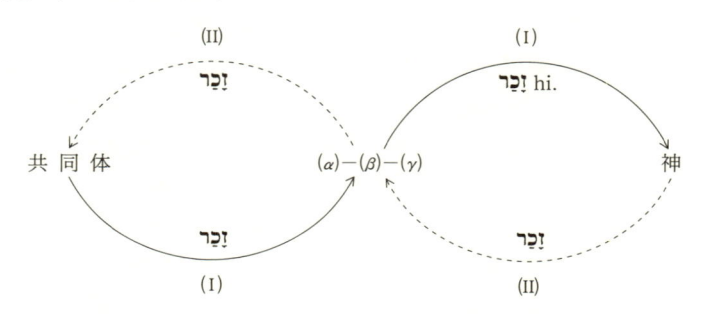

```
                    (II)                      (I)
                    זָכַר                     זָכַר hi.

     共同体                  (α)−(β)−(γ)                神

                    זָכַר                     זָכַר
                    (I)                       (II)
```

過程(I)　　$\acute{\alpha}\nu\acute{\alpha}\mu\nu\eta\sigma\iota\varsigma$ 命令の内　　人の側の想起
過程(II)　　この命令の実行の結果　　神の側の想起

(α)　交わりの "sacrificium" である「キリスト・イエス」
(β)　"mirabilia Dei" の $\kappa\alpha\iota\rho\acute{o}\varsigma$ の出来事の成就である「主の死」（主という言語の中に復活が含まれる）
(γ)　「新しい契約」

結　論

提起した問題への回答

我々の探求の結論を，かつてスイスのフリブールで書き上げた博士論文の序章で提起した問題に答える形で簡潔に示そう．

　序章[1]の中で提起した問題のプロセスは次のようである．

　「イエスとは誰か」に関して，次の二つの軸に立って問題を提起した．(1)人間の根本的な責任の問題，(2)神中心主義の問題．その時，この二つの軸と同じ方向に向かう二つのテキストに出会った．すなわち，(1)第二次世界大戦の終戦40年を記念して行われた前西ドイツ大統領リヒャルト・フォン・ヴァイツゼッカーの演説[2]，(2)『主の晩餐』という表題のP.ネメシェギ師の著書[3]である．この二つの論説によって新たな問題が喚起された．(1)ヴァイツゼッカー大統領によれば，人間の責任が「歴史的出来事に対する人間の想起」に深くかかわる．(2)ネメシェギ師はエウカリスチアに関する神中心的方向を見事に示している．しかし，zikkaron（想起－記憶－記念：$\dot{\alpha}\nu\dot{\alpha}\mu\nu\eta\sigma\iota\varsigma$）の側面の掘り下げは不十分に感じられた．

　前述のプロセスに基づき，研究の主題をzikkaron，すなわち，過越の出来事の記憶に絞った．さらに，研究を聖書の内部に限定した．すなわち，第Ⅰ章「旧約聖書におけるזכרとその派生語」，第Ⅱ章「新約聖書における$\mu\iota\mu\nu\dot{\eta}\sigma\kappa o\mu\alpha\iota$とその派生語」，第Ⅲ章「$To\hat{\upsilon}\tau o\ \pi o\iota\varepsilon\hat{\iota}\tau\varepsilon\ \varepsilon\dot{\iota}\varsigma\ \tau\dot{\eta}\nu\ \dot{\varepsilon}\mu\dot{\eta}\nu\ \dot{\alpha}\nu\dot{\alpha}\mu\nu\eta\sigma\iota\nu$」である．そして，我々の研究の全般的な構造として，第Ⅰ章と第Ⅱ章はすべて第Ⅲ章に向かう作業過程とした．すなわち，一方では，「神の$\kappa\alpha\iota\rho o\varsigma$（カイロス，神の訪れの決定的な時）の出来事」すなわち，旧約における出エジプトの出来事，新約におけるイエスの死と復活の出来事の記憶の重要性を探求し，他方では，想起にかかわって，旧約におけるバビロン捕囚と新約における過越の出来事に関する「神の内的カイロスの啓示」を強調した．したがって，それは，人間の側のメタノイア（回心）と責任・参与に深く関係する．上述の結果に基づいて，第Ⅲ章で，「最後の晩餐におけるイエ

---

1) A.米田 ZIKKARON, $To\hat{\upsilon}\tau o\ \pi o\iota\varepsilon\hat{\iota}\tau\varepsilon$……, Introduction 参照．
2) R. von. Weizsäcker,《40, Jahrestag der Beendigung des Zweiten Weltkrieges》, Erinnerung, Trauer und Versöhnung, Ausprachen und Erklärungen zum vierzingsten Jahrestag des kriegsendes, Bonn, Presse-und Informationsamt der Bundesregierung, 1985. 日本語訳として，永井清彦編訳『ヴァイツゼッカー大統領演説集』岩波書店，1995, pp. 1-28.
3) P.ネメシェギ『主の晩餐－聖体祭儀の神学－』南窓社, 1968.

スのアナムネーシス命令」についての解釈に取り組んだ．

さて，以上のプロセスと構造を踏まえて，最終的結論を次の順序で簡潔に示そう．
- (1) 人間の責任と「アナムネーシス命令」
- (2) 神中心的問題と「アナムネーシス命令」
- (3) 「イエスとは誰か」の問題と「アナムネーシス命令」

1 人間の責任とアナムネーシス命令

アナムネーシス命令は全く人間的行為に，すなわち，共同体（ここでいう共同体とは一般に教会と訳されている ἐκκλησία エクレーシアをさし，その字義は神から呼び出された民の集会である）の行為に属する．言い換えれば，この行為の主語は一義的には神の行為に属さない．もちろん想起の主語として神の行為もかかわるが，これはアナムネーシス命令の内側に入らない．一方で，ἀνάμνησις の語は，「記憶を呼び起こさせる行為，想い起こさせる働き」を意味し，この語は動詞 ὑπομιμνήσκω（想い起こさせる）から派生する ὑπόμνησις と同義語である．この動詞はヘブライ語 הַזְכִּיר，すなわち，זָכַר の hiphil（使役）形に等しい．このヘブライ語は「1．想い起こさせる，2．宣言する，告知する，表明する，3．賛美する」を意味し，「1．想い起こす，2．告げ知らせる，明らかにする，3．名を言う」を意味する語根 ZKR から派生している．他方，εἰς ἀνάμνησιν の表現に関しては，εἰς と ἀνά のダイナミックな性質を考慮に入れる時，εἰς τὴν ἐμὴν ἀνάμνησιν は名詞ではなく，動詞によって訳すことがより適切となる．その時，この動詞はまさに זָכַר の hiphil 形に符合し，1）想起させる，2）告知する，3）賛美する，を意味する．ところで，(A)が(B)に(C)について想い起こさせるとき，(A)もまた(C)について想い起こす．(C)に関する(A)と(B)の想起はほぼ同時的であるが，(A)の想起が(B)に先行する．したがって，アナムネーシス命令の現実は，「想起－告知－賛美」であり，これは当然共同体の行為である．とは言え，共同体の「想起－告知－賛美」は神の行為にも及ぶ．何故なら，語源的に זָכַר の hiphil 形，すなわち，「想い起こさせる」という意味を

含む共同体の行為は神の想起を現実に呼び起こすからである．しかし，この神の行為はアナムネーシス命令の実行の「結果」にすぎない．すなわち，それは，実際にはイエスのこの命令の外にある．

したがって，イエスのアナムネーシス命令は「人間の責任と積極的参与」を徹底的に求めるものである．

2　神中心的問題とアナムネーシス命令

人間の根本的な責任の問題は，アナムネーシス命令の主語として全面的に現れる．そして，神中心的（théocentrique）問題に関しては，この命令の「目的語」として前面に現れる．

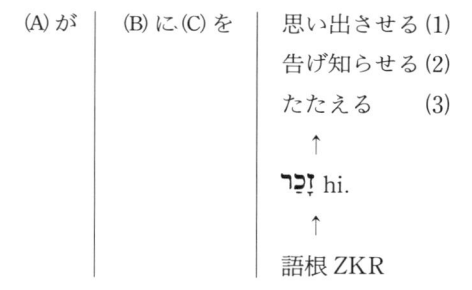

| (A)が | (B)に (C)を | 思い出させる (1)
告げ知らせる (2)
たたえる　　 (3)
↑
זָכַר hi.
↑
語根 ZKR |

(A)は共同体に相当し，動詞（1－2－3）は全く同じ現実を語っている．そして(C)はまさに，パウロがコリントの信徒への第一の手紙の中で言及している「主の死」と合致する．ところで，重要なのはその表現である．すなわち「イエスの死」でも「イエスの十字架」でもなく，そこでは「主の死」と言われている．

そこには想起の三つの対象がある．すなわち，(i) 人間の culpa, (ii) イエス, (iii) 神のカイロスの出来事である．しかし，これらの想起には比重がある．「神のカイロスの出来事」の記憶は人間の culpa のそれよりも重要である．何故なら，そこでは「イエスの死」ではなく，「主の死」が対象だからである．同様に，「神のカイロスの出来事」の記憶は「イエス」のそれより

も重要である．何故なら，そこでは「イエスの十字架」ではなく，「主の死」が対象だからである．言い換えれば，「イエスの死」が対象であるならば，人間の culpa への想起が前面に出る．同じく「イエスの十字架」が対象ならば，十字架の死に至るまでのイエスの生きざまへの想起が前面に置かれる．けれども，想起の対象はあくまで「主の死」である．復活とはマリアの「成れかし」で始まる，イエスの全生涯に対する，父なる神の「よし」なる応答以外の何ものでもない．確かにイエスは十字架上で殺害された．そして申命記には「木にかけられた死体は神から呪われたもの」(21・23) とある．しかし神はイエスを呪うどころか，そのイエスを復活させ，主とし，キリストとされた．我々はその「主の死」を想起する．「主の死」はまた一回限り (ἐφάπαξ エファパクス) の mirabilia Dei (神の不思議なわざ) の成就 (τελείωσις テレイオーシス) である「主の死と復活」を意味する．したがって，新約の神の民は「心を尽くし，精神を尽くし，思いを尽くし，力を尽くして」(マコ12・30) この過越の出来事を「告げ知らせ」，「たたえる」のである．それはちょうど，旧約の神の民が mirabilia Dei の土台である出エジプトの出来事を，はらわたを震わせながら (זָכַר の語は生き生きとした感動的な情動を表し，単なる心理的想起とは異なる．存在の底から湧き起こる魂の叫び，救いの具体的出来事に結び付けられた魂の叫びである)「告げ知らせ」，「たたえ」たのと同様である．アナムネーシス命令は，まさしく「父なる神によってただ一度限り成し遂げられたカイロスの出来事」の「想起－告知－賛美」にほかならない．それは「人間の culpa」への想起と「イエス」への想起を凌駕する．J.エレミアスが適切に指摘したように，イエスは弟子たちが自分を忘れるのではないかと懸念していたなどと考えることはできない．構造はあくまでも，「頌栄的・神中心的」であって，キリスト中心的でも，イエス中心的でもない．こうして，アナムネーシス命令の直接「目的語」は，まさに「神中心的」問題について語るものである．

　(A)が(B)に(C)を「思い出させる－告げ知らせる－たたえる」：(A)は共同体に，(C)は主の死に合致する．残された問題はアナムネーシス命令の間接目的語(B)である．

　(B)は明らかに神に合致する．共同体は父なる神に主の死を「思い出さ

せ―告げ知らせ―たたえる」のである．共同体は主の死を会衆に告げ知らせるのではない．すなわち，司祭は主の死を，かつて家族の父親が出エジプトの出来事を息子に告げ知らせたように，信徒らに告げ知らせるのではない．何故なら，主の食卓に着く者たちは，主の死の意味をすでに十分に知っているからである．初代教会においては，エウカリスチアへの参加は主の死の理解を前提とする．何よりもアナムネーシス命令は司祭だけに発せられたのではなく，共同体全体に向けられている．何故なら，パウロは，「あなたがたは（複数形），このパンを食べ（複数形）この杯を飲む（複数形）ごとに，主が来られる時まで，主の死を告げ知らせる（複数形）のです」（Ⅰコリ 11・26）と明白に言っているからである．これがアナムネーシス命令の現実そのものである．$τοῦτο\ ποιεῖτε$ の行為と $εἰς\ τὴν\ ἐμὴν\ ἀνάμνησιν$ の行為は同じ現実を示す．$τοῦτο$ はパン裂きとぶどう酒の祝福の儀式を意味する．$τοῦτο\ ποιεῖτε$ はパンとぶどう酒の儀式の行為を意味する．この行為は，共同体の「想起―告知―賛美」にほかならない．したがって，アナムネーシス命令は，共同体の長（エウカリスチアの司式者：司祭）が主の死を会衆に告げ知らせることを意味しない．エウカリスチアは司祭の聖別の行為のみに集中するものではない．聖別の真の意味は，エピクレーシス―聖別―アナムネーシスの全体のなかで把握されるべきものである．いずれにせよ，アナムネーシス命令の中には，信徒らに対する司祭の告知は含まれていない．

また，この命令は直接には世に告げ知らせることと無関係である．何故なら，$εἰς\ μνημόσυνον$ の表現が記憶の持続性を強調するのに対し，$εἰς\ ἀνάμνησιν$ の表現はただ一度限りのダイナミックな想起を表すからである．パレスチナの記念定型 לְזִכָּרוֹן は上記の二つの表現を含み，両者は互いに取り替えることができる．しかし，両者の持つニュアンスは極めて重要である．したがって，アナムネーシス命令をエウカリスチアの外に適用することはできない．すなわち，この命令は，宣教によって世に告げ知らせることを意味するものではない．

こうして，共同体は mirabilia Dei の一度限りの成就である過越の出来事（主の死と復活）を，会衆にでも世にでもなく，「父である神」に直接に，力をこめて告げ知らせるのである．

以上のことから，アナムネーシス命令の内容をまとめると次のようになる．
(A)が(B)に(C)を「思い出させる－告げ知らせる－たたえる」

　　(A)：共同体 ⎫
　　(B)：父である神 ⎬ 頌栄的・神中心的構造！
　　(C)：主の死 ⎭

3　「イエスとは誰か」の問題とアナムネーシス命令

　我々の研究の終わりに，「イエスとは誰か」という難問に答えてみよう．
　この質問に対する回答は，アナムネーシス命令の「主語」と「目的語」の間，その接合点に現れ出る．以下にその図式を示そう．

アナムネーシス命令	主　語	直接目的語	間接目的語
	共同体	主の死	父である神
関連要素	人間の責任	「頌栄的・神中心的」構造	
行　為	思い出させる－告げ知らせる－たたえる （想起－告知－賛美）		

　(a)　アナムネーシス命令の「主語」から浮き彫りにされるイエスの風貌
　この命令の主語は共同体である．主の死（mirabilia Dei の成就である主の死と復活）を父である神に「思い出させ－告げ知らせ－たたえる」のは，まさに共同体である．この行為は，人間の側の救いへの積極的な参加，応答にほかならない．エウカリスチアは二つの「構成要素」を持っている．すなわち，一つは神の働き，他は人間の働きである．もちろん，神は私たちに恵みを，無償で溢れるほどに与えられるが，その恵みを人間の働きを通して与えられる．それは，かつて，神が，ご自身が定められた人間の側のしるし（אוֹת）と指示（אַזְכָּרָה）を通して神の民を想い起こされたのと同様である．
　人間の責任は，一方では，人間の積極的行為として，すなわち，共同体の「想起－告知－賛美」として現れ，他方では，人間の徹底的な回心（μετάνοια メタノイア）の中に現れる．ZKR の概念は一つの深い次元，すなわち，メタノイアの次元を含む．回心と賛美は，表裏一体であり，「一つ

のもの」である．詩編作者は次のように歌う．

> 主を尋ね求める人は主を賛美します．
> いつまでも健やかな命が与えられますように．
> 地の果てまですべての人が主を想い起こし，
> 御もとに立ち返りますように……（詩22・27b－28a）

したがって，アナムネーシス命令におけるアナムネーシスの実態は根本的に人間の責任，すなわち，共同体の「想起－告知－賛美」を含むのである．これこそがアナムネーシス命令におけるイエスの意図である．そこから，イエスの風貌は，父である神への共同体の「想起－回心－告知－賛美」を通して，私たちを父のもとに立ち返らせる道として立ち現れる．

(b) アナムネーシス命令の「目的語」から浮き彫りにされるイエスの風貌

我々は，アナムネーシス命令に関して，想起の三つの対象を考慮した．(1) 人間の culpa，(2) イエス自身，(3) 神のカイロスの出来事．私たちが「主の死」を想い起こすとき，それは，一方では，賛美の行為であり，他方では，回心の行為である．何故なら，「主の死」を想い起こす時，私たちはまた，歴史的イエスの死と十字架も想い起こすからである．イエスの風貌について以下三つの角度から考察を試みよう．(i) イエスの死，(ii) イエスの十字架，(iii) 主の死．

(i) 「イエスの死」はクロノス（χρόνος クロノス，通常の一般的時間）であった．人間のうそがイエスを殺害した．人間の culpa の傷に由来する虚偽は，「無罪」であったイエスを殺した．次の主張は避けられねばならない．(1) 神がイエスを死に追いやった．(2) イエスが自殺的に自らを死に渡した．第一の主張を退ける理由は，生命そのものである神は，決して命あるものの破壊を望まれないからである．第二の主張を退けるのは，死に対するイエスの態度は，イエスが真に人間であったことを示すからである．このことは，ゲッセマネにおけるイエスの祈りについて考えれば十分である．「アッバ，父よ，あなたは何でもおできになります．この杯を私から取りのけてください」（マコ14・36）；「イエスは苦しみもだえ，いよいよ切に祈られた．汗が

血の滴るように地面に落ちた」(ルカ22・44). 確かに, イエスは当時, 犠牲がもたらす人々への功徳について, 十分知っていたに違いない. しかし, そのことはイエスが自殺的に死に赴いたことを意味しない. 新約聖書は, 無垢なるイエスの死は全く人間の責任, なかんずく, ユダヤの宗教指導者たちとローマ帝国の権力者の責任によることを明らかにしている. グループの中に不和が生じる時, グループの平和を取り戻すため, 一人に集中し, 一人を群れから追い出す. それぞれが問題をかかえているにもかかわらず, いや, かかえているからこそ, 寄ってたかって, 一人を締め出し, 偽りの平和を取り戻そうとする. そこには人間の業（ごう）の本能的重力が存する. もはや私たちは, 集団的暴力によって, 無垢なる者を抹殺してはならない. 大祭司カイアファの言葉が聞こえてくる. 「……一人の人間が民の代わりに死に, 国民全体が滅びないで済む方が, あなたがたに好都合だとは考えないのか.」(ヨハ11・50). そこに, 人間の責任の重大さを私たちに想い起こさせながら ($\upsilon\pi o\mu\iota\mu\nu\acute{\eta}\sigma\kappa\omega$), 徹底的な回心（メタノイア）を迫るイエスの風貌が立ち現れる.

(ii)「イエスの十字架」はイエスの生きざまへの想起を呼び起こす. 十字架刑は当時のローマ帝国が生み出した, 前代未聞の残酷極まりない死刑手段であった. それは, ローマ人, 自由人には適用されず, 奴隷の身分の者のみに適用された. イエスは床の上で死んだのでもなく, ユダヤの死刑手段, 石殺しにされたのでもなく, 極悪非道な十字架刑によって殺害された. さらに申21・23には「木にかけられた死体は, 神から呪われたもの」とある. J. エレミアスは典型的な, イエスをめぐる当時の人々の二つの躓きについて述べている. 復活前の躓きとして, 「イエスの食卓」, 復活後の躓きとして「イエスの十字架」がある. 洗礼者ヨハネが断食, 苦業の道を歩んだのに対し, イエスは交わり (communio) の道を歩んだ. 当時蔑視されていた女性の立場を, 男と女が対等に向かい合う位置に置き換え (マコ10・1-12), 遊女とも語り, 誰とでも食事を共にした. それ故, 人々はイエスのことを「大飯食らいの大酒飲み, 徴税人や罪人の仲間」(マコ2・16, マタ11・19, ルカ7・34) とはやしたてた. イエスの「生」は掟破りの人生であった. イエスの姿勢は, 常に, 人間として当然正しいことを正しいこととし, 当時極めて

重要視された安息日の掟も，その姿勢を貫き，目の見えない人，足の不自由な人たちが普通の生活ができるように，そして，精神的に重く暗い人生を送っている人たちの心に明るさがよみがえるように力の限りを尽くした．イエスが十字架上で亡くなったということは，逆に言えば，イエスの「生」のものすごさを語る．そのイエスの生きざまを神は「よし」とされ，復活させ，主とし，キリストとされた，とルカは「使徒行伝」の中で証言する．「福音書」においては，ルカは他の福音記者と比べ，十字架に関する用語に深い沈黙を示すのであるが，「使徒行伝」においては，十字架に躓いたユダヤ人たちに，積極的な弁明を行う．「十字架」への沈黙は，新約聖書に現れる信仰告白も例外ではない．Ⅰテサ4・14，Ⅰコリ15・3以下，Ⅱコリ5・15，ロマ4・25,8・34,14・9，Ⅰペト3・18も十字架という言葉は省かれている．一つの例外はフィリ2・6-11に，全体のリズムを崩す形で「十字架」という語が唐突にあらわれる．それは古い信仰告白にパウロが後で付け加えたことを物語っている．この告白は，コリント前書15・3-5と並び，最も古い信仰告白であるが，この素朴で美しい告白の中に，イエスの無化（$\kappa\acute{\epsilon}\nu\omega\sigma\iota\varsigma$）の風貌が立ち現れる．「イエスの十字架」はイエスの「生」への想起，すなわち，十字架の横木によって象徴される人間の運命への共有と，縦木によって象徴される神の意志への共有によって，八つ裂きにされたイエスの生きざまへの想起を呼び起こす．そして，そこに，すべての人々，とりわけ貧しい人々，弱い人々，社会から排除された人々と交わりながら，その人たちの心に明るさを取り戻させ，一方で権力や掟の圧力に毅然として立ち向かいつつ，人間性の回復にみずからのすべてをかけたイエスの風貌が立ち現れる．

(iii) 「主の死」のアナムネーシスは，交わり（communio）の犠牲（sacrificium）としてのイエスの風貌を浮き彫りにする．

犠牲は自殺的行動を意味しない．聖書的犠牲は交わりの行為を意味する．しかし，イエスの死は交わりを完成させるものではない．完成は復活を待たねばならない．イエスの死は人間の仕業であったが，主の死は神の業であった．「主」という言語はすでに復活を語る．communioの完成こそ復活であり，それは父なる神の業である．広島の平和祈念堂におけるヨハネ・パウロ

二世の言葉を思い出す。「戦争は人間の仕業である。戦争は人間のいのちの破壊である。戦争は死である……過去を思い出すことは、未来の建設に乗り出すことである。」イエスの死は全く人間の業(ごう)に帰せられる。しかし、復活の出来事は余すところなく寛容の神を浮き彫りにする。イエスは、「赦し－忠実－憐れみ」(Hesed-we-emeth) の神、その神のみ顔をより鮮明に、より具体的に、映し出すための交わりの sacrificium であった。したがってアナムネーシス命令によって、共同体が「主の死」を「思い出させ－告げ知らせ－たたえる」時、そこに集う人々の心は、まず第一に、個人的回心よりも、イエス自身よりも、父である神に向かう。そこにこそ、父なる神によってただ一度限り成し遂げられた過越の出来事を私たちに想い起こさせる ($ὑπομιμνήσκω$)、交わりの sacrificium であるイエスの姿が立ち現れる。

　この命令 ($Τοῦτο\ ποιεῖτε\ εἰς\ τὴν\ ἐμὴν\ ἀνάμνησιν$) の頌栄的・神中心的構造は、この句の直接目的語だけではなく、間接目的語からも成り立つ。共同体は主の死と復活を、会衆あるいは世にではなく、直接に父である神に「想い起こさせ－告げ知らせ－たたえる」のであるが、これは共同体の極めて積極的な、すなわち、下降的でなく上昇的な行為である。それはちょうど「聖体」が、天からのイエスへの下降よりも、むしろ、「キリストのからだ」を通して父なる神に向かう上昇のしるしであるのと同様である[4]。

　こうして、イエスの姿は、父である神への共同体の「想起－回心－告知－賛美」を通して、父のもとに私たちを立ち返らせる道として現れる。

　イエスとは誰か？　イエスのアナムネーシス命令の中で、イエスの言語に絶する $κένωσις$（無化）が、この命令の主語と目的語の接合点に、すなわち、「人間の責任」の問題と「神中心」の問題の接合点に浮かび上がるのである。したがって、私たちは、「心を尽くし、知恵を尽くし、力を尽くして」パウロと共に、そして、イエスをキリストと信じ始めた最も初期の信徒と共に、主キリストを通して、父なる神をたたえるのである。

---

[4] *Ibid*. pp. 355-361.

キリストは，神の身でありながら
神としてのありかたに固執しようとはせず，
かえって自分をむなしくして，
しもべの身となり，人間と同じようになった．
その姿はまさしく人間であり，
死にいたるまで，しかも十字架の死にいたるまで
へりくだって従う者となった．
それ故，神はキリストを高く上げ，
すべての名にまさる名を惜しみなくお与えになった．
こうして，天にあるもの，地にあるもの，地の下にあるものはすべて，
イエスの名においてひざをかがめ，
すべての舌は「イエス・キリストは主である」と表明し，
父である神の栄光を輝かす！

（フィリ 2・6 -11）

おわりに

　二つの zikkaron がある．一つは『聖書』であり，一つは『エウカリスチア』である．若き頃，生涯の仕事として，この二つの zikkaron を選んだ．そして，もし本を書くなら，二つの zikkaron について書こうと思っていた．(I) 聖書，(II) エウカリスチア，の順で書こうと思ったが，エウカリスチアが先に書き上がった．聖書についていつ書くかは未定である．

　本論は，スイスのフリブール大学留学中に書いた博士論文，《ZIKKAR-ON－ τοῦτο ποιεῖτε εἰς τὴν ἐμὴν ἀνάμνησιν －》を土台にして，特にその後半部を日本語で新たに書き改めたものである．もともと論文は，フランス人の J.M.R. ティヤール先生が指導教官であったため，拙いフランス語で提出した．そのため，フランス語原文以外の文献は，特に原文照合が必要でない場合は，フランス語翻訳を用いた．例えば，J. エレミアスの「イエスの最後の晩餐の言葉」はドイツ語が原文であるが，そのフランス語訳 "La Dernière Cène" で作業したため，この文章内の引用ページもフランス語翻訳書のページを示している．ちなみに，この書の日本語訳に関しては，田辺明子訳『イエスの聖餐の言葉』が1974年に出版されている．なお田辺明子さん及びお茶の水女子大学の中村弓子さんは，ひたすら洋書で作業していた折，貴重な日本語の資料を差し入れて下さった．感謝に堪えない．

　1980年代の10年間を，カナダとスイスで過ごし，日本に帰って1990年代の10年は，私が属するドミニコ会の修練長と管区長を受け持ち，そのため，机の前で集中して zikkaron について見直すこともなく，時が過ぎた．もう腰をすえて，zikkaron について筆を執ることもあるまいと思い始めていた矢先，なつかしい，わが師ティヤール先生が突然足の癌で亡くなった．涙が出た．もう一度会いたかった．zikkaron が再び心によみがえった．博士論文の公開口述試験のあと，教室の片隅で二人で飲んだコーヒーを忘れられな

故ティヤール先生とともに

い（写真参照）．何の恩返しもしていない．よし，筆を執ろう．友や兄の励ましもあって，やっとこの夏（2002年），気力を充実させ，集中力を回復させ，再び zikkaron に打ち込むことができた．朝の4時から正午まで論文書き（その間，となりのドミニコ会のシスターの所でミサ）に当て，午後は健康のため，京都の西京極にできた新設プールで，2時から4時まで無心に泳いだ．

zikkaron も佳境に入った9月の初め，ドミニコ会の管区長をしている田中信明神父から，長崎大司教島本要師の訃報が届いた．一昨年，久しぶりに長崎でお会いした際，すこぶるお元気ではつらつとしておられたのに……信じられなかった．バチカンの外交官として，インドやキューバなどで過ごされ，帰国して一時信州の松本で助任神父をされた．その頃，よく二人で川釣りに出かけたものだ．一匹も釣れなかった日があり，その時は，帰り道，釣り堀で釣って帰って，その魚を料理した．月に何度か夕食を共にしたが，「君が松本にいる間に，ここに並んでいるワインをみな飲ませてあげるよ」と言ってくれた言葉が，あのなつかしい笑い声と共によみがえってくる．出来事の記憶（zikkaron）は，応々にして，食事と結びついて現れる．エウカリスチアは，いわば「パンとブドウ酒」という食物を通して，イエスの死と復活という一回限りの神の不思議な出来事（mirabilia Dei）に対する，記憶の現在化であり秘跡化である．今，父亡きあと，すっかり記憶が飛ぶようになった母といっしょに信州を旅しつつ，あの奥ゆかしいじゃがいものような，島本司教の笑顔を思い出しながら，この「あとがき」をしたためている．生きておられたら，喜んでこの本を読んで下さり，いつものあのなつか

しい筆跡で，必ず感想を書き送って下さったに違いない．
　いろいろな偶然から，思いもよらず，一冊の本が出来上がった．エウカリスチアに関するわが拙い講義を聞き続けてくれた京都の仲間，清泉女子大学や聖アントニオ神学院の学生諸君に感謝しつつ，特にドミニコ会のシスター・アルメル，門脇輝夫師，赤根久美さん，複雑な仕事を引き受けて下さった知泉書館の小山光夫氏，そして山田晶先生と故竹島幸一神父に紙上を借りてお礼を言いたい．

聖 書 索 引

旧約聖書

創世記
- 4：10 …………………………64
- 9：15 …………………………106
- 9：16 …………………………106
- 19：29 ……………………61,108,112
- 21：12 …………………………110
- 22：1-19 ………………………63

出エジプト記
- 2：24 ……………………61,104,106,112
- 3：15 ……………………104,136
- 6：5 ……………………61,104,106,112
- 12：12-14 …………………………146
- 12：14 …40,48,92,104,106,107,113,115,122,123,145,147-50,156,176,177
- 12：25 …………………………92
- 12：26-27 …………………………92
- 12：42 …………………………114
- 13：3 ……………………104,176,177
- 13：8 ……………………113,138,148,176,177
- 13：8-9 ……………………146,149
- 13：9 …40,48,104,106,107,113,123,138,145,147,148,176,177
- 13：11 …………………………63
- 17：14 ……………………104,106,135
- 18：…………………………91
- 19：6 …………………………96
- 20：8 …………………………104
- 20：20 …………………………126
- 20：24 …………………………104
- 23：13 …………………………104
- 23：22 …………………………96
- 24：3-8 ……………………91,169
- 27：21 …………………………170
- 28：12 ……………………40,104,106,123,145
- 28：29 ……………………40,104,106,107,123,145
- 30：16 ……………………40,104,106,107,123,145
- 31：7 …………………………170
- 32：11-14 …………………………108
- 32：13 ……………………61,104,112
- 36：14 …………………………144
- 39：7 ……………………40,104,107,144
- 39：35 …………………………170

レビ記
- 2：2 ……………………40,134,150
- 2：9 …………………………40
- 2：16 ……………………40,134
- 4-5：…………………………82
- 5：12 …………………………134
- 6：15 …………………………134
- 7：12 …………………………138
- 7：13 …………………………138
- 7：15 …………………………138
- 18：21 …………………………63
- 22：29 …………………………138
- 24：7 …40,41,106,107,116,127,128,134
- 26：42 ……………………61,106,112
- 26：45 ……………………61,106,112

民数記
- 5：15 …………………………41
- 5：26 …………………………134
- 10：10 …40,49,106,107,116,123,128,145
- 12：6-8 …………………………91
- 16：…………………………82

申命記
- 9：5 …………………………170
- 9：27 ……………………61,108,112
- 21：22 …………………………167
- 21：23 ……………………8,167,192

聖 書 索 引

```
   24：19 ……………………………13
   32：26 …………………………135
   33：8-10 ………………………91
   33：10 …………………………100
ヨシュア記
    4：5-7 ……………………146,149
    4：7 ………106,123,147,148,150
    7：19 …………………………138
列王記　上
   11：12 ……………………61,108
   11：13 ……………………61,108
   11：32 ……………………61,108
   11：34 ……………………61,108
   15：4 ……………………61,108
   17：18 …………………………41
列王記　下
    8：19 ……………………61,108
   19：34 ……………………61,108
   20：6 ……………………61,108
   20：23 ……………………61,108
歴代誌　上
    6：16 …………………………101
   16：1f …………………………101
   16：4 ……………127,130,168,179
   16：8 ……………127,130,168,179
   16：12 …………………………168
   16：15 …………………106,168,170
   16：16 …………………………168
   21：38S ………………………101
歴代誌　下
    1：1-6 ………………………101
    6：42 ……………………61,108
   29：31 …………………………138
   33：16 …………………………138
ネヘミヤ記
    5：19 ……………………61,109
   12：27 …………………………138
   12：31 …………………………138
   12：38 …………………………138
   12：41 …………………………138
   13：14 ……………………61,109
   13：22 ……………………61,109
   13：31 ……………………61,109
詩編
    6：6 …………………………104
    8：5 …………………………104
    9：7 …………………………104
    9：13 …………………………104
   20：4 ……………………61,104
   22：2 …………………………18
   22：23 …………………………53
   22：27-28 ……………………191
   22：28 …………………………104
   25：6 …………………………104
   25：7 …………………………104
   26：7 …………………………138
   30：4 …………………………136
   30：5 …………………………104
   34：16 …………………………135
   34：17 …………………………104
   38：1 ……104,106,107,127,128,145
   42：5 ………………………104,138
   42：7 …………………………104
   45：18 ………………………104,126
   50：14 …………………………138
   50：23 …………………………138
   56：13 …………………………138
   63：7 …………………………104
   69：31 …………………………138
   70：1 ……104,106,107,127,128,145
   71：16 …………………………104
   74：18 …………………………104
   74：22 …………………………104
   77：4 …………………………104
   77：7 …………………………104
   77：12 …………………………104
   78：35 …………………………104
   78：39 …………………………104
   78：42 …………………………104
   79：8 …………………………104
   83：5 …………………………104
   87：4 …………………………104
   88：6 …………………………104
   89：48 …………………………104
```

89：51 ……104	14：41-42 ……100
95：2 ……138	26：8 ……136
97：12 ……104, 136	38：2-3 ……109
98：3 ……104	38：3 ……61
100：1 ……138	51：3 ……138
102：13 ……104	61：6 ……96
103：14 ……104	66：3 ……106, 127, 133
103：18 ……104	エレミヤ書
105：5 ……104	2：1-2 ……109
105：8 ……61, 104, 106, 112	2：2 ……61
105：42 ……61, 104, 112	14：21 ……106, 180
106：1 ……131	17：26 ……138
106：1-5 ……152	18：20 ……61, 109
106：4 ……104	30：19 ……138
106：7 ……104	31：31 ……111, 170
106：45 ……61, 104, 106	31：34 ……41
107：22 ……138	33：11 ……138
109：14 ……104	エゼキエル書
109：15 ……104, 135	16：60 ……106
109：16 ……104	ダニエル書
110：4 ……53	3：35 ……108S
111：4 ……104, 136	9：13 ……170
111：5 ……61, 104, 106, 112	アモス書
111：16 ……40	4：5 ……138
112：6 …104, 106, 107, 134, 145, 150, 152	ヨナ書
	2：10 ……138
115：12 ……104	ゼカリヤ書
119：49 ……104	6：14 ……41, 106, 107, 145
119：52 ……104	トビト記
119：55 ……104	12：12 ……150
135：13 ……104, 136	Ⅰマカバイ記
136：23 ……104	4：10 ……61, 106, 112, 180
137：1 ……104	Ⅱマカバイ記
137：6 ……104	1：2 ……61, 106, 112, 180
137：7 ……104	8：36 ……80, 138, 176, 179
143：5 ……104	9：17 ……80, 138, 176, 179
145：7 ……104, 136	知恵の書
147：7 ……138	16：6 ……106, 128
箴言	シラ書（集会の書）
10：7 ……40, 107, 144	10：17 ……135
イザヤ書	28：7 ……106, 111, 168, 170
12：3-5 ……127, 129S, 179	45：9 ……40, 106, 107, 123, 145

聖書索引

45：11 …………40, 106, 107, 123, 145
45：16 …………40, 106, 107, 134, 145
50：16 …………41, 106, 107, 145

新約聖書

マタイ福音書
5：18 ……………………………50
5：23 ……………………………105
6：34 ……………………………67
11：19 …………………………7, 192
11：25 …………………………179
16：9 ……………………………105
16：64 …………………………50
20：28 …………………………69
21：31 …………………………7
24：29-51 ……………………50
24：35 …………………………50
25：31 …………………………50
26：13 …………43, 105, 106, 141, 149
26：28 …………………………106
26：75 …………………………105
27：46 …………………………18
27：63 …………………………105

マルコ福音書
2：16 ……………………………192
8：18 ……………………………105
10：1-12 ………………………192
10：18 …………………………105
10：45 …………………………69, 96
11：21 …………………………105
12：30 …………………………188
12：33 …………………………180, 188
14：9　…43, 48, 105-107, 141, 142,
　　149-51, 154, 161, 178
14：24 …………………………106, 165
14：36 …………………………191
14：72 …………………………105
15：34 …………………………18

ルカ福音書
1：54 ……………………………105
1：72 ……………………41, 105, 106, 172

7：34 ……………………………7, 192
10：21 …………………………179
10：30f. …………………………24
11：19 …………………………57
12：24f. …………………………24
16：25 …………………………105
17：32 …………………………105
18：32 …………………………143
22：19 …92, 105, 106, 108, 115, 117,
　　119, 122, 129, 138, 141, 146, 148s,
　　150, 151, 154, 165, 169, 170, 172
22：20 …106, 165, 168, 170, 173, 180
22：44 …………………………191
22：61 …………………………105
23：34 …………………………10, 75, 166
23：42 …………………………41, 105
24：6 ……………………………105
24：8 ……………………………105

ヨハネ福音書
1：1 ……………………………66
2：17 ……………………………105, 167
2：22 ……………………………105, 167
5：17 ……………………………56, 167
11：49-52 ……………………68s
11：50 …………………………11, 192
12：16 …………………………105, 167
13：14-15 ……………………57
13：34 …………………………74
14：3 ……………………………50
14：15 …………………………33
14：18 …………………………50
14：26 …………………………33, 73, 105, 167
14：28 …………………………50
15：9 ……………………………19
15：20 …………………………105, 167
15：21 …………………………19
16：4 ……………………………105, 167
16：21 …………………………105, 167
17：21 …………………………19

使徒行伝
2：29-36 ………………………72
2：36 ……………………………72

3：24	140
4：2	140
5：42	72
9：22	72
10：4	40, 41, 43, 105, 107, 149
10：31	105, 106
11：16	105
13：5	140
13：38	140
15：36	140
16：17	140
16：21	140
17：3	72, 140
17：13	140
17：23	140
18：5	72
18：28	72
20：31	105
20：35	105
26：23	140

ローマ人への手紙

1：5	140
1：8	140
1：9	109
4：25	7, 193
8：14-15	53
8：15	18
8：34	7, 193
14：9	7, 193
14：11	179
15：9	179
15：15	105

コリント人への第一の手紙

1：12	17
2：1	140
4：1	82
4：11	29
4：17	105
5：7	115
9：14	140
10：16-22	79
10：32	17
11：1	29
11：2	105
11：16	17
11：17-34	37, 97
11：22	17
11：23	33, 34
11：23f	79
11：23-26	139
11：24	57, 165, 170
11：24-25	92, 105, 106, 108, 115, 117, 119, 122, 129, 138, 141, 142, 146, 148s, 150, 151, 154, 168-70, 175, 178
11：24-26	146, 176s
11：25	62, 106, 163, 168-71, 173, 180
11：26	30, 43, 49, 64, 80, 117, 119, 140-43, 151, 152, 162, 174, 175, 176s, 178, 179
15：3	34
15：3f	7, 193
15：3-5	193
15：9	17
16：22	50

コリント人への第二の手紙

1：1	17
5：15	7, 193
5：17	167
7：15	105

ガラテヤ人への手紙

1：12	34
1：13	17
2：10	105
4：6	18
6：15	167

エフェソ人への手紙

1：16	105
2：11	105
2：12	106
2：12-22	69
2：15-16	67
2：20	85
3：5	85
4：22-32	69

聖書索引

5：1	29, 69
5：2	69
5：29	69
5：30	69

フィリピ人への手紙
1：1	85
1：3	105
1：17	140
1：18	140
2：6-11	193, 194s
2：7	65
2：8	7
2：9-11	138
2：11	179
3：17	29

コロサイ人への手紙
1：28	140
4：18	105

テサロニケ人への第一の手紙
1：2	105
1：3	105
1：6	29
2：9	105
2：13	34
2：14	17, 29
3：6	105
4：1	34
4：14	7, 193

テサロニケ人への第二の手紙
1：3	105
1：4	105
1：5	105
1：6	105
2：5	105
2：14	105
3：6	34
3：7	29
3：9	29

テモテへの第一の手紙
2：6	69
3：5	17
3：15	17

テモテへの第二の手紙
2：8	105

テトスへの手紙
3：1	105

フィレモンへの手紙
4節	105

ヘブライ人への手紙
2：6	105
2：17-18	93
4：15	53, 93
5：5-6	93
5：7-10	94
6：12	29
7：1-3	93
8：10	106
8：12	41, 105
9：11-12	94
9：25-26	94
10：3	105, 106
10：13	41
10：16	106
10：17	41, 105
12：24	64
13：7	29
13：10-16	79
13：11-13	94s
13：15	80
13：16	80

ペトロの第一の手紙
2：5	96
2：9	89, 96
3：18	7, 193

ペトロの第二の手紙
1：12	105
1：13	105
1：15	105
3：1	105
3：2	105
3：3	105

ヨハネの第三の手紙
10節	105
11節	29

ユダの手紙
　5節 …………………105
　17節 …………………105

ヨハネの黙示録
　1：6 …………………96
　2：5 …………………105
　3：3 …………………105
　5：10…………………96
　16：19………………105
　18：5 ………………105
　20：6 …………………96
　22：17…………………50
　22：20…………………50

米田 彰男（よねだ・あきお）
1947年 松山市に生まれる．ドミニコ会経営 愛光高校在学中，司祭になることを決意．信州大学理学部で生化学を専攻した後，ドミニコ会入会．以後，カナダのCollège Dominicain de Théologie et de Philosophie及びスイスのUniversité de Fribourgにて哲学，神学を学ぶ．現在，カトリック司祭．清泉女子大学で聖書学，キリスト教学，ギリシャ語，ラテン語を，聖アントニオ神学院で秘跡論，特にエウカリスチアについて講義．

〔神と人との記憶〕　　　　　　　　　　　　　　ISBN4-901654-20-9
2003年 9月30日　第1刷発行
2003年11月30日　第2刷発行

著　者　米　田　彰　男
発行者　小　山　光　夫
印刷者　藤　原　良　成

発行所　〒113-0033 東京都文京区本郷1-13-2
　　　　電話(3814)6161　振替 00120-6-117170
　　　　http://www.chisen.co.jp
　　　　株式会社　知泉書館

Printed in Japan　　　　　　　　　　　印刷・製本／藤原印刷